陕西人文社科文库资助项目

CHINESE

PRIVATE LENDING

AND

RISK PREVENTION

RESEARCH

中国民间借贷
及其风险防范研究

王晓娟

著

社会科学文献出版社
SOCIAL SCIENCES ACADEMIC PRESS (CHINA)

前　言

　　"融资难"是我国中小企业发展面临的最大障碍。历史和事实证明，我国民间借贷在解决资金供求矛盾和促进我国民营经济发展方面发挥了极其巨大的推动作用。相关调查统计数据显示，50%以上的中小微企业的资金来自社会性的民间借贷。然而，民间借贷无疑是一把双刃剑，其在发挥积极作用的同时，也不可避免地为某些非法集资行为提供了温床，严重破坏了社会诚信体系的构建，扰乱了国家合法的金融管理制度，极大地影响了我国法律法规的权威和尊严。近年来，随着民间借贷的发展和壮大，其导致的各类民间借贷纠纷案件层出不穷，因而民间借贷受到了学者、金融家、政府相关部门以及广大人民群众的共同关注和高度重视，成为重要的研究课题。

　　目前，关于民间借贷的研究，学者们分别从经济学、社会学、金融学、信息学以及法学等不同学科角度进行分专业、分领域的研究，研究的基本内容主要包括民间借贷的内涵、风险、管制以及法制等。研究成果略显粗浅、零散，缺少比较系统、全面的研究成果。总体来看，我国学术界对民间借贷问题的研究并不多，相关的著作也多集中在具体民间借贷行为法律事务领域，至今仍没有一部在理论高度上系统全面研究民间借贷及其风险防范的著作，因此，本书从经济管理的研究视角出发，希望能为我国民间借贷的发展和风险防范研究做出有益尝试，也为民间借贷行业及后续研究抛砖引玉。

　　本书通过理论分析和实证分析，对我国民间借贷发展的渊源、现状、风险及监管等方面的内容进行了全景式展现，并以具体区域、不同细分行业及典型案例为主要研究对象，进行了实证分析，提出了防范和化解我国民间借贷风险的法律法规以及政府管制的基本路径方向，以促进民间借贷走向合法合规的道路，维护金融秩序的稳定。本书的主要内容包括理论篇、区域篇和行业篇。理论篇包括我国民间借贷的概论、民间借贷风险理论以及我国民间借贷产生和发展的历史渊源、发展脉络和未来趋势三部分内容，并对民间借贷的渊源、概念、特点、意义、风险以及监管做了基础性和铺垫性的理论总结和交代。区域篇主要是涵盖了温州、神木及鄂尔多斯的民间借贷现状及风险防范的研究。本篇选取了民间借贷问题集中的地区——温州、神木、鄂尔多斯，详细分析了这些地区民间借贷的起源及发展，揭示了其风险爆发的特征及原因，并进一步提出规范发展的路径选择和对策建议。行业篇以小额贷款公司、P2P 网络借贷为例，在对其行业发展现状全面摸底的基础上，分析了风险及其监管的困境，提出了推动行业可持续发展的对策建议。另外，农村地区作为我国民间借贷的集中区域，本篇也做了详细的分析和阐述。

阳光化和规范化是我国民间借贷发展的必然趋势。扭转和改变当前我国民间借贷组织机构和民间借贷资金长期处于非法和地下的尴尬局面，使其名正言顺地发挥积极作用，构建起具有中国特色的民间借贷的合法、规范和包容的民间金融体制，是我国民间借贷要直面和解决的重大问题。本书的学术价值和研究意义正在于此。在理论方面，本书系统全面地对我国民间借贷的历史渊源、内涵界定、风险认识、法规监管做了理论性的高度概括和阐述，形成了一套较为完整的具有中国特色的民间借贷理论体系。本书还试图呈现对我国民间借贷的客观和公正的深刻认识，揭示我国民间借贷风险形成的本质和深层次原因，全面反映我国民间借贷对经济发展的正面和负面影响，并以此为理论根据，强化我国法律法规和政府监管对民间借贷行为的积极引导和合理管制，本书无疑具有一定的理论参考价值和实践指导意义。在实践方面，本书通过对特定区域和典型行业的民间借贷的产生和发展进行全面系统的深入摸底和研究，了解其风险的表现，分析和揭示风险产生的原因，并进一步分析当前政府风险管制的现状及问题，为我国民间借贷规范化发展提出具有针对性的基本路径和框架，从而真正发挥民间借贷对社会经济发展的促进作用，使其更好地促进中小企业的发展，这无疑具有重要的现实意义。

民间借贷的研究是一项复杂的系统性工程，涉及的时间跨度和范围极大。尽管笔者参考了不计其数的文献资料，花费很长时间调研了众多民间借贷行业，但由于笔者的学术水平和时间限制，本书对我国民间借贷的研究也只是一个初步的、基础性的探索，书中难免存在诸多问题和不足，还望同行专家、学者不吝批评指正。

王晓娟

2018 年 5 月 30 日

目　录

理论篇

区域篇

行业篇

理论篇

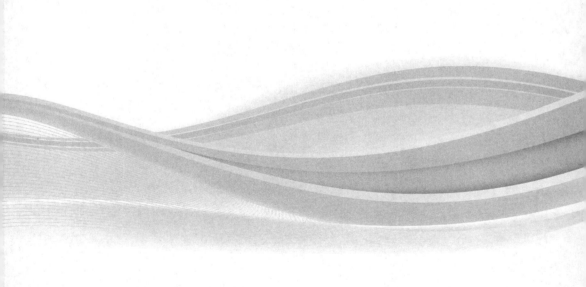

第一章 我国民间借贷概论

第一节 我国民间借贷的历史脉络与含义界定

一 我国民间借贷的历史脉络

从历史来看，伴随着物品交换和私有财产的逐渐产生，民间借贷行为作为一种重要的经济和社会现象出现，并具有四千年以上的历史，这在我国重要的古代典籍中均有记载和叙述。《左传》、《管子》和《史记》等著作中都有相关记录。例如，"贷谷""贷钱"等民间借贷行为在周朝以前就已经非常盛行了，虽然周朝以前的历史没有明确记载，但从周朝时期借贷活动的发展和成熟状况来看，可以推断在周朝以前的夏、商时代，借贷行为已经比较普遍。春秋战国时期是周天子权威日益衰落、诸侯竞相争霸的历史阶段，在此阶段，各诸侯国因发展生产，从事商业活动，遭遇灾害饥荒、徭役和战争而发生民间借贷活动，相关史料统计显示，民间借贷中的负债户数高达万户。民间借贷活动在后来的秦汉时期又有了进一步的发展。根据《史记》等古籍的记载，秦始皇统一全国以后，为了兴修水利、加强全国道路联系、防御外敌入侵，实行了较为严苛的赋税制度，导致老百姓负担沉重，再加上某些利益集团的土地兼并和财富的集聚，造成了极其严重的贫富差距问题。为了生计，大量的破产农民成为民间借贷的主体，而很多地主、富商则成为放贷者，从事高利贷活动。汉朝延续了秦的民间借贷的特征，汉朝初期的休养生息政策导致了财富更多地向少数诸侯和富商集中，甚至出现了朝廷官员、天子、诸侯向富商巨贾借贷的现象。在经历了三国、两晋和南北朝的长期混乱局面以后，民间借贷在唐朝和宋朝的发展进入了一个更加完备和成熟的阶段。在此阶段，民间借贷活动可以说渗透到了整个经济社会活动的方方面面，并且影响力日益增强。唐宋时期的民间借贷制度和体系已初形成。在借贷形式上，主要有抵押贷款和无抵押贷款两种类型。无抵押贷款发生在亲属之间以及政府官员和富商之间。这一类贷款的特点是借贷双方有信任的基础，无须提供抵押物。抵押贷款主要发生在贫困的农民身上，一般贫农会以土地等各类资产向富农或者富商进行抵押借贷，无力偿还时抵押物则无法收回。典当行是唐宋时期最典型的民间借贷组织，非常普遍和流行。伴随着唐宋时期手工业的不断发展和壮大，典当行在民间融资方面起到了极其重要的作用，极大地促进了农业和手工业的发展，其在城乡人民的生产和生活中扮演着不可或缺的角色。例如，唐朝有著名的大唐西市，市场里活跃着各类农副产品和手工业产品的交易，典当行等各类借贷组织也长期活跃在大唐西市，从事着各类民间借贷活动，这促进了农业和手工业的生产和贸易。元朝的民间借贷行为更加广泛，民间借贷的参与者遍及商人、官员、农民，甚至一些书院和寺庙之类的组织也参与其中，放贷牟利的行为和风气非常普遍。明清时期的民间借贷无论在形式上、规模上，还是在发展范围和速度上，都达到了历史的顶峰。参与借贷的主体相当广泛，除了一般的商人和富农以外，旗人、灶户、外国商人也大规模介入借贷活动。借贷组织的发展也相当迅猛，除典当行以外，各类合会、同乡会、票号、钱庄等新型组织层出不穷，进一步丰富了民间借贷活动。

显然，民间借贷是古代金融的核心和主体。有记载的资料显示，至少从周朝开始，直到清朝，关于民间借贷的法律规定，各朝各代均以遏制高利贷为主要内容，并制定了相关的法定利率标准。虽然官方政策的实施效果尚不明确，但其的确在一定程度上起到了积极的引导作用。客观来看，古代以利息为核心的法律规章，体现了古人的智慧，反映了古代社会对金融问题的正确认识，也促进了经济社会的发展。同时，遏制高利贷也反映了古代社会对利率问题核心标准的准确判断，这为后来者引导和规范民间借贷行为提供了可靠的管理方式和途径。民间借贷发展到明清时代和近代，开始出现了以票号和钱庄为主要组织形式的借贷活动，这奠定了金融发展的主流方向。到了近现代，民间借贷的工具和方式更丰富和多元，不仅仅有了传统的实物和货币形式，证券、汇票等衍生形式开始层出不穷，丰富了借贷的产品类型。新中国成立后，为了防范风险，我国建立起了以国有金融为主体的金融体系。民间借贷在改革开放中发挥自身优势，也得到了迅猛的发展。显然，我国民间借贷的源远流长和繁荣发展有其历史必然性。当前，从我国的金融体系来看，正规的商业银行的间接融资是核心和传统的主流模式。我国的股市、债券市场还不够成熟，间接融资的比重仍然偏小。国家为缓解通货膨胀的压力，实施稳健的货币政策，在这样的背景下，我国银行业的信贷规模必然出现大规模扩张，资金供给短缺成为必然。而民间借贷由于其简单、快捷的特点，会在国家控制的范围之内继续活跃和服务经济社会的发展。

二 民间借贷概念的界定

民间借贷是历史和现实的必然产物，其长期的发展和实践促进了其理论的形成和完善。关于民间借贷的内涵和外延，站在历史的新起点，需要对其有明确的认识和定义。在社会公众的普遍认识中，民间借贷应该是相对于我国正规金融体系而言的，是游离于银行、证券和保险等正规金融之外的社会民间借贷行为。目前来看，学术界对于民间借贷的定义还没有很明晰的认知共识，在一定范围内还存在一些分歧。本书认为，民间借贷是指发生在私人与私人之间、私人与法人之间、法人与法人之间、社会组织等非正规金融机构之间的，有实际借贷行为，到期还本付息的民事行为。

民间借贷具有以下属性。第一，民间借贷作为区别于我国正规金融机构的借贷形式，长期以来，处于国家金融管制的灰色地带。民间借贷的资金主要来源于社会积累的民间财富，其在正规金融机构之外进行借贷和融资，主要的融资对象包括私人、社会组织、私有企业等。第二，从法律法规来看，民间借贷的主体是具有法律权利和义务的当事人。口头借贷协议、借贷行为借条和签订借贷合同等方式是确认借贷双方法律上的借贷关系的主要形式和途径，以此来保证借贷的成功，一般各类契约约定的内容包括借贷金额、借贷利息、借贷期限。同时，借贷内容合法和真实的事实借贷也是受到我国法律保护的行为。第三，国家对民间借贷的利息有明确的规定，利率可以按照借贷双方协议自行约定，但是，不能超过国家法定利率的 4 倍，这是国家对高利贷行为的一种法律制约。

三 民间借贷与其他相关概念的区别

从历史的发展来看，民间借贷自古有之，并在很大程度上对经济的发展起到了推动作用，是历史发展的必然产物。近年来，由于民间借贷问题的发生，民间借贷始终在合法与非法的缝隙里艰难生存，并饱受非议。尤其是问题一发生，民间借贷陷入舆论和政府打压的旋涡之中，其风险和后果被夸大。诚然，民间借贷由于游离在国家监管之外，可能成为非法投机者坑害人民和破坏社会稳定的手段。但事实上，民间借贷与非法吸收公众存款行为、集资诈骗行为有本质的区别。

（一）民间借贷与非法吸收公众存款行为的区分

《中华人民共和国刑法》对非法吸收公众存款有明确和清晰的界定。非法吸收公众存款是一种犯罪行为，指的是违反国家金融管理法规，非法吸收公众存款或变相吸收公众存款，扰乱金融秩序的行为。它的主要特征是未经中国人民银行批准、主体不特定、严重危害金融秩序、影响社会稳定。非法吸收公众存款的犯罪行为一般有几个主要表现：一是其并未得到合法的吸收存款授权，为了掩盖其非法犯罪的目的，编造合法形式吸引资金；二是大部分非法吸收公众存款行为利用各类传统媒体和新媒体大胆向社会公开宣传；三是承诺给投资者远高于社会资本回报率的利息来吸引资金；四是目标主体为社会不特定人群。这就造成了其危害的广泛和深入。其中，变相吸收公众存款是最典型的非法吸收公众存款的手段。变相吸收公众存款一般是在没有得到政府相关部门批准的情况下，以投资、入股等为幌子和欺骗手段，利用一定的宣传推广手段，向社会不特定人群吸收存款，以高回报为诱饵，吸引更多的人加入"庞氏骗局"。

从我国法律规定来看，国家允许正规金融机构吸收存款，并开展货币和资本的运营，目的在于保障我国正规金融机构货币经营的专属性，从而更好地维护我国金融秩序的健康和稳定，这是一种有效防范金融风险的制度安排。而禁止非法吸收公众存款的目的也正在于此。民间借贷和非法吸收公众存款有时非常难以区分。民间借贷存在向非法吸收公众存款转变的风险，对其区分还应注意借贷活动的目的是合法的生产经营还是货币和资本的经营。例如，某些企业为了满足生产和经营的需要，向社会不特定人群借款，这样的初衷，应该属于合法的民间借贷行为。但如果借贷人改变借款用途，用于货币和资本经营，借贷行为的性质就发生了变化，合法的民间借贷行为就转化为非法吸收公众存款的犯罪行为了。因此，鉴于民间借贷和非法吸收公众存款之间关系转化的复杂性，国家监管部门需认真分析，根据具体情况把握好尺度。一方面，正确认识民间借贷对中小微企业发展的积极作用，允许其在合法合理的区间存在，避免直接否定和打击。"一刀切"的打击行为必然会让民间借贷活动更加隐秘，显然不利于国家宏观调控和金融监管，从而也可能对我国经济社会的发展产生难以预计的危害。另一方面，对用于货币和资本经营的借贷行为，必须严厉地进行打击和制裁，区分合法的民间借贷和非法吸收公众存款的行为，以典型案例的方式宣传和教育社会公众，铲除非法吸收公众存款的生存土壤。

（二）民间借贷与集资诈骗行为的区分

根据《中华人民共和国刑法》的规定，集资诈骗罪是指以非法占有为目的，违反有关金融法律、法规的规定，使用诈骗方法进行非法集资，扰乱国家正常金融秩序，侵犯公私财产所有权，且数额较大的行为。集资诈骗罪中的"非法占有"应理解为"非法所有"。从这一概念可以看出本罪是目的犯、法定犯、数额犯、结果犯。本罪的主体是一般主体，任何达到刑事责任年龄、具有刑事责任能力的自然人均可构成本罪。单位也可以成为本罪主体。在通常情况下，这种目的具体表现为将非法募集的资金的所有权转归自己所有，或任意挥霍，或占有资金后携款潜逃等。

显然，民间借贷与集资诈骗有着本质的区别。从行为人的主观意图来看，民间借贷的行为人发生借贷行为时，主观上不存在非法占有的不良意图。其借贷的目的不外乎生活和生产活动，一般都能按照契约还本付息。如果因各种原因未能及时还本付息，或者及时潜逃躲债，那也还是属于民间借贷范畴，只是引起了民间借贷案件纠纷，不能认定为集资诈骗。不同于民间借贷，集资诈骗的犯罪主体在主观上具有强烈的非法占有目的，获取集资款主要是以隐瞒、夸大事实等不正当的方式进行，在集资之初就没有归还的意愿，属于性质恶劣的犯罪行为。从借贷的对象和范围来看，民间借贷一般具有一定的局限性，多发生在特定的、较小范围的人群身上，并且借贷的数量不会太大。或者是基于信任和熟悉关系的借贷，或者是有抵押有合法契约性质的借贷行为。而集资诈骗的典型特点是其对象是社会不特定的人，范围广，辐射面大；资金数额巨大，动辄上千万元甚至上亿元。集资人和投资人之间没有社会信任关系，没有合法的契约保障，集资人非法敛财，投资人盲目跟风投资。

第二节　我国民间借贷的形式

在我国漫长的古代社会，早期的民间借贷以简单的私人借贷和高利贷为主，形式非常单一。直到近现代，伴随着经济的全球化，以及产业链条的不断深化和分化，民间借贷的形式逐渐丰富和多元。从目前的状况来看，我国民间借贷的形式归纳起来，主要有以下几种。

一　私人借贷

私人借贷（包括高利贷）是一种最古老和传统的信用形式，其因灵活、方便而广泛存在。私人借贷是指放款人为个人，通常是在私人与私人之间，或者是私人与某些组织机构之间发生的借贷行为，其典型性在于私人借款给其他个人和组织。在双方自愿的基础上形成了一种借贷约定，约定的内容主要包括借贷金额、利息、期限等，借贷行为发生的方式主要有直接和间接两种。根据放贷的营利性不同，私人借贷可以分为两种。一种是以营利为目的的借贷行为，一种是不以营利为目的的互助性放贷行为。营利性的借贷以获取利润为根本目的，利率大小根据情况各不相同，差异较大。有的私人借贷甚至发展为高利贷行为。通常，营利性的私人借贷发生在个人和民营性质的中小微企业之间。为了赚取更高的资本回报率，私人会通过各种途径，将闲散的资金借给资金周转困难的民营企业，民营企业由于较难在银行等正规金融机构获得贷款，会转而通过各种关系和社会资源吸收私人资金，这种营利性质的私人借贷最大的特点和优点是借贷方式灵活、手续简单、方便快捷、交易成本极低。而互助性质的私人借贷，主要基于亲缘和地缘条件，一般情况下，发生在地域较近的、社会关系比较紧密的有限人群当中，其显著的特点是利息较低甚至没有利息，并且还款的期限也不太固定。这种基于地缘和亲缘的、相互信任的互助性借贷，对于私人之间缓解暂时性资金短缺具有重要的积极意义。一般而言，借贷的金额相对较小，并且不存在发展成高利贷的风险。总体来看，私人借贷作为传统的借贷形式，仍然广泛地存在于农村地区和亲戚朋友之间，并将继续延续其历史形式，长期地存在并服务于私人和中小微企业。

二　企业间借贷

企业间借贷主要发生在两个及两个以上的企业之间，是企业之间因为业务往来，或者其他直接和间接关系，在资金周转方面开展的相互之间的一种融资活动。通常的情况下是为了应付短期的、暂时性的资金周转困难。借款金额大、期限短、利率低是其最典型的特点。一般情况下，商业银行等正规金融机构贷款审批程序复杂、贷款担保条件严格，当中小微企业出现资金周转困难时，其不得已只能转向有业务关联的企业。例如，向其上游和下游企业进行借贷，或者通过熟人朋友关系，向其熟悉的企业进行借贷。对于中小微企业而言，在生产和销售的旺季会发生流动资金需求增加的情况，这时，借贷活动发生的频次必然增加。对于这种临时性的企业资金需求，目前，国家法律法规是不支持的。因此，出于紧迫的融资需求，企业在正规金融机构无法满足其的情况下，很自然地会选择通过民间借贷渠道，通过企业间借贷进行融资活动。

三　贷款经纪人

贷款经纪人，也被称为"银背""贷款中介人"等，其作为借贷双方的媒介而存在，成为联结资金供求方的纽带。贷款经纪人作为中间人，撮合借贷双方的借贷成交，并收取相应的服务费。达成交易的基础是其长期以来树立的信用以及充分的借贷信息，服务费一般根据借贷金额的大小或者利润等按一定比例确定。客观来看，贷款经纪人的存在具有一定的合理性，其存在无疑为借贷双方的交易提供了方便，提高了效率。但同时，其也不可避免地增加了借贷活动的风险。其直接表现是，借贷双方的直接联系被阻碍，造成了双方信息的不对称，如果贷款经纪人对一方或者双方信息故意隐瞒，潜在风险必然增大。例如，在经济发展环境较好的情况下，资金的违约成本低，社会信用环境良好，贷款经纪人可以赚取更高的收益。但是，当经济发展低迷、社会资金链循环不畅、社会信用环境不良时，民间贷款经纪人也必然承担着潜在的风险，其促使的借贷行为也可能成为金融危机和社会不稳定的源头。从目前贷款经纪人发展的现状和趋势来看，贷款经纪人也在随着民间借贷的发展逐步转型，其已经不限于充当中间人，相当一部分贷款经纪人已经成为经营放贷业务的中介机构。

四　企业集资

企业集资的借贷行为起源于 20 世纪 80 年代的改革开放初期，其产生和发展具有鲜明的时代性和阶段性。当时，国家为了鼓励民营企业的发展，允许企业内部集资甚至允许员工集资设立公司。企业集资的对象主要包括企业职工和当地居民。企业集资作为一种民间融资方式，把企业职工和居民的资金吸引和集中起来，用于投资或者集资建房等。企业集资在 20 世纪 90 年代发展到了高潮。企业集资由于集资成本低、范围有限，在当时成为很多民营企业的融资方式之一。目前，对于企业集资的民间借贷方式，国家已经明令禁止。但是企业集资行为仍然少量存在。其存在的原因在于：一是中小民营企业融资十分困难，为解决资金来源问题，以职工集资的方式筹集资金仍成本低、容易获取；二是一些发展较好、潜力较大的企业，会通过企业职工集资的方式为职工谋福利；三是作为对企业员工稳定和激励的手段，企业会以集资的方式将职工利益和企业利益长远地捆绑在一起。但与此同时，我们必须看到，企业内部职工集资行为有碍企业规范发展。企业内部职工集资行为不仅本身不符合法律，还会带来很多问题，妨碍企业的规范发展。作为融资手段，企业集资的金额较小，不能实际解决企业的资金问题，并且付出的利息较高，成本较高。作为股权激励手段，企业集资并不能保障职工作为股东的法律地位，一旦出现纠纷，将无法保障职工的权利。职工集资行为还易出现某些人为控制局面，将集资款挪作他用甚至炒股投机而产生大量亏损的情况。

五 典当行

典当是我国历史上最古老和传统的金融活动。典当行亦称"当铺"或"押店"，是旧中国以收取物品作抵押，发放高利贷的一种机构。中国历代典当行名目繁多，又称"质库""解库""典铺""长生库"等。我国最早的典当业出现于南北朝，最早有关典当的记载见于《后汉书·刘虞传》："虞所赉赏，典当胡夷。"旧时中国典当多以收取衣物等动产作为质押品，按借款人提供的质押品价值打折扣，贷放现款，定期收回本金和利息。到期不能赎取，质押品由当铺没收，也有的典当可用不动产作质押品。① 典当行为是指借款人将其动产或不动产以抵押的方式当给典当行，典当行对其进行估价，借款人从当铺取得相应当金，等到约定期限，

---

① 何盛明：《财经大辞典》，中国财政经济出版社，1990。

借款人还本付息，并赎回典当物品的民间借贷行为。相比银行借贷，典当有其不可替代的合理性和优点。一是典当行建立了以典当物为核心标准的价值判断体系，典当物的价值是核心标准，典当行对典当人的信誉毫不关心。二是典当行的典当物对象丰富。从大的不动产到小的动产，典当行来者不拒。三是相比银行贷款的审批程序，典当贷款显然简单、便捷，以交付典当物来获取贷款。四是典当行对借款人的实际贷款的用途没有任何要求，这无疑极大提高了借款人的资金使用效率。而银行的资金是绝不能更改用途和挪用的。

六 私人钱庄

私人钱庄同样有着悠久的历史，北宋时期的"钱铺"是私人钱庄的历史雏形。明清时期，江浙等沿海地区的私人钱庄曾经一度非常兴盛。直到新中国成立后，受国家的法律法规和政策制约，私人钱庄曾经销声匿迹。改革开放以后，随着非公有制经济的不断发展，非公有制企业对资金的需求不断膨胀。面对极其强大的民间资金需求，浙江和福建地区继承了明清以前的钱铺的传统融资模式，新式钱庄再度活跃发展起来，出现了从事民间资金活动的金融中介，它拥有与正规银行机构相似的资金融通功能，因此被称为"私人银行"。从运作方式来看，私人银行一般以较高的利率来吸引民间资金，再以更高的利率放贷给资金需求者，以此获取更多的利润。相当数量的私人银行是由贷款经纪人发起成立的，贷款经纪人在积累了一定的信用度和借贷资源以后，从简单传统地收取服务费开始逐步转型成为信用的经营者，并参照银行系统，建立起了具有独特存贷利率、审批程序的私人钱庄。总体来看，私人钱庄虽然一直游走在合法与非法的边缘地带，但是，不可否认的是，一些地区特别是温州等经济发达地区的私人钱庄，无论在组织形式、审批程序还是在利率确定等方面，都逐步探索出了一种越来越规范的经营模式。

其规范性和优越性具体表现在以下几个方面。一是私人钱庄在特定的地区空间里，对区域内的民间资金供给进行了整体调配，对当地的经济社会发展起到了积极的促进作用。二是从经营模式上来看，私人钱庄的管理和服务相比国家正规金融机构，显得更加灵活简便，得到了众多中小微企业的青睐。三是私人钱庄的产生和发展，在一定程度上起到了倒逼我国金融体制改革的作用。四是私人钱庄在民间借贷中具有重要的作用，已经成为民间借贷的重要途径之一，规模较大，利率也被控制在较为合理的区间内。同时，其对高利贷也起到了一定的制约作用。

七 合会

合会最早发生在唐宋时期，它的产生和发展是建立在血缘和地缘基础之上的。最初的合会流行在广大农村地区关系较为密切和彼此熟悉的民众当中，是一种存在于特定区域的民间社会资金融通的带有互助性的松散组织。通常情况下，它是由合会的会长发起，将一定范围内的亲朋好友、街坊乡邻吸收到合会当中，定期或者不定期地组织会议。会议的内容是围绕资金融通，参会人员将一定数量的资金汇集到一起，交付某一需要的人来实际使用，参会者作为筹资者和使用者均享受到合会带来的利益。"轮会""标会""摇会""抬会"也都被认为是名称不同的合会形式。合会成员之间的信任关系、社会关系相对比较牢固，因此，得到资金的会员一般较容易得到资金援助，也不需要特别的担保手续。因为，限定在特定区域和范围的会员如果发生违约行为，受到的不仅是熟人圈的社会舆论压力，而且一旦发生重大违约，资金使用人估计在当地也无法继续居住和生活，有着较为严重的社交网络断裂的风险。浙江、福建和广东等我国南方地区是合会发展比较普遍的地区，其产生和发展有着历史传统的传承性。总之，合会在民间借贷方面发挥了较大的资金融通作用，对我国东南发达地区的中小企业发展发挥了巨大的推动作用。但同时，合会由于其隐蔽性，仅以一定范围的社会信用为约束，必然存在潜在的风险。

八　民间集资

民间集资行为是没有法律依据和认可的民间借贷行为。通常情况下，民间集资是面向社会特定或者不特定人群进行借贷，以筹集资本为内容，并对还本付息期限和相应回报给予一定承诺的民间借贷行为。目前来看，我国缺少对民间集资行为的明确规定和统一的认定标准，工商系统对一般企业从事资金经营的业务是明确禁止的。从民间集资的类型来看，可以分为营利性和非营利性两大类。比如，企业集资一般属于营利性集资，机关事业单位集资一般用于职工住房等公益性目的，属于非营利性集资。改革开放以来，受正规信贷的严格限制，尽管国家对民间集资持有不认可的态度，但是仍有一些中小微民营企业，遇到资金周转不足或者为了扩大企业规模和发展，转而向企业职工变相集资。比如，企业常常以"保证金"的方式，吸引职工为企业筹资，甚至承诺了远高于银行贷款利率的利息，这很有可能因为企业经营和信用问题，进一步滋生社会不稳定因素。

九　私募基金

区别于公募基金，私募基金采用非公开宣传的形式，向少数的、特定的投资者和人群直接和私下募集资金，再以证券为投资对象设立投资基金。它通常不受政府的监督和审查。按照自愿和协商的原则，基金管理人与投资者约定交易的销售和赎回事项。目前，私募基金已经成为证券市场的重要内容之一，但还没有取得完全的合法地位。其由于具有较高的固定收益率，得到了社会民间资金的大量关注和加入，但这也改变了其处于地下和隐蔽的生存状态。虽然，私募基金仍以非法的身份存在于证券市场，但国家相关政策规定对其的存在也进行了制度制约。基金发起人、管理人的自有资金必须在基金管理公司占据一定比例，公司如果发生亏损，基金发起人、管理者应先以自有的股份来支付参与者的本金和利息。这样的制度安排让私募基金的管理者和投资者建立起了一种较为可靠的约束关系，使其在利益约束和激励方面有着不同于公募基金的优势。

十　小额贷款公司

小额贷款公司是目前发展潜力较大的民间借贷的重要形式之一。其典型的特点在于"只贷不存"。小额贷款公司的诞生受到了国家的大力支持，公司发起者可以是自然人、法人或社会组织，公司形式可以是有限责任公司或者股份有限公司。其经营业务主要是小额贷款。2005 年，我国开始启动了小额贷款公司试点。国家对小额贷款公司出台了相关的政策法规，促使其走上合法、有序的快速发展轨道。"只贷不存"是其运行的基本原则，借贷资金要求必须是自有资金、受赠资金或者委托人的转贷资金，公司股东人数不超过 5 人，禁止跨区经营。资金经营利率实行市场化原则，但最高不得超过同期银行贷款利率的 4 倍。随着小额贷款公司多年的探索和发展，其发展的潜力也被限制在既定的政策法规之中。例如，"只贷不存"的制度设计以及对借贷资金来源的限制，在一定程度上确实制约了小额贷款公司的资金补给，对维持和扩大小额贷款公司经营造成较大不便，并影响了其可持续发展。2010 年 5 月，国家出台了《国务院关于鼓励和引导民间投资健康发展的若干意见》，针对小额贷款公司的一些限制进行了调整和放松，然而，对于小额贷款公司资金不足的核心问题，这仍然显得不够宽松，"只贷不存"的核心原则不调整，从长远来看，小额贷款公司的前景仍不明朗。

十一　网络借贷

网络借贷是借助于网络媒体发展起来的新兴借贷模式。它是指借贷双方利用网络平台，实现借贷交易的行为和活动。网络借贷具有多元化的特点和模式。网络借贷模式发源于欧美。Prosper 是美国最具代表性的网络借贷平台。Zopa 是欧洲网络借贷平台的典型。其作为金融业务服务网站主要是为用户的资金融通提供可以直接实现资金借贷的平台。我国的网络借贷在借鉴欧美的基础上，快速发展和衍生，形成了很多特色的模式。我国网络借贷一般为网络小额借贷，主要是利用互联网媒体向线上客户提供小额贷款。目前，我国网络借贷平台已经有上千家之多，发展模式各异，主要类型包括以下几种。一是担保机构担保交易模式，由合作的小额贷款公司和担保机构提供双重担保。此类平台相对安全，作为中间人，它只提供金融信息服务。二是 P2P 平台下的债权合同转让模式，这种模式的特点是"多对多"，借款需求和投资都是打散组合的，其作为最大债权人将资金出借给借款人，然后获取债权并对其分割，通过债权转让形式将债权转移给其他投资人，获得借贷资金。三是金融集团运行的网贷平台。以集团公司为后盾，以互联网作为工具，将传统金融向网络进行空间布局，经营和运作手段更加专业和成熟稳定。四是线上线下综合交易模式。依托客户资源、交易数据以及金融产品等方面的优势，此类网贷平台结合线下小贷公司，将网络作为交易前站，采取了线上和线下金融服务相结合的模式。

第三节 我国民间借贷产生原因及其影响

一 产生原因

（一）历史和现实的必然性

从历史的角度来看，民间借贷自古以来便长期而合理地存在。儒家文化是中国传统文化的内核，长期以来，深远地、潜在地影响着中国人民的行为。中国人的经济和社会行为，无一例外地受到传统文化道德的指导和约束。因此，每一个理性的行为人，都会依据自己的目标来进行行为选择，选择有用而合理的方案进行生产和生活。民间借贷正是在此文化基因背景下产生和发展的。亲缘和地缘是中国历史长期以来形成的社会网络体系，是中国人的社会关系本位，也是民间借贷活动存在的核心和基础条件。民间借贷行为运行的基本保障就是中国人重视血缘关系和地缘感情的文化基因特点。中国人在特定区域和范围内，形成了以亲缘和地缘为内容的社会关系网络，这样的社会关系网最大的特点是诚信，而诚信无疑是人们进行民间借贷活动的最根本和最稳固的信用基础。从历史角度来看，在民间借贷行为过程中，借贷双方在没有特别的契约约束之下，形成了以传统文化为核心的约定俗成的诚信惯例，这就是传统民间借贷行为，其行为发生的对象多为亲朋好友，信用链条短并且稳定，借贷对象的数量以及借贷金额相对较小。建立在亲缘和地缘上的民间借贷组织，对借贷双方的信息也了解得比较充分，因此，在发放贷款时程序简便、方式灵活。

从现实的角度来看，中国人长期以来形成了强烈的储蓄意识，这导致民间存在大量的闲散资本。而追逐利润是民间借贷活动产生和发展的根本。为了追逐利润，大量闲置资金像鲜血一样流向市场上缺血的地带，以期获得更高的回报。同时，民间借贷活动产生的另外一个重要条件，便是生活和生产的需要，借贷个人或者组织不断扩大对资金的需求，供给和需求构成了民间借贷的要件，加之其灵活简便的优点，民间借贷的蓬勃发展显然具有现实必然性。特别是改革开放以来，我国市场化步伐不断加快，经济发展日新月异，民间借贷的供需双方极大地膨胀，民间社会积聚了大量的资金，市场上更多的民营中小微企业为了追求发展和壮大，对资金的需求也更加强烈，这构成了民间借贷存在和发展的根本动力。同时，相比正规金融机构，得益于民间借贷获取的方便性，民营中小微企业能够以更快的时间、更低的成本获取资金，这无疑为民营经济提供了更好的融资手段和渠道。从事实来看，民间借贷的交易，通常是依靠熟人等具有良好信用的担保人作为中间人达成的，大面积的违约事件也是鲜有发生的，这也在一定程度上降低了借贷的风险。

（二）政策导向的必然性

从当前我国二元金融结构来看，1949年新中国成立之初，我国实行的是国营计划经济，金融体系是国家建立的以国有金融为核心的国家金融体系，金融为国家经济发展服务，民间借贷被限制，没有合法的生存空间。随后的改革开放政策促进了市场经济的发展，也允许民营经济发展和壮大。随着民营经济的快速成长，民间对资本的需求开始出现爆发式的增长，我国的民间借贷活动开始活跃起来。国家为了维护金融体系，防止高利贷行为的发生，仍然对民间借贷市场进行较为严格的限制和打击。然而，因民间继续膨胀的资金需求以及民间借贷自身强大的竞争优势，国家政策的限制作用有限，民间借贷资金的规模仍旧在持续增长。21世纪以来，虽然我国金融体制仍然以国有金融为主体，主要支持国有大中型企业的融资活动。但同时，我们看到，国家对民间借贷的认识更加科学和理性了，并出台了相关民间借贷的法律法规，促进民间借贷行为向着合法化、规范化、透明化的道路发展。民间借贷成为广大的中小微企业生存和发展的重要融资渠道。虽然我国中小企业创造的价值不断增加，成为国民经济中极其重要的部分，但中小企业融资难仍然长期存在。国家出于防范金融风险和社会稳定的考虑，正规金融机构借贷的对象主要是国有大中型企业和国家、地方政府大项目，对中小微企业资金的支持力度相对比较微弱。民营中小微企业在很难得到正规金融机构支持的情况下，只能转而求助于审批简便、手续灵活的民间借贷。

从现行立法状况来看，我国针对民间借贷的法律规范相对匮乏。

《中华人民共和国民法通则》、《中华人民共和国合同法》、《关于人民法院审理借贷案件的若干意见》和《最高人民法院关于如何确认公民与企业之间借贷行为效力问题的批复》等法律法规，主要对民间借贷中涉及的案件纠纷以及犯罪行为进行了法律界定和规定，属于事后控制事态的被动法律文件。另外，国务院出台的《国务院关于鼓励和引导民间投资健康发展的若干意见》以及《国务院关于鼓励支持和引导个体私营等非公有制经济发展的若干意见》，在原则上对我国民间借贷给予了肯定和认可，提出了一些积极的引导措施和意见，但从实践效果和具体执行落实情况来看，政策效果很不理想。由于我国针对民间借贷的法律问题仍然处于悬而未决的阶段，法制建设的步伐相对于民间借贷行为远远落后。这也间接地导致我国民间借贷市场错综复杂、乱象丛生，发展的前景不容乐观。

从企业成长周期来看，民营企业创立初期，资金是最大的障碍。银行由于没有办法通过其经营业绩和财务报表来判断其信用状况，也无法预知其发展潜力和前景，出于对贷款风险的考量，一般不会贷款给初创民营企业。也正是基于此，创业者只能将视线放在更加大众化的民间借贷行为方式上。等创业企业顺利度过了创业期，进入稳步发展、扩大规模的发展阶段时，其经营业绩和财务报表会更加靓丽，当稳定发展的民营企业进行资金周转或者扩大经营规模的时候，企业通过银行等正规金融机构融资就相对容易一些了，某些发展较好的民营企业也可以顺利地申请银行等正规金融机构的贷款了。甚至随着民营企业发展的日益完善，具有较大前景和发展潜力的企业可以完成上市，进行直接融资。可见，随着民营企业的发展和壮大，最初以民间借贷为唯一融资渠道的融资方式会随着企业的良性发展而不断扩展，这必然会对民间借贷融资方式的依赖度有所降低。民间借贷存在的前提是，中小微企业自身发展力弱，银行等正规金融机构对其支持作用有限制，在这种情况下，民间借贷确实发挥了极其重要的作用。

二　积极影响

（一）缓解中小微企业融资难问题

在我国目前的国家金融体系背景下，民间借贷的产生和发展，无疑更准确地对接了民间资金供求市场，发挥了其重要的市场配置作用，弥补了国家金融体系的缺陷，加快了资金运营的效率。长期以来，我国正规金融机构是我国金融体系的主线，支持了国有企业和国家项目的发展。但中小微民营企业要从正规金融机构获取资金，难度相对较大。受银行等正规金融机构贷款门槛较高、审批程序复杂、手续烦琐等因素制约，一些发展不完善的民营企业无法提供充足的担保，不具备从正规金融机构贷款的资格。银行等正规金融机构设置的诸多不合理贷款条件，众多的中小微民营企业都无法满足。而民间借贷有着灵活的担保制度、简便的审批手续，其获取资金快捷的优点受到更多的民营企业青睐和追捧。从长远来看，中小微企业越来越成为我国经济的重要组成部分，民间借贷满足了它们短期的、暂时性的资金需求，这对于民营企业来说意义重大，这也对它们发展壮大、推动我国经济发展具有不可忽视的意义。同时，民间借贷组织对借款人条件要求宽松，有的还是建立在很好的社会信用基础上的，并且民营企业的及时偿还行为也为自己在民间借贷机构累积了更好的商业信用，也因此获得了更多的贷款和更长的还款期。民间借贷组织也在长期的发展中获得了更多的利润，积累了更多的资金，从而为民营经济提供更多的借贷服务。大部分民营企业的贷款违约率其实还是比较低的，这对银行等正规金融机构来说也是不小的利润损失。民间借贷无疑与银行形成了激烈的竞争。在新的发展时期，民间借贷的发展无疑与正规金融机构形成了竞争，在一定程度上能够促使其改革和创新的步伐加快。这种良性的竞争也会进一步加速我国金融体制的改革。在新的竞争中，正规金融机构需要加快改革创新，扩大市场，提高其经营效率和服务质量，促使我国二元金融体制的转变，加快形成与民间借贷相得益彰，更好为经济实体特别是中小微企业服务的良好局面，从而满足不断发展变化的经济的根本要求。

（二）支持"三农"经济发展

我国城乡二元结构的特点非常明显。随着市场经济的不断完善和发展，我国金融体制对广大农村地区的资金支持仍然显得非常不足。农村地区的借贷有其特殊性。其典型特点在于贷款金额较小、贷款次数较多、风险较大以及担保缺乏，这造成国家正规金融机构无法给予充分的贷款支持，这时，民间借贷因其灵活性和简便性的特点，必然能够发挥更大的作用。特别是在民间资本较为充足的经济发达地区，民间借贷对"三农"的发展，以及农村地区的中小微企业发展，具有重要的雪中送炭的积极影响和作用。例如，2008年，美国次贷危机引发了全球性的金融危机，在经济低迷的背景下，我国江浙和广东等沿海地区的中小企业面临着严重的出口萎缩、经营困难的艰难处境，资金链条非常脆弱，正是民间借贷帮助部分濒临破产的企业渡过了难关。民间借贷作为我国非正规金融机构，其能否合法生存直接影响了农村金融市场的发展，如果其长期得不到认可，将不利于"三农"的长远发展。因此，正确认识民间借贷的积极意义，引导和规范民间借贷更好地为农村地区服务，将不仅利于农民增收、农户投资和农业企业的发展和壮大，民间借贷对农村地区中小微企业发展的资金满足，也将进一步促进我国工业生产的可持续发展。

（三）倒逼金融体制改革

融资难是民营企业面临的最大问题。国家对民营企业的发展越来越关注，出台了很多支持措施，地方政府为了扶持民营经济，对部分符合条件的民营企业也给予了一些财政资金的鼓励和支持，然而，政府的支持仅作为引导，作用仍然有限，相对于民营企业巨大的资金需求而言，这显然是九牛一毛。目前来看，我国的金融市场仍是以国有金融为核心的垄断市场，正规金融主体仍然是国有银行、商业银行以及地方政府主导的中小型银行，这些银行的服务经营管理规范、资金充足，服务主体主要是国有经济单位，自由竞争的融资环境远远没有形成。银行是我国金融体系的正规机构，在融资业务方面，自然具备民间借贷不可比拟的优势和力量，理应为我国中小微企业提供资金服务。然而，银行出于利润和成本的考虑，更愿意贷款给具备良好资信条件的大中型国有企业，因为，相对于中小微企业，大中型国有企业在资金供给成本上，交易成本显然更低一些，利润和收益更高一些，而民营中小企业借贷金额小、得到的利润微薄。银行对大中型国企的资金服务也形成了路径依赖，好像银行天生就是为国有企业服务的，民营企业长期以来处于劣势的地位。为了弥补资金缺口，民营企业不得已向民间借贷靠拢。也正是基于此，民间借贷能够在资本市场上占据一席之地，打开了较小规模的借贷市场，并且呈现了迅猛的发展势头。民间借贷的发展壮大源于其自身独特的优势，它激活了我国沉睡已久的民间资本市场，民间中小企业的资金需求在一定程度上得到了满足，社会资金的配置效率被进一步提高和放大，这也间接促进了我国经济结构的调整，并对我国整体金融市场的发展和经济社会的进步具有重大的现实意义。长期以来，银行等正规金融机构处于行业垄断地位，而民间借贷的发展壮大对于其垄断地位无疑形成了一定的压力和挑战，这在一定程度上也加快了我国金融体系改革的步伐。民间借贷作为合法的借贷双方的约定行为，其核心优势在于民间借贷的资金能够更加便捷地流向市场资金需求者，满足借款人的暂时性、临时性需求。如果把民间借贷合法化作为突破我国垄断的金融体系的突破口，将会逐渐破除目前二元的金融体制，倒逼我国金融体系的改革和创新。

三 消极影响

传统的民间借贷行为是建立在血缘和地缘社会关系网络基础之上的，这为其正常运行和健康发展奠定了极其重要的信用保障基础。然而，随着社会的发展，特别是市场经济的演进，民间借贷的参与主体不断扩大，主体之间的血缘关系和地缘关系不复存在，传统的、小范围内的民间借贷行为赖以生存的道德基础、信任关系和良好声誉等条件开始淡化和消失。市场经济主导下的民间借贷行为缺乏有效的风险控制机制。从我国民间借贷的现状来看，相比银行等正规金融机构，民间借贷组织运营不规范，组织制度不完善，资金规模小，抗风险能力差。同时，民间借贷的隐蔽性、缺乏政府监管，导致非法金融问题时有发生，具有较大的潜在风险。贷款人或者民间借贷组织出于非法获取暴利的目的，冒着犯罪的危险，非法吸收存款，或者非法放高利贷，时常出现非法集资、相关人员跑路的现象，严重冲击我国稳定的金融体系，影响社会稳定。

（一）影响国家金融安全

民间借贷活动具有较强的自发性，以市场这只"看不见的手"为核心和指导，必然会造成民间借贷活动的盲目性。我国正规的金融机构，在国家宏观调控的范围内，支持国家确定的产业发展项目，以国家宏观调控目标实现为指导，考虑的不仅仅是市场需求和利益最大化。而民间借贷活动由于其隐蔽性，国家宏观调控政策和产业政策无法对其发挥指导作用，如果民间借贷支持了利润较大但不符合国家产业政策的项目，必然会造成对国家宏观调控政策的干扰，不利于国家整体经济战略和产业结构的良性发展，对我国金融安全也造成不利的影响。一是影响正规金融机构的存款。资本具有追逐更高利益的特性，而民间借贷的利率远高于银行存款利率，为了追求更高的回报，民间闲散资金便会将自有资金投入民间借贷市场，甚至有部分投资人会将银行存款抽离，投入民间借贷市场，这一方面对银行等正规金融机构在吸收存款方面造成了不小的压力，另一方面，如果资金发生大规模抽离，会对银行信贷产生强烈的冲击，并进一步扰乱国家金融秩序，妨碍国家对整个社会资金总量的监测和管理。二是民间借贷行为中可能潜伏投机者。受利益的驱使，某些投资分子会不顾及法律的惩戒，铤而走险，走上非法集资的犯罪道路。甚至会有一些投机者利用各种关系和资源，不惜冒犯法律，从银行获取成本较低的贷款，转而再以高利息的形式放贷给借款人，导致银行资本也变相进入民间借贷市场，导致风险进一步扩大，并向银行传递。这对我国金融机构的稳健运行造成了不良影响。三是妨碍了我国货币政策和财政政策的顺利实施。国家宏观调控政策的指导和实施对我国体制内的金融机构有良好的预期效果。然而，民间借贷活动长期流离于体制之外，缺乏有效的指导和监管，如果民间借贷资金流向出现问题，必将影响和减弱国家经济调控的效果和预期目标。从货币政策来看，国家通常情况下，主要通过调节利率和提高银行存款准备金率两种方式来实施货币政策，然而，对于民间借贷行为，货币政策没有办法进行引导和限制，这必然影响其实施的效果。从财政政策来看，基于国家战略的考虑，国家会重视科技等创新产业的发展，鼓励体制内金融机构和财政资金支持战略性产业的发展和壮大。但是，民间借贷由于其资本的逐利性和短视性，不会站在国家战略的层面考虑问题，很可能造成大量民间资金投入国家限制和禁止的投资领域，影响国家的战略投资布局，进而对国家经济发展战略造成不利的影响。

（二）影响社会稳定

民间借贷在推动经济社会发展的过程中所起的积极作用不容忽视。然而，由于民间借贷行为自身的短视性和风险性，其对社会稳定造成的消极影响也必须引起足够的重视和关注。在市场经济的催化下，我国的民间借贷市场非常活跃，关于民间借贷的法律法规仍然不够健全，特别是缺乏政府对民间借贷的日常监测，相关法律法规仅限于对民间借贷危害造成以后的被动打击。这一方面对经济发展造成冲击；另一方面对社会稳定发展也造成了严重的破坏。马克思对资本的逐利性进行了形象而又深刻的描述。马克思曾说："有50%的利润，资本就铤而走险；为了100%的利润，资本就敢践踏一切人间法律；有300%的利润，资本就敢犯任何罪行，甚至冒绞首的危险。"可见，逐利行为是资本唯一不变的追求，对于缺乏投资渠道的民间闲散资金而言，高额回报是难以抗拒的诱惑。投资人为了追求高额利润，盲目借贷的行为很容易发生。然而一旦出现大面积违约行为，就会发生"多米诺骨牌效应"，进而对社会稳定造成伤害。从我国民间借贷行为所发生的现实案例来看，不管是温州老板的跑路，还是鄂尔多斯和神木发生的资金链断裂事件，它们都是对资本的贪婪造成的恶果。

从民间借贷的政府监管现状来看，法律法规缺失、监管主体长期缺位的现状极易导致投机者非法集资、洗钱和暴力催款等行为发生。有少数放贷者钻法律和监管的空子，将来历不明的资金投入民间借贷市场，导致民间借贷市场间接成为贪腐、洗钱的平台和载体。另外，民间借贷的高利贷行为由于不能得到法律的认可和保护，当借款者发生违约行为时，追债公司便应运而生，而这种追债公司大部分具有黑社会的特征，其追债的手段多为暴恐行为，这必然对社会秩序造成严重的扰乱和危害，甚至发生伤害借款人生命的犯罪事件，影响极其恶劣。

参考文献

张朝元、梁雨：《中小企业融资渠道》，机械工业出版社，2009。

李建军主编《中国地下金融调查》，上海人民出版社，2006。

初本德主编《地下钱庄问题深度解析》，中国方正出版社，2008。

诸葛隽：《民间金融：基于温州的探索》，中国经济出版社，2007。

漆多俊主编《经济法学》，武汉大学出版社，2004。

张明楷：《刑法学》，法律出版社，2011。

王曙光：《金融自由化与经济发展》（第二版），北京大学出版社，2004。

〔美〕乔纳森·R. 梅斯：*Banking Law And Regulation*，中信出版社，2003。

〔美〕詹姆斯·S. 特里斯曼：《风险管理与保险》，东北财经大学出版社，2002。

〔美〕罗纳德·工·麦金农：《经济市场化的次序——向市场过渡时期的金融控制》，周庭煜等译，上海三联书店，1999。

〔美〕罗纳德·工·麦金农：《经济发展中的货币与资本》，卢骢译，上海三联书店，1988。

张书清：《民间借贷法律价值体系的重构》，《上海金融》2009 年第 2 期。

何广文、李莉莉：《善待民间金融》，《中国财富论坛》2004 年第 10 期。

吴越人：《创投和担保：浙江非法集资新动向》，《上海经济》2009 年第 8 期。

李娜：《集资诈骗罪若干认定问题探析》，《湖南商学院学报》2010 年第 6 期。

苏虎超：《民间借贷活动与金融犯罪相关问题探析》，《中国刑事法杂志》2011 年第 6 期。

高庆国：《民间借贷存在的法律问题与对策研究》，《经济与法制》2012 年第 3 期。

李存、安著蔚：《民间借贷在公法领域的法律问题研究》，《法制与社会》2010 年第 7 期。

秦玉洁：《民间借贷若干法律问题研究》，《金融与法》2010 年第 10 期。

彭小贵：《从民间借贷来看正规金融担保制度再创新》，《财经视点》2009 年第 1 期。

毕德富：《宏观调控与民间借贷的相关性研究》，《金融研究》2005 年第 8 期。

周晓松：《英国〈消费信贷法〉对我国民间借贷规范化的启示》，《华北金融》2011 年第 9 期。

祝淑娟：《我国民间借贷风险的法律防范研究》，吉林财经大学，2013。

李海锦：《论我国民间借贷法律监管制度的完善》，延边大学，2013。

庄哲耕：《我国古代民间借贷利率对法律监管的启示》，《人民论坛》2014 年第 8 期，第 93～95 页。

曾纪胜：《论我国民间借贷监管制度的完善》，西南政法大学，2011。

沙良永：《我国古代民间借贷利率的法律管制及借鉴》，《武昌理工学院学报》2013 年第 2 期。

卢少阳：《我国民间借贷的法律规制》，北京交通大学，2012。

付菲菲：《我国民间借贷的法律规制》，河北经贸大学，2013。

王思佳：《民间借贷法律风险规制研究》，河北大学，2014。

彭拥军：《民间借贷法律规制研究——以温州民间中小企业借贷为例》，华中师范大学，2012。

刘佳：《我国民间借贷规范发展问题探讨》，华中师范大学，2013。

苟海啸：《论我国民间借贷的法律制度完善》，长春工业大学，2013。

朱慧玲：《关注欠发达地区集资现象》，《中国金融》2005 年第 8 期。

李伟：《我国民间借贷的风险防范研究》，《商业故事》2016 年第 2 期。

杨冠英：《论我国民间借贷的法律规制路径》，河南大学，2012。

沈雅萍：《我国 P2P 网络借贷债权流转模式之法律分析——以唐宁模式为例》，《时代金融》2013 年第 29 期。

韦熙：《中国民间借贷的现状和出路》，西南财经大学，2007。

付名：《民间借贷风险监管法律制度研究》，辽宁大学，2013。

马刘霞：《基于互联网的普惠金融实践》，《经济师》2014 年第 8 期。

李俊慧：《"整顿"或为 P2P 监管政策出台铺路》，《企业观察家》2015 年第 10 期。

张振国：《民间借贷若干法律问题研究》，吉林大学，2012。

第二章 我国民间借贷风险概论

第一节 风险的类型

一 信用风险

信用风险是由于借贷双方信息不对称而发生的风险形式。最早的民间借贷发生在亲朋好友之间，这种传统的借贷关系是建立在血缘和地缘的社会关系网络基础之上的。早期和传统的民间借贷的典型特点是借贷半径小、信息掌握充分和信任基础牢靠。借款人受社会关系网络舆论和道德的软约束，贷款人可以根据对借款人的了解和熟悉程度，对借款人进行有效监管，风险相对较小。但随着商品经济的发展，借贷范围逐步扩大。民间借贷的规模化、产业化的发展，导致其突破了传统民间借贷活动的参与主体和地域的限制和约束，形成了更长的借贷链条，借贷链条的某个环节一旦出现问题，联动性的危害必然产生。信息不对称是民间借贷扩大后直面的主要问题。民间借贷债务扩大化的结果必然是借贷双方互相不了解，借贷双方的关系仅为资金的供给者和需求者，除此之外，别无其他关系。对于贷款人来说，借款人的个人诚信、个人能力和资金占有等影响偿还能力的因素，贷款人没有办法完全了解，这就增加了借贷的风险。例如，创业者在创业初期自有资金不足，从正规渠道获取资金难度很大，不得已选择民间借贷的方式，如果创业失败，风险便会急剧上升。民间借贷融资中介服务作为借贷产业链条上的一环，也可能成为引起信用风险的因素之一。资金中介服务是民间借贷发展和深化的产物，随着民间借贷规模的扩大化，以前基于亲缘和地缘的信息优势逐渐不复存在，而中介机构作为能较多掌握借贷双方信息的中间人，因其存在具有合理性而越来越普遍。一方面，民间借贷中介作为掌握信息资源的中间人，无疑提高了借贷双方交易的成功率，起到积极的作用；另一方面，民间借贷中介的介入，也阻碍了借贷双方建立直接联系，这可能造成借贷双方的信息不对称程度的加深，如果发生违约，信用风险将加剧。随着以借贷中介为核心的借贷网络的扩大化，借贷主体的规模不断增加，借贷中介为了追求更多的成交量和利益，如果因信息不对称，有意隐瞒对借贷双方不利的信息，那么一旦某一个借贷主体发生违约行为，就会对借贷中介建立的借贷网络造成打击，进而破坏资金链条，引发更大规模和范围的金融风险。

二 经营风险

传统的民间借贷以良好的社会信用为基础，具有相对稳定的自我约束借贷关系。借贷的程序和手续灵活简便，甚至根本不需要相应的担保或者抵押手续。而民间借贷的企业经营化路径已经突破了传统的特定区域的社会关系网，导致传统的民间借贷的程序和操作手法已经不再适用和有效。企业化经营的民间借贷必须有规范的操作程序和合法的契约形式，才能有效制约借贷双方的借贷行为。目前来看，经营风险是不少民间借贷机构存在潜在风险的原因所在。民间组织和机构由于其自发性和隐蔽性的特点，相比于大型正规金融机构，大部分规模较小，没有建立起完善的企业管理制度和体系，存在组织形式和管理制度不规范、经营运作随意、风险防控机制缺失等一系列问题，极易发生资金断裂的危机。具体来看，经营风险的主要诱因包括合同不规范和资金管控水平不足两方面。一是民间借贷合同很不规范。相当一部分民间借贷合同在形式上比较随意，很多合同无正式的合同文本，个别有合同的，其在形式上也极不规范，有的甚至仅仅是口头约定。如果借贷双方发生违约，面对合同纠纷，相关法律也很难为纠纷裁判找到有效的评判依据。利率是合同的核心内容，资本往往为了获取更多的利润，不考虑合同的合法依据，民间借贷合同制定的利率一般偏高。一方面，民间借贷缓解了中小微企业的资金需求压力；但另一方面，民间借贷由于其规定的高利率，也增加了中小微企业使用资金的成本，甚至给企业造成了比较沉重的负担，也造成了企业还本付息的安全隐患。一般的民间借贷合同缺少对担保和抵押的规范规定，这对放贷人的债券难以保障，一旦发生违约，债权人面临贷款无法收回、抵押无保证的风险。二是民间借贷机构的管理不规范。运营管理和风险管理不到位的直接后果就是发生违约事件，民间借贷机构将面临较大的安全隐患。关联交易是民间借贷机构管理方面的最大漏洞。近年以来，我国政府对民间借贷的管制一再放松，包容其发展和壮大，甚至不少民营企业家也参与到民间借贷的领域。值得注意的是，民营企业家将大量资金投入民间借贷市场的目的不仅仅是资本盈利行为，更多的是借助投资民间借贷机构的机会为后期获取更多的贷款取得便利条件，这是典型的关联贷款行为。如果这种关联交易行为太多，当出现大面积违约行为时，民间借贷组织就会随时发生倒闭，甚至很有可能发生一系列的连锁反应，导致一定区域内金融危机的爆发。另外，在经营管理过程中，民间借贷机构为了追逐利益会铤而走险，冒着犯罪的风险进行过度放贷和非法放贷等危险的借贷活动，这也是民间借贷经营风险的表现之一。

三　系统性风险

金融危机具有很强的传导性，产生一系列连锁反应，会波及整个区域的经济社会稳定，民间借贷危机也不例外。较高的利率是民间借贷市场活跃的根本动力，其吸引大量的民间游资进入民间借贷市场。从我国民间借贷市场分布来看，区域性是民间资本积聚的最大特点。通常情况下，民间借贷活动活跃于特定区域的社会关系网络中。在区域性的社会关系网络里面，众多的中小微企业彼此关联，以互保联保的方式在一定范围内获取民间借贷资金。其彼此之间的联系解决了部分资金压力，有效控制了风险发生，促进了共同发展，也带动了整个区域的经济繁荣发展。但是，一旦经济整体不景气，有一个企业经营不善，资金链发生断裂，势必会影响其他企业的正常运转，可能导致区域内发生大规模违约行为，进而引发区域性金融危机，破坏区域经济建设和社会稳定。另外，我国金融产品不断地创新和衍生，资金的流动性越来越强，金融产品之间的相互渗透性大大增强，国家正规金融和民间借贷之间也开始存在千丝万缕的联系，民间借贷的利率远高于银行同期贷款利率，如果一些个人或者企业利用各种社会资源，骗取银行信任，以很低的利息获得银行的贷款，转而又将所贷资金投放到民间借贷组织或者借贷中介机构，以获得高额利差，就相当于把风险转嫁给了银行，一旦出现违约事件，就意味着民间借贷资金链断裂的风险向银行传导，借贷风险会进一步引发银行系统风险，危害国家金融体系的安全。在风险防范方面，银行显然具有更多和更完善的手段和经验，虽然我国银行等正规金融机构在防范金融风险方面做了很多的探索，具有了很多经验和措施，但银行资产最大的特点就是具有很强的流动性，资金的流动过程具有极大的关联性，而风险具有瞬息万变的特点，看似有效的防范风险手段很有可能是导致金融市场变化和不稳定的诱因之一，同样的风险防范手段和措施有可能只适用于一家银行，对其他银行等金融机构则会造成威胁，这种银行之间的风险传递，更加容易导致金融风险的无限蔓延，最终引发严重的系统性风险。

第二节 风险形成的原因

一 信贷体制缺陷

1949年新中国成立之初，出于稳定政权、发展工业经济的国家战略思路的综合考量，我国政府确立了集中全国金融优势资源，大力发展重工业的战略方针，在这一战略方针的指导下，我国设计了一套具有垄断性的国家金融体制和金融秩序。不得不承认，这种以国有金融为主体的体制设计，让国家获取了大量低成本的存款，对国家集中精力发展重工业产生了极其重大的推动作用，从当时的历史和现实来看，这无疑是较为合理的制度安排，正是这样的金融制度安排为我国的工业体系打下了坚实的基础。在国家重工业发展的同时，国家的轻工业配套体系也在市场的驱动下开始逐步发展，对资金的需求也越来越强烈。然而，这种以国有金融为主体的金融体制显然无法满足非国有市场主体的庞大资金需求。但在新中国成立以来很长一段时间里，国家为了维护金融秩序、防范金融危机，仍然实施严格的金融管制，限制民间借贷市场的发展。但是，在庞大的资金需求得不到满足，饥渴的市场主体在银行贷款无望的情况下，市场主体只能通过民间借贷市场进行融资。目前，我国民间资本的投资渠道非常有限，民间积累的财富找不到较好的投资机会和渠道。如果民间资本投资实体经济，则融资成本和经营成本压力远大于国有企业；民间资本存入银行又会受到通货膨胀的挤压而产生贬值；投资股市又有血本无归的风险。因此，有大量追逐更高收益的民间资本流入了民间借贷市场。民间市场主体获取正规金融机构低利息的贷款困难重重，民间借贷市场的资金较容易获取，但利率随行就市，远高于银行贷款利率。高利贷问题在民间借贷市场相当普遍，大量民营中小微企业的融资成本远远高于国有大中型企业，这对中小企业的成本和利润造成较大的挤压，民营企业融资环境堪忧，随着民间借贷规模的不断扩张，风险也在积累和加大。

二 民间借贷监管缺位

长期以来，民间借贷活动游离于合法和非法的边缘地带，并且饱受社会的质疑和不公正的待遇。民间借贷在较为隐蔽的空间里生存，有的甚至处于"地下"。国家金融管制的法律法规和政策文件对民间借贷态度模糊，其地位、性质和合法性问题一直没有得到确认，整体处于缺乏监管的尴尬状态。从相关的法律法规来看，金融领域的法律法规主要有《中国人民银行法》和《银行业监督管理法》，其规范的主要对象仍然是国有正规金融，还没有专门针对民间借贷的法律制度设计，也没有具体的管理规则。从金融监管机构来看，《中国人民银行法》和《银行业监督管理法》赋予了银监会作为监管机构的职责，但没有给予民间借贷明确和合法的地位，加之民间借贷活动具有较强的隐蔽性，导致银监会对其监管比较困难，只能发生危害以后进行事后的评估。银监会对各类民间借贷的主体对象、借贷规模、利率情况等主要数据无法准确掌握，对发生风险的预警更是难上加难，这增加了民间借贷监管的难度。并且，有些民间借贷吸收和募集资金的手段与非法吸收公众存款的形式非常相似，难以辨别。各级地方政府的金融办也是民间借贷监管的主体，但是，关于民间借贷的监管，政府还没有探索出一种成熟的监管操作办法。目前，只有温州在进行着有益的尝试，温州建立了民间借贷的监测机制，然而实际效果还有待验证。在我国民间借贷法律法规支持不足的情况下，政府的监管行为也显得很无力，力不从心。政府金融监管机构只能维持目前"重事后管理，轻事前管理"的监管模式，这说明我国民间借贷的问题是法律法规和政府监管双缺位。从监管现实和实践来看，我国确立了一项民间借贷的粗线条的基本原则，即"谁审批，谁监管，谁负责"的原则，其表面上显得较为合理，但是这也产生了相关部门各自为政、互不沟通的弊端，缺乏一个统一的主管部门的协调和联系机制。例如，融资性担保公司由各地金融办监管，典当行由商务部门监管。总之，法律和监管的缺位导致民间借贷最终只能是事后对违约和纠纷案例进行处置，难以将民间借贷引发的各类风险在源头和事前进行预警和控制。

三　社会征信体系不健全

改革开放以来，我国经济社会发展迅猛，取得了十分可喜的成就。但与此同时，贫富差距持续扩大，民众的逐利欲望不断增强，集中的表现形式就是个人收益最大化。在这个全民过度逐利、漠视风险的时代背景下，金融业作为逐利的核心战场，吸引了大量民间积聚的资本的广泛参与，民间借贷作为门槛较低的市场，吸引了社会资本的进入，民间借贷市场也因此开始迅速膨胀。但由于当前我国社会诚信体系建设的步伐远落后于经济社会的发展，社会上各类欺诈违约等行为屡见不鲜。基于血缘和地缘传统的小范围的民间社会信用软约束遭遇危机，社会信用缺失现象严重，并在民间借贷行业积聚了巨大的风险，征信体系的建设问题亟待解决。征信体系的建立，应由中立的第三方专业机构来采集和评价。在法律法规的许可下，第三方征信专业机构通过采集、整理各类市场主体的信用信息，形成一套对其信用情况的精准评价，以供各类主体在信用交易时查阅。同时，征信体系的建立对于借贷双方也是一种有效的约束，可以起到防范信用风险发生的有效作用，进而促进民间借贷市场的稳定发展。迄今为止，关于信用问题，我国还没有任何一部相关的立法规定，这显然没有跟上经济社会发展步伐。中国人民银行建立了一套征信体系，但是其征信信息只针对国有正规金融机构，不对社会大众开放，这使得借贷双方和借贷机构对借贷主体的信用没办法全面判断，也在一定程度上间接助长了借贷违约率的攀升。

四 担保方式欠缺

传统的民间借贷的参与主体范围较小，民间借贷多发生在亲朋好友、街坊乡邻之间。出于熟悉和信任，借贷双方不需要合同契约，甚至没有借条，借贷金额较小，违约率较低。然而，民间借贷发展到今天，传统道德的软约束已经不复存在，抵押和担保成为民间借贷活动的重要形式。从目前我国民间借贷的具体操作流程来看，担保的要求主要是不动产抵押，对不动产的估价为 4 折以下，这看起来是很低的价值估算，应该算得上是比较安全的抵押方式，如此低的抵押应该与民间借贷市场的风险成正比，因此，如果没有可靠的抵押物作为担保，放贷人收回成本和利息的风险会更大，这对放贷人是一种保障。然而，现实情况是，借款人往往没有抵押物或者抵押物价值不足，在这种缺乏担保和抵押的情况下，众多投资咨询公司作为一种新型的担保方式应运而生，放贷人可以依靠其降低风险。但是总体来看，我国民间借贷担保方式仍然显得单一、不足。民间借贷尚没有探索出成熟的资金控制和管理模式，仍依靠简单的不动产抵押来缓解风险压力，在借贷双方没有很好的担保方式的情况下，极易发生债务纠纷，并且具有演变成暴力犯罪的可能性，诱发社会不安定因素。

第三节 风险的监管历程

新中国成立之初，我国的金融体系设计了以国有垄断金融为主导的金融体制。民间借贷一直处在非法或半非法状态。随后，由于市场经济的发展和带动，国家对民营经济逐渐默许和放松。要将社会上各类民间借贷都纳入我国正规金融体系不是一朝一夕能完成的事情。我国政府对民间借贷的管制方法和手段也在不断探索和调整。新中国成立后民间借贷的监管历程可大致分为四个阶段。

一　绝对禁止阶段（1949～1978 年）

新中国成立之初，我国面临严重的内忧外患的局面。对外，有来自美国等大国的军事威胁和政权颠覆压力；对内，我国经济社会百废待兴，我国是个典型的农业国，缺乏工业技术，工业底子相当薄弱。国家确立工业强国战略，从历史和现实的角度来看，是当时国家安全和经济发展唯一正确的选择。在当时的历史条件下，我国资金匮乏，国家想要集中金融资源发展重工业困难重重。如果通过自由交易的方式集中社会资金的话，政府必然要承受高昂的市场成本。因此，国家必须依靠强有力的方式，建立国有垄断性的金融机构，以较低的存款利息集中全社会的资本进入银行等正规金融机构，实行以农业补贴工业的措施，着力发展重工业。新中国成立之初确立的强制性的计划经济，决定了国家的人力、物力和财力受国家强力支配，金融业垄断经营正是在这样的强制指令之下建立起来的，政府快速建立起了以中国人民银行为核心的金融组织，确定了以国有产权为内容的正规金融体系。这个国有性质的金融体系，在政府的支配下，服务国家战略，是重工业发展的资金工具。按照当时的形势要求，民间借贷活动处于被绝对禁止阶段，除了建立在血缘基础上的互助性民间借贷行为，其他任何形式的民间借贷都处于休眠状态。

二　相对宽松阶段（1978～1995 年）

新中国成立初期，我国集中全国金融力量，以计划经济的方式，设计了一个发展重工业的低成本的国有金融体制，保证了国家战略目标的实现。然而，随着计划经济体制的弊端显现，特别是经济发展的低效性给国家财政带来了很大的压力，我国的发展战略和政策开始调整和改革。1978 年，我国宣布开始改革开放，国家开始在一定区域和范围内实行渐进性的市场改革。改革开放初期，经济发展的最大特点就是"民进国退"，随后，随着改革开放的不断推进和深化，长期被压抑的非国有经济开始爆发巨大的能量，各类资源获得了释放，特别是民间资本在民营经济的带动下获得了巨大的释放。国家支持民营经济的发展，对民间借贷的严格限制政策就必然会松动。民营中小微企业的产生和发展创造了巨大的资金需求，而国家的金融体系依然服务于国有经济，资金供给渠道主要为财政拨款和银行贷款。民营企业的资金矛盾只能依靠民间借贷市场来解决。在这一时期，互助的合会是民间借贷的主要形式，其多发生在农村经济发达的南方地区。江浙一带合会的特点是隐蔽、规模小、灵活、安全性高，主要服务对象是亲友和同乡。这种合会互助在促进乡镇企业发展的过程中发挥了极其特别的积极作用。同时，政府对民间借贷的限制也发生松动，出于对民营经济的支持，政府出台了相关政策，支持民间融资行为，1984 ~ 1992 年，多次出台了相关政策，允许合作基金会和合作银行成立，支持农村乡镇企业的发展。可以说，1984 ~ 1992 年这几年，是对民间借贷限制较为宽松的年份，正是在这几年，我国的乡镇企业取得了最为迅猛的发展，奠定了民营经济发展的基础。在随后的 1993 ~ 1995 年，为了防止经济发展过热，国家对民间借贷的高利贷和违法行为进行了整治，采用了一系列打击和取缔措施。例如，在《关于城乡高利贷活动情况和取缔办法的报告》中正式禁止并取缔月息高于 1.5 分的民间借贷行为。1993 年，国家对企业集资和合作基金会的发展进行了整顿，限制了其经营范围，禁止了存款业务。

三 立法管制阶段（1995 ~ 2004 年）

民间借贷在经历了绝对禁止和相对宽松的阶段之后，国家对民间借贷活动的管控活动有了一定的探索和经验积累。1996 ~ 2004 年，可以说是我国金融体制的立法管制阶段，是我国金融业形成系列法律的重要时期。在这一时期，国家对国有金融体制在法律法规上进行了完善，对民间借贷实行了较为严格的管制。1995 年，国家出台了《商业银行法》，明确提出了"非法吸收公众存款罪"，并对其进行了界定。紧随其后，国家又颁布了《关于惩治破坏金融秩序犯罪的决定》，正式提出了"集资诈骗罪"，并确立了行政取缔和刑事惩罚的双重规制手段。1996 年，国家颁布了《中华人民共和国银行管理暂行条例》，不允许私人建立银行等金融机构，同时，取缔了私人钱庄，禁止某些企业的集资行为。1997 年，新刑法出台，增加了"破坏金融管理秩序罪"和"擅自发行股票、企业或者公司债券罪"，规定对未经国家主管部门批准，擅自发行公司或企业债券、股票，并且数额巨大、后果严重的行为处以五年以下有期徒刑或拘役，并处或单处非法募集资金金额百分之一以上百分之五以下的罚金。1998 年，正式颁布《非法金融机构和非法金融业务活动取缔办法》（简称《取缔办法》），并在同年 8 月通过中国人民银行提请的《整顿乱集资乱批设金融机构和乱办金融业务实施方案》（简称《实施方案》），《取缔办法》中第一次提出"变相吸收公众存款"，将"任何未经有关部分依法批准，以任何名义向社会进行非法集资的行为"增加至条文，为金融监管增加了灵活处理的空间。《实施方案》将未经中国人民银行批准私自设立的从事金融业务活动的机构和组织看作非法金融机构，而未经中国人民银行批准私自向社会大众进行贷款、外汇买卖、企业集资、金融租赁、票据贴现、融资担保、办理结算、信托投资等行为都属于非法金融活动。2002 年，颁布了《中国人民银行关于取缔地下钱庄及打击高利贷行为的通知》。在此阶段，关于民间借贷的法律规制有了制约框架。对于民间借贷来说，国家以"集资诈骗罪"、"擅自发行股票、公司和债券罪"以及"非法吸收公众存款罪"为三条罪行底线，它们像三把利剑一样悬挂在头顶，警示着参与民间借贷的对象和主体。

四 理性认可阶段（2004年至今）

2004年至今，随着民间借贷的重要性的历史和事实逐渐被政府和社会接受，并开始形成共识，政府对民间借贷的认识逐步深化，并进入理性认可阶段。从各类政府金融报告和政策文件方面可见一斑。2005年初，中国人民银行发布了《2004年中国区域金融运行报告》，报告中明确指出，民间借贷是国有金融体系的重要补充，要正确认识其积极作用。可以说，以此份报告为起点，政府对民间借贷首次做出了较为正面的评价和认可，这是可喜的进步。随后，中央一号文件在2004~2006年，连续三年提出支持建立多种所有制形式的农村金融机构，这也是对民间借贷的间接支持。2005年，国家开始在多个省份开展小额信贷试点工作。2006年，国家发布了《中国银行业监督管理委员会关于调整放宽农村地区银行业金融机构准入政策更好支持社会主义新农村建设的若干意见》，该意见提出，允许农村设立信用合作组织，在支持农村合作组织放贷的同时，为防范风险，也对贷款发放的对象、利率等管理和监管进行了细致的规定。2008年，中国人民银行发布的货币政策执行报告又提到了民间借贷，并再次肯定了其必要性，以及表明了支持其发展的态度。2008年11月，中国人民银行起草的《放贷人条例（草案）》提交给国务院法制办，虽然目前这个条例还没有正式出台，但这充分表明国家监管当局对民间借贷的态度已经明朗，民间借贷的阳光化和合法化只是时间问题。综合来看，不难看出，政府对民间借贷的态度已然发生了根本性的变化。在经历了禁止、放松、管制的探索之后，迎来了认可、肯定、引导、规范的阳光化转变。应该说，目前政府正致力于寻求引导和规范民间借贷的途径。建立起一套包容民间借贷的多信用金融体制，满足我国经济社会多元化的融资需求，国家政府正在努力的道路上。

第四节　风险的监管困境

一　监管体系之困

一个国家和政府的首要职责是为每一位公民营造和创造一个良好的生存和发展环境和空间。资金是每一个个人和社会组织赖以生存的物质基础。营造一个好的融资环境是国家和政府义不容辞的责任和义务。民间借贷在我国金融体系里的重要性和必要性已经成为共识，其作为非正规金融组织形式而存在无疑具有合理性，是对国有金融供给不足的可靠补充和矫正。但在现阶段，民间借贷活动和行为存在法律真空地带。政府对民间借贷监管主体的确定也处于既模糊又混乱的局面。法律法规和政府监管存在的问题，为民间借贷未来的发展埋下了较大的安全隐患。我国的金融监管机构的核心是"一行三会"，即中国人民银行、证监会、保监会和银监会。以中国人民银行为统领，统筹管理国家金融秩序，证监会、保监会和银监会分别履行分行业金融监督管理职责。我国金融秩序和市场的监管实行集中管制的模式，但是集中管制的主体和对象主要是针对国家"正规金融"，相关法律法规和风险控制制度也更多地倾向于银行、证券和保险等正规金融机构。民间借贷市场长期以来都没有得到更多的关注和重视，除非发生大规模的违约事件，影响区域社会的安全和稳定。国家尚未在法律层面上确定民间借贷的监管机构，更没有建立系统的监管措施及风险防范机制。政府对民间借贷的引导和管控更是无从谈起，导致民间借贷市场没有形成良性发展的生态环境。对于民间借贷组织和机构的资金实力、资金运营能力和风险控制能力，政府尚没有专门的部门和专业人才来审批和把关，民间借贷主体和参与对象更不具备风险判断和识别能力。此外，有一些投资分子和不法分子以民间借贷交易为幌子，做一些违法的勾当，对民间借贷市场造成了极大的冲击，损害了借贷人的利益。由于监管上存在漏洞，大量资金从银行等正规金融机构流向民间借贷市场的情况时有发生。例如，部分区域出现过一些个人，通过不动产抵押或者其他手段从银行借出低息资金，直接转手放贷给资金需求者，甚至资金经历了多次转手的情况。特别是在一些国有正规金融缺位的区域，某些个人和企业利用和银行的关系，获得了利率很低的贷款，将贷款再以高利贷的形式放贷给用资人。还有部分民间借贷中介善于钻监管缺位的空子，为了获取更高的利益，擅自改变借贷资金的用途，本应流入生产领域的资金，被拆借到了另外的民间借贷组织，甚至流入了赌博等违法犯罪领域。

庞大的民间借贷市场需要有一个对其直接监管的机构，然而，这样的监管部门在法律上仍然没有明确界定。甚至在民间借贷大规模出现违约纠纷和社会性事件时，也难以找到直接的监管部门。通常情况下，银监会被认为是直接的监管职能部门，然而没有相关的法规和政策文件明确其对民间借贷的具体职责，导致政府对民间借贷的事前监管显得很无力。具体来看，国家规定了由银监会对非法集资进行管控和协调，但在认定、处置非法集资活动时，银监会的作用发挥不足。再是对于社会集资，监管部门尚待明晰，目前来看，司法机关和金融办等监管单位相关职责不清晰，导致社会集资行为处于无人监管和监督无序的状态，极易引发大规模违约风险。地方工信部门的职责是给民间融资担保机构发放运营许可，主要负责担保公司的审批工作，地方金融办作为处置当地民间借贷的具体监管职能部门，没有行政职权的直接干预功能，更多的是开展宣传教育。而工商部门对民间借贷机构的主要职责是为其注册登记提供服务，不具有参与监管的行政职能。目前，在民间借贷监管部门的设置中，只有非法集资办公室才具有一部分直接干预非法民间借贷的监管和打击功能。在民间借贷活跃的县域却没有配置相应的监管职能部门。

总体来看，我国针对民间借贷监管的框架体系相当散乱和脆弱。没有形成核心的监管部门和监管体系。一旦民间借贷在一些环节和地区出现问题，政府的监管多为事后应急性的行动，相关法律和政策的执行和干预也显得非常滞后，并且各监管职能部门职责不清，影响了实施和处置危机的效果。受制于民间借贷隐蔽性的特征和表现，长期以来，地方政府对民间借贷行为和活动缺乏关注和重视，当前，对于民间借贷的监管，我国政府仍然处于初期探索阶段，民间借贷的监管问题亟待"破冰"。另外，关于我国民间借贷风险和监管的理论研究相对匮乏，与金融相关的政府职能部门领导和干部对监管的内涵认识比较片面和单一，特别是对民间借贷的监管认识不足，影响了我国民间借贷监管体系的建设步伐。

二　监管模式之困

我国没有形成系统化的针对民间借贷的监管体系，导致民间借贷长期徘徊于监管之外，政府对民间借贷的监管简单粗暴，仅限于在民间借贷问题爆发后采取单纯的清理整顿或者行政取缔等禁止手段。而对于我国民间借贷的资金规模情况、地域分布情况、发展的趋势、风险的测度等问题，我国相关的政府监管职能部门知之甚少。总之，对于民间借贷的监管，政府职能部门的管理方式和手段显得形式简单、层次单一。

从监管形式上看，政府对于涉及非法行为的民间借贷活动，一经发现问题，均采取了"一刀切"的管理模式，对其进行强力的打压和清算。而没有根据案件纠纷的具体情况进行程度不同的划分，不论其影响和犯罪的"轻"与"重"，均采取致命的取缔手段。的确，这种迅猛、强力的监管手法能够快速解决问题，消除社会不稳定因素，然而，其背后是对民间金融市场造成了不可估量的损失。民间借贷作为一直没有得到国家正式认可的非正规金融，其绝大部

分交易是在"地下"实现的,长期处于灰色地带。而监管主体对其
采取的这种简单粗暴的管理模式,无疑加剧了其隐蔽性和地下性。
并且,其会把一些真正对非公民营经济有卓越贡献的民间借贷组织
和机构牵扯在内,进而对整个民间借贷市场带来较大的打击,不利
于民营中小微企业的发展。如果政府监管部门能在前期做一些探索
工作,对民间借贷活动进行以事前引导为主的管理,监管工作形成
赏罚分明的弹性工作模式,将会对民间借贷的健康发展具有更大的
作用。

从民间借贷自身构成来看,民间借贷的主体和对象主要有从事
民间借贷活动的投资者、对资金有强烈需求的民营中小微企业。资
金的供给者是为了获取更高收益的投资人,资金的需求者是为了生
存和发展的民营企业。借贷双方形成了互相有需求的借贷关系。从
某种意义上来说,这种强烈的、可靠的、相匹配的供需关系,可以
形成借贷双方的自律基础,有利于可持续的民间借贷市场的长期繁
荣。如果政府相关的监管职能部门能够对民间借贷事先加以引导和
规范,这种潜在的自律能力可以被很好地调动和利用,可以用自律
和自我约束的方式,限制民间借贷的非法环境,促进形成民间借贷
的良好金融生态环境。监管主体也能够避免事后处置工作的孤立和
生硬,推动民间借贷管理工作水平的提升。

从监管人员专业素质来看,我国地方政府监管主体在对民间借
贷行为的监管过程中,监管的执法人员在行政过程中也存在诸多问
题。相关执法人员金融意识淡薄,对民间借贷市场的认识和持有的
理念相当浅薄和陈旧,这导致其在处置具体民间借贷行为问题时,
对现有的法律条例进行生搬硬套,没有站在现实的角度以审时度势、
灵活变通的思路去解决问题,碰到复杂问题,在处理时,无从下手。
这些问题的产生,与当前监管部门的监管人员不具备民间借贷的专
业知识、经验积累不足有直接关系。目前,政府监管部门的工作人
员很多为非金融专业人员,他们在岗期间也没有接受相关的金融专

业知识的系统培训。因此，与民间借贷行业工作人员进行交流探讨时，无法深层次了解专业方面的情况，当面对较为专业的民间借贷纠纷和案件时也显得力不从心。

三　信息搜集之困

民间借贷是被排斥在我国正规金融之外的金融，因此其被冠以"民间"的称谓，属于国家政策法律较少干预的领域。民间借贷涵盖的主体和对象非常丰富，不仅有最传统形式的私人对私人的借贷行为，还包括民营中小微企业、小贷公司、合会成员、担保公司、典当行，甚至还有私人钱庄等。这些主体和对象之间的借贷关系一般不会太公开和透明，通常情况下，借贷双方也不会主动透露相关信息，而政府对借贷双方的信息也难以掌握。并且，目前我国也没有建立起针对民间借贷的信息搜集和汇总的机制以及相关信息平台。政府获取民间借贷的信息依靠很不专业的社会传言，甚至是道听途说，在这样的背景下，政府对民间借贷信息想要全面了解难度很大。政府没有从顶层设计上系统性地建立民间借贷信息平台，想对民间借贷的信息全面掌握是不可能实现的。民间借贷是对目前各类民间借贷类型的总称。对民间借贷活动应该分门别类地进行区分，可以以行业协会的方式，进行相关信息的搜集和整理。从事实来看，我国政府监管部门对通过行业协会调取的信息和数据，往往不关注和重视，更没有对各类数据加以整理分析。造成这种局面的原因可能在于，政府监管职能部门对非官方组织提供的信息和数据不是充分和完全的信任，或者，也可能政府职能部门分身乏术，没有设置专门的部门和人员推动这项工作。显然，我国民间借贷市场信息搜集获取工作的缺位，是政府监管职能部门没有关注和重视造成的，这是政府监管职能设置的缺位。民间借贷的类型和表现形式具有典型的多样性和复杂性的特点，这一系统和平台的建立也是个极其庞大的系统工程，民间借贷的信息搜集工作显然是烦琐困难的，这就导致其工作必然困难重重。目前，我国对民间借贷是否合法的判定标准不足，辨别起来确实较为困难。而如果国家政府机关上下联动，将民间借贷的信息披露系统建立起来的话，必然能有效判断和约束民间市场的风险。

四 法律法规之困

迄今为止，我国仍然没有形成针对民间借贷市场的一套具有系统性和完整性的法律规章制度。20世纪80～90年代，伴随着改革开放的推进和深化，民间借贷借着民营企业迅猛发展的东风，得到空前的发展，支持了民营经济的发展，也促进了国家经济快速发展。但是由于我国相关法律法规的缺失以及政策引导的缺位，民间借贷市场在发挥其积极作用的同时，也对我国以国有金融为主体的金融秩序产生了冲击和扰乱。为此，在21世纪初期，国家出台和颁布了一系列法律法规对民间借贷行为进行了管理和规范。

从民间借贷立法制度来看，对民间借贷合法行为，国家也是持保护合法信贷的态度。其中，《民法通则》中明确提出，要对合法的借贷关系实施保护。在《合同法》中专设了借贷章节，指出要遵循合同法内容，强化对借贷的法律规范力度。民间借贷司法解释中规定了详细的法律规定，为法官审理民间借贷纠纷案件提供了有力的法律依据和参考。可见，国家也正在逐步地将民间借贷行为纳入整个国家金融法制体系之中，并在不断加强完善。客观来看，目前国家制定的涉及民间借贷活动的相关法律法规，仍然分散在众多其他法律法规、行政法规之中，没有形成针对民间借贷市场的合力，法规和政策之间的协调力不足，有时甚至发生相互抵牾的情形。例如，民间借贷司法解释算得上是特别针对民间借贷行为的司法规章制度，其各项规定相对比较全面和系统，但是该解释主要是停留在司法层面，其涉及的内容主要是对不良的或者是非法的民间借贷行为产生的后果进行事后司法处置，如对民间借贷纠纷案件的界定，以及对民间借贷处理的法律规定等司法处理办法。然而，针对民间借贷活动，目前更需要的法律法规内容应该是对现有民间借贷市场如何引导和规范以及如何对民间借贷市场进行风险监管等。

另外，不管是国家出台颁布的各类法律规章制度，还是政府部门发布的相关行政规定，对于民间借贷的核心要件——利率问题都有明确的规定。即不超同期银行利率的4倍，这是民间借贷市场所谓的"四倍红线"规定，国家仅对"四倍红线"之内的利益予以保护，超出的部分得不到保护。但是，利率的形成是综合因素作用的结果，是市场的选择。利率跟经济发展水平、市场供需、企业利润等方面都有千丝万缕的联系。抛弃市场和现实的硬性规定势必会影响整个民间借贷市场的流动热情，不利于社会主义市场经济的建设。

关于民间借贷的法律法规的建设，国家和地方政府一直在探索。2014年3月1日，《温州市民间融资管理条例》和《温州市民间融资管理条例实施细则》相继出台，这是我国首次由地方政府颁布的关于民间借贷规范和管理的法律法规。这是温州金融改革试点的阶段性成果，也是第一次以法律规定的形式对温州地域范围内的民间借贷活动进行引导和规范，在全国范围内具有良好的示范作用。这一地方性法规的核心价值在于，引导和帮助温州民间借贷市场走向阳光化，以期缓解区域内民营中小微企业的融资难题。但作为全国首例地方性法规，其实施效果还有待时间去验证。而且作为地方性法规，其在执行和落实的过程中可能会得不到国家法规的配合和支持，仅是在一定范围内创新和试验的法规，如果能在全国范围进行推广，也还是需要国家整体性、系统性的法律法规来支撑的。

总之，随着民间借贷市场的不断发展和壮大，我国对一部专门性的、全面而系统的民间借贷的法律法规的需要越来越迫切。因此，我国应该仔细研究和分析民间借贷的发展现状和趋势、风险和监管以及整个民间金融市场的详细情况，以研究结果为依据，在对现有民间借贷相关法律规定整理、梳理的基础上，制定一部关于民间借贷的法律。法律法规的重点内容应该包括对民间借贷交易的保护、对违约纠纷风险的防范，以及对民间借贷的全程监管体系的构建等核心要件。转变当前法律法规对民间借贷市场一味打压的管控模式，建立以保护和激励为主，以惩处为辅的长效管控体制。

参考文献

史晨光、李铭：《从非法集资处置看民间借贷的"野蛮生长"》，《青海金融》2009年第3期。

纪伟：《民间借贷：行走在"转正"途中》，《东北之窗》2008年第17期。

翟敏：《浙江民间借贷的发展与规范问题研究》，《中国市场》2009年第40期。

薛保社：《关于规范和引导农村民间借贷健康发展的思考》，《山东省农业管理干部学院学报》2010年第3期。

夏晓虹：《当前民间借贷的新动向及应对策略》，《金融经济》2010年第6期。

罗仕文：《以浙江省为例的民间借贷若干问题的探讨》，《黑龙江科技信息》2009年第12期。

田静：《民间借贷若干问题研究》，《现代企业教育》2007年第24期。

袁正、邓高峰：《我国民间借贷的规范与监管体系建设研究》，《重庆科技学院学报》（社会科学版）2011年第11期。

刘慧兰：《关于完善我国民间借贷法律体系的思考》，《金融发展评论》2010年第4期。

解艳茹：《我国民间借贷市场分析》，《当代经理人》（下旬刊）2006年第4期。

马光远：《寻一剂回归实业的"猛药"》，《中外管理》2011年第11期。

金名：《民间借贷"热钱"涌动》，《中国国情国力》2005年第3期。

张非、刘鸿伟：《利率市场化下"三方机制"探析—基于商业银行、农信社、民间金融三元结构》，《改革与战略》2009年第3期。

安强身、庞克锋：《我国民间金融变迁的路径依赖》，《长白学刊》2005年第5期。

王泽鉴：《中小企业选择民间金融的可行性分析》，《会计之友》（下旬刊）2009年第1期。

梁英华：《探寻地下钱庄的出路—小额贷款公司模式探讨》，《中国商界》（下半月）2009年第8期。

徐清：《我国利率市场化下的"三方机制"探略—基于商业银行、农信社、民间金融三元结构的思索》,《广西大学学报》(哲学社会科学版) 2009 年第 2 期。

高峰:《民间高利贷,天使还是魔鬼》,《现代企业文化》(上旬) 2011 年第 11 期。

章剑锋:《扶正民间金融》,《南风窗》2008 年第 19 期。

岳彩申:《民间借贷监管制度的创新与完善——以农村金融制度改革为中心的研究》,《经济法论坛》2009 年第 00 期。

杨惠菊:《浅析民间借贷法制化》,《法制与社会》2009 年第 16 期。

陈澄、漆俊麟:《试论我国民间借贷》,《法制与社会》2008 年第 29 期。

刘兴成:《法律何时为民间借贷松绑》,《法人杂志》2009 年第 4 期。

吕志强:《浙江民间借贷新动向》,《瞭望》2009 年第 15 期。

苏虎超:《民间借贷活动与金融犯罪相关问题探析》,《中国刑事法杂志》2011 年第 6 期。

张书清:《民间借贷的制度性压制及其解决途径》,《法学》2008 年第 9 期。

高汉:《自愿原则下民间借贷行为的合理性与非合理性及法律规制》,《金融与经济》2008 年第 12 期。

陈澄、漆俊麟:《试论我国民间借贷》,《法制与社会》2008 年第 29 期。

杨胜利:《信息非对称环境下的中小企业融资问题》,《西南金融》2008 年第 8 期。

高晋康:《民间金融法制化的界限与路径选择》,《中国法学》2008 年第 4 期。

刘绍新、梁必文:《关于民间借贷利率的问卷调查研究》,《武汉金融》2008 年第 3 期。

江春、刘春华:《发展中国家的利率市场化:理论、经验及启示》,《国际金融研究》2007 年第 10 期。

揭艳明:《落后地区民间借贷利率与银行贷款利率的差异分析——以河池市为视角》,《广西金融研究》2007 年第 5 期。

孙强:《晚明商人借贷的利息率与商业性借贷的发展》,《史学集刊》2007 年第 2 期。

黄沛光:《正规贷款利率与民间借贷利率比较分析:以揭阳为例》,《南方金融》2006 年第 9 期。

彭拥军:《民间借贷法律规制研究——以温州民间中小企业借贷为例》,华中师范大学,2012。

付名:《民间借贷风险监管法律制度研究》,辽宁大学,2013。

王宇明:《民间借贷规范发展的法律问题》,华东政法大学,2012。

祝淑娟:《我国民间借贷风险的法律防范研究》,吉林财经大学,2013。

田瑞云:《我国民间借贷监管及立法完善研究》,兰州商学院,2011。

赵越:《民间借贷利率法律问题研究》,复旦大学,2013。

范苋闻:《我国民间借贷的法律规制研究》,华侨大学,2015。

王思佳:《民间借贷法律风险规制研究》,河北大学,2014。

陈宋阳:《我国民间借贷法律监管研究》,西南政法大学,2010。

魏永锋:《论我国民间借贷监管制度的完善》,广东外语外贸大学,2013。

汪浩凯:《政府对民间借贷规范化发展的职能研究》,华东政法大学,2015。

张文:《我国民间借贷政府监管问题研究》,东北财经大学,2013。

宋罕:《民间借贷法律监管研究》,兰州大学,2013。

贺菲:《论民间借贷的法律规制》,吉林大学,2012。

庄承烨:《规制我国民间借贷的法理分析》,上海师范大学,2013。

第三章　我国民间借贷发展现状及风险

第一节　我国民间借贷的发展历程

私有制造成了财富分配的不均衡。我国民间借贷活动的产生正源于此。从历史的发展轨迹来看，我国的民间借贷活动自古有之，源远流长。借贷活动的相关记载最早出现在夏商时期，在随后的历朝历代中，民间借贷得到了更进一步的发展，发展到明清时代，民间借贷活动已经相当活跃。到了近代，民国时期已经具备了银行和证券等金融体系，同时民间借贷在社会上也广泛存在。新中国成立后，我国民间借贷活动经历了跌宕起伏的演进变化。

一　改革开放以前的民间借贷

新中国成立的前 30 年，我国在一穷二白的基础上，发展经济，振兴国家。在这一阶段，国家主要经历了社会主义土地改革、农村合作社、大三线国防工业建设等重大建设战略和改革思路。在这个时代大背景下，民间借贷也经历了宽松、限制、制止、禁止的发展历程。

第一阶段是 1949～1953 年，这一阶段的时代大背景是社会主义改造。这一阶段国家的核心任务是社会主义土地改革。当时，新中国刚刚成立，农村地区的生产和生活相当困苦。国家的金融体系尚未建立起来，农村金融体系更是空白。因此，国家对民间借贷活动是宽容的，允许民间借贷的存在和发展。1950 年 8 月，中国人民银行出台了《人民银行区行行长会议关于几个问题的决定》，决定中明确指出，鼓励和支持农村地区的民间借贷活动，并强调要保护债权人正当权益。其甚至对高利贷行为也是包容的，承认了其合理合法性。1953 年，国家又颁发了《关于春耕生产给各级党委的指示》，指示中提到民间借贷在农村地区促进生产生活的重要意义，并鼓励农村地区充分利用民间借贷发展生产。

第二阶段是 1953～1978 年，这一阶段，国家对民间借贷的政策开始转向，从宽松过渡到限制直至禁止。从 1953 年开始，中央对民间借贷的态度发生转变，民间借贷行为由过去的受到肯定和认可，变成了农业社会主义要重点改造的对象。1953 年，互助合作是国家推进的主旋律，农村民间借贷被认为是互助合作的对立面，中央对其开始进行较为严厉的批判，认为农村民间借贷的自由行为助长了富农的财富和地位，是不符合社会主义共同富裕的核心价值的，是在走资本主义的道路。1954 年 3 月，国家召开了全国农村信用合作工作座谈会议，明确提出只能允许农村地区的私人之间的民间借贷，其他类型的民间借贷活动都要求被禁止。同年 11 月，中国人民银行召开了反高利贷座谈会议，会议决定，开始建设和发展农村信用合作社，以支持农村地区的借贷需求，只有在国家农村信用体系不能辐射和满足的个别农村地区，才能适度地利用民间资金。在此阶段的随后十几年中，我国发生了"大跃进"、人民公社化运动、"文化大革命"等重大事件，民间借贷活动受到了更加严厉的打击，民间借贷更加没有了生存土壤，除了亲友之间的一些互助性、小额的零星的民间借贷在很小范围存在，其他类型的民间借贷几乎消失殆尽。

二　改革开放以后的民间借贷

1978 年，十一届三中全会以后，我国宣布实行改革开放，经济发展的模式开始向市场经济过渡和转型，经济的所有制结构也向着以公有制为主、非公有制为辅的方向发展。改革开放不断推向深化，个体经济和民营经济有了更大的市场和发展空间，对资金的需求量持续攀升。而在改革开放初期，我国仍然延续对国有经济的大力支持政策，大量的财政资金和银行等正规金融信贷流向国有大中型企业，个体经济和民营经济想要通过正规金融机构获取资金支持，难度仍然很大。在这样的体制背景下，民间借贷具有了产生和发展的基础和条件。民间巨大的资金缺口只能依靠民间借贷活动得到改善和解决。国家为了支持民营经济的发展，缓解民间资金供需矛盾，不得不依靠民间借贷市场。政府对民间借贷活动开始松动，在对民间借贷认可和肯定的基础上，允许一些类型的民间借贷行为存在。比如允许私人借贷、允许设立农村合作基金和农村合作银行等。

我国的改革开放起始于农村地区，针对农村地区的民间借贷，国家开始关注和支持。1981年，国家认为，农村地区发展生产、发展商品经济所需的资金可以通过农村民间借贷市场来满足。银行和信用社在开展农村信贷方面没有优势，不能很好地满足农村经济发展的需求，而农村地区民间借贷适度的高利息与农村市场经济发展是相匹配的，与资金的供求关系有直接联系，是可以接受的。国家关于农村民间借贷的政策思路是：以国家银行和信用社等正规金融机构作为主导和基础，对农村地区的民间借贷信用，允许其在农户之间、农户与乡镇企业之间存在补充性的借贷关系，以能促进和发展好农业生产为核心标准，只要不发生大规模的农村高利贷活动即可。在当时，农村民间借贷的资金来源一般有两类：一类是农民手里的闲散资金；一类可能是从银行等正规金融机构提取的存款。这些闲散的社会资金主要被用于发展农村经济、乡镇企业等方面。

在此阶段，我国对民间借贷采取的是相对宽松的管制策略，虽然民间借贷时常暴露出一些违约和纠纷问题，国家也多次采取了一系列的法律法规调整措施和专项整治活动。但总体来看，民间借贷市场仍然在一定区域和范围内非常活跃，客观上也对民营中小微企业的发展起到了一定的积极作用。自 2004 年起，国家对民间借贷的态度开始更加理性。《2004 年中国区域金融运行报告》中提出，对民间借贷的作用要正确认识，这是中国人民银行首次对民间借贷进行正面评价。2005 年，中国人民银行推动实施了小额信贷的试点工作，为民间资本合法化地进入我国金融市场开了口子。2012 年，国务院总理温家宝指出，民间借贷是正规金融的重要补充。这说明随着我国社会主义市场经济体制的不断完善，我国政府对民间借贷活动的认识趋于理性，这为将来民间借贷走向透明化、阳光化提供了认识保障。

第二节　我国民间借贷融资现状与趋势

一　民间借贷融资规模

改革开放以来，在国家政策的扶持、鼓励和引导下，很多中小企业特别是一些民营企业得到了前所未有的发展，这在一定程度上带动了民间借贷的迅速发展，尤其是 2008 年以来，国家推行紧缩性的货币政策，银根收紧，资金回笼，为民间借贷创造了更大的发展空间，使在经济发达的南方地区，民间借贷市场与正规的金融机构融资不相伯仲。有关调查资料显示，2013 年民间借贷的金额一度达到了 8.6 万亿元，而当年人民币贷款也仅仅为 8.89 万亿元，相差无几，民间借贷的发展形势由此可见一斑。另，中国产业调研网发布的《中国民间资本市场调查研究与发展趋势预测报告（2016～2020年）》显示，民间借贷主体和对象的参与程度不断攀升，我国有高达33.5% 的家庭都参与过民间借贷。在民间借贷资金使用流向上，购房是规模最大的民间借贷行为，资金数额高达 3.8 万亿元。其次是流向农业和工商业的资金，资金规模达到 3 万亿元。还有很大一部分民间借贷资金用于教育和车辆购置等。在这些数据的背后，不难发现，我国银行等正规金融机构提供的资金服务远远不能满足社会生产生活对资金的需求，正是由于银行资金的难以获取，民间借贷才得以蓬勃发展。

二　民间借贷的主体

民间融资的参与主体相当广泛，目前，在很多地方民间借贷的参与主体都涵盖了以下几个方面：各类农民专业合作社、小额贷款公司、融资性担保公司、典当行、个体工商户、有一定积蓄的工薪阶层和农户。可以看出，目前民间借贷参与主体呈现两大特征。第一，组织化和机构化是当前民间借贷的特征之一。传统的个人对个人的私人之间的借贷行为已经发生转变，取而代之的是放贷主体的机构化，比如小贷公司、典当行以及融资担保公司等专业化操作的借贷公司。从调查来看，工商部门注册登记的有小额贷款公司、担保公司、典当行和投资公司等，另外还有没有注册登记但实际经营的公司。值得注意的是，很多中介表面上的经营范围是担保和投资咨询等中介服务业务，但事实上，它们从事着民间资金借贷服务。而且民间借贷业务量和利润占比在 50% 以上。第二，参与主体开始呈快速扩大化趋势。参与的对象已经扩展到各类收入水平的家庭，不仅仅包括中等和低等收入水平的家庭，很多高收入家庭也加入其中。从参与民间借贷的企业情况来看，资金很有限的小微民营企业不仅包括其中，甚至一些较大规模的大中型民营企业也参与其中。

三　民间借贷的资金来源和流向

传统的民间借贷资金以放贷主体自有资金为主，而当前的民间借贷资金的来源相当复杂，民间借贷市场的资金来源呈现多渠道的多元化特点。调查情况显示，民间借贷资金的来源相当广泛，主要包括个人、企业间借贷、企业集资、私人钱庄、融资担保公司、小贷公司、典当行以及各类产业基金组织等。我国民间借贷的组织化程度越来越高，形式趋于多元化。民间借贷市场的资金流向也广泛而丰富。传统的民间借贷起源于一些互助性和自发性的借贷行为，民间借贷发展到今天，更多的资金是为了获取更高的经济利益。民间借贷的资金用途可以分为生产和生活两大类。生产类的资金主要用于购买农业或者工业生产资料，以及从事"三产"的生产加工企业和销售企业等各类民营中小企业；生活类的借贷资金主要用于包括农村婚丧嫁娶、购置住房、子女教育、生病医疗等解决生活困难。近年来，民间借贷资金的投资性特征明显，更多的放款人是为了追求资本的高额收益而将资金投向民间借贷市场。资金的用途开始更加倾向于生产。抽样调查结果显示，大约有30%的民间借贷属于规模较小、互助性的民间借贷。而七成以上的民间借贷对象是中小微民营企业。

四 民间借贷的融资利率

近年来，我国通货膨胀压力持续增大，使得银行利率的实际收益继续走低。民间借贷利率在供需市场的博弈中逐年攀升。根据区域经济发展水平的不同，各区域的民间借贷利率均以银行等正规金融机构同期贷款利率为参照标准，综合该地区的经济发展情况、民间资金供求、民营企业利润、资金使用流向等方面的情况，确定该地区的利率浮动水平，利率市场化趋势显著。总体来看，民间借贷通常情况下会超出同期银行利率的数倍甚至数十倍。民间借贷的利率水平大概为1.5～5分，具有"三高三低"的表现特征，即信用贷款利率高，抵押利率低；短期利率高，长期利率低；违规经营利率高，生产经营消费利率低。调查显示，借款期限1个月内，民间借贷市场年利率为14%左右；借款期限1～3个月内，民间借贷市场年利率为 14% 左右；借款期限 3 ~ 6 个月内，民间借贷市场年利率为 13% 左右；借款期限 6 ~ 12 个月内，民间借贷市场年利率为 12% 左右；借款期限 1 年以上，民间借贷市场年利率为 11% 左右。

五 民间借贷的区域活跃程度

民间借贷市场是否活跃，是由区域的经济社会综合因素决定的。综合因素涵盖的主要内容包括区域经济生产总值、非公经济的发展程度以及区域正规金融的服务水平等。从民间借贷活跃程度的全国分布情况来看，我国民间借贷市场的活跃程度呈现较大的地区差异。一般而言，民间借贷市场活跃的地区，都是国有正规金融供给不足的区域。比如，北京、上海和深圳等一线大城市，它们的金融生态环境较好，国有正规金融数量多、密度大，服务中小微民营经济的民间借贷市场反而不太活跃。而位于东南沿海的浙江、广东和福建等非公经济相对发达的省份，正规金融虽然也相对比较发达，但由于民营企业巨大的资金需求量，民间借贷市场也异常活跃，民间借贷的融资规模排在全国前列，这些地区民间借贷的资金用途以生产和经营为主，融资规模相当巨大。而西部地区属于经济欠发达地区，正规金融的密度相对小，长期以来，民间借贷市场也都不够活跃，其资金的用途多为满足生活所需、购买农业生产资料等。国家西部大开发战略以及中部崛起政策颁布实施之后，中西部地区的经济开始走上快车道，民间借贷也迎来了快速的发展。由于中西部广大农村地区正规金融机构很少，农村地区的生产生活更多地依靠农村民间借贷，因此，中西部地区的农村民间借贷发展明显快于城市。但是，中西部民营非公经济仍然很落后，民间借贷的规模依然有限，不像非公经济发达的东南部地区，商品流通快、经济发达、资金循环的速度快，民间借贷市场资金量庞大，利率水平较高，组织机构数量众多。另外，县域也是民间借贷活动较为活跃的地区，我国大部分县域地区正规金融机构数量不断减少，资金供给严重不足，这就导致很多经济较为发达的县域的民间借贷活动频繁，并持续扩大。

六　民间借贷的运营

早期的民间借贷活动规模小、范围小，建立在地缘和亲缘的社会信任基础之上，民间借贷交易的程序和手续极不规范，签订正式合同形式的借贷关系很少，很多借贷交易仅有口头承诺或经熟人介绍即可形成。随着我国社会主义市场经济的不断推进和深化，民间借贷双方开始有了风险意识，签订合同是规范化的开始。针对用于生产经营性的借贷资金开始签订具有法律效力的正式合同，合同的内容也更加规范，包括了金额、利率、期限、违约责任等详细的内容。数量较大的借贷资金还必须提供相应的担保和抵押。民间借贷行为规范化经营的特点和主要表现在于：从借款利率来看，民间借贷通常是以资金的供求关系为基础，并综合区域经济发展、资金用途、金融生态环境、借款期限、借款人信用等方面的因素来确定合法的利率空间；从借贷交易的程序和手续来看，民间借贷机构的交易程序在探索中不断完善，借贷双方签订的契约合同是最重要的交易凭证，有担保和抵押的借贷也占到了更高的交易比例。

七　民间借贷的发展趋势

从民间借贷发展的历史和现实来看，未来，我国民间借贷的发展将呈现产业化趋势、正规化趋势、法制化趋势和市场化趋势。从产业化趋势来看，我国民间借贷的规模不断扩大，已经成为我国正规金融体系的重要补充，并且产业化的特征越来越明显。以农村民间融资市场为例，农业的规模化和产业化发展是农业发展的必由之路，农村合作组织和农业龙头企业是农业产业化发展的重要支撑，目前，部分农业企业已经开始以民间借贷的形式融资，民间借贷与农业企业形成了紧密的联系，民间借贷已经作为一个金融服务型产业来支撑农业产业化的发展。从正规化趋势来看，最早的民间借贷因血缘、亲缘、地缘、业缘关系而产生，社会活动范围局限在较小的区域，但当民间借贷发展到一定规模和程度，必然导致借贷双方的信息掌握程度持续降低，早期传统民间借贷的信息优势消失殆尽，也造成相关的信息和管理成本不断攀升。民间借贷已由半公开逐渐向公开化和专业化过渡。民间借贷公开化发展的同时，作为一种行业形势，其在组织结构和交易程序上必然呈现正规化、专业化的发展之势。从法制化趋势来看，民间借贷行为的法制化是社会的共同期盼，也是其发展的必然选择。随着社会公众法律意识的逐步增强，当前民间借贷市场交易的程序日益完善，特别是签订正式的具有法律效力的合同的数量不断增多，形式的逐渐规范将引导民间借贷进一步走上法制化道路。从市场化趋势来看，民间借贷利率的确定已经开始表现出市场定价的机制，借贷利率逐步提高，城乡差别大。利率受资金供需、银行利率变动等综合因素影响，借贷利率由借贷双方协商确定。

第三节 我国民间借贷风险的特点和表现

我国正规金融机构资金获取困难，为民间借贷市场的发展创造了巨大的发展空间。事实上，民间借贷的确在缓解个人和民营中小微企业资金压力方面发挥了积极的作用。但由利率问题和信用问题而引发的民间借贷纠纷案件层出不穷，影响社会稳定的事件也时有发生，其潜在风险不容忽视。

一 主要特点

（一）规模化

民间借贷资金规模不断扩大。过去民间借贷主要是为应急或解决个人暂时生活困难。自 2007 年下半年开始，国家的货币政策发生变化，开始实施紧缩的货币政策，货币的投放速度大幅减缓，导致国家整个金融市场货币信贷增量减小。2009 年以来，虽然货币政策调整为适度宽松，但中小企业融资依然较难，从而使得民间借贷市场日趋活跃，成为企业最主要的融资渠道。借贷金额从几万元、几十万元到几百万元不等。我国法庭受理的单笔标的最大的民间借贷纠纷案高达 734 万元，而该被告累计涉案金额更高达千万元。

（二）复杂性

我国民间借贷的类型和形式繁多，这在一定程度上决定了民间借贷风险必然是复杂多变的。早期的民间借贷更多的是借贷双方之间的直接融资行为，随着民间借贷活动规模和市场的不断扩大，民间借贷机构化成为融资的主要模式，这些中介服务机构性质的民间借贷包括私人钱庄、典当行、合会、小贷公司、融资担保公司等。不同的民间借贷组织和机构，其服务的借贷对象、运行模式各不相同，融资的利率、借贷的金额、资金的途径也千差万别，这也导致了风险的复杂性。另外，还有一些不可控的外部因素也造成了民间借贷市场风险的复杂性。例如，国家的政治经济环境、国家的货币财政政策、国家的法律环境等。总之，对于民间借贷来说，各种内部和外部的因素互相作用，使民间借贷的风险变得更加复杂并且难以辨识与控制。

（三）传染性

金融风险的一个重要特点就是其具有很强的传导性。民间借贷市场不断扩大，一旦发生借贷危机，其风险也具有较强的传染性。其风险的传染性体现在两个方面。一是在民间借贷市场之间互相传染。信息不对称是民间借贷主体面临的主要问题，民间借贷机构为了获取更高的收益，往往对借贷对象的了解和考察不够充分，很可能因为信用问题引发偿债危机，进而影响民间借贷机构的资金链，甚至会波及与其有联系的整个民间借贷市场。二是民间借贷风险向正规金融机构和实体经济领域扩散。正规金融机构和民间借贷市场的借贷利率存在较大的利差空间。在市场经济的资源配置条件下，为数不少的借贷人在正规金融市场与民间借贷市场之间开展投机行为，一旦民间借贷市场发生资金危机，很容易波及正规金融，甚至会给实体经济和社会稳定带来严重冲击。

（四）隐蔽性

民间借贷是市场供需关系下自发性的产物，其类型繁多、形式多样。当前，国家对其的法律制度约束和政府的外部监督力度不够，加之一些民间借贷行为多在私下进行，很难察觉，政府监管起来难度很大。另外，民间借贷的风险很可能潜伏很长时间而不爆发，当民间借贷市场出现个别违约行为时，借贷机构可能会采用"拆东墙补西墙"的方式去弥补链断裂的资金。但是，这种风险总有集中爆发的一天，而风险的集中爆发，必然会引起重大的社会群体性事件，危害社会的安全和稳定。正是民间借贷行为的隐蔽性，以及民间借贷机构之间错综复杂的联系，导致政府对民间借贷风险控制的难度加大。

（五）高发性

自 2008 年全球爆发金融危机以后，我国的经济发展进入新常态，经济从高速增长变成了中低速增长。民营中小微企业，特别是出口导向型的中小企业，普遍出现了订单的萎缩和利润的迅速下滑，导致企业的资金链出现严重的危机，这又进一步波及了相关的上下游企业。其中，受影响较大的产业主要有纺织业、木材原加工业、煤炭业等行业，还有一些国家调控的产能过剩的行业，它们的资金问题尤其突出。特别是在 2014 年下半年，中小微民营企业的民间借贷暴露的问题增多，风险发生频率增加。很多中小微企业的资金链出现断裂，部分地区民间借贷市场企业老板"跑路"事件频发，引起社会恐慌，严重影响了社会的安定。

二 主要表现

(一) 融资主体违规经营

我国股市和楼市有降温趋势，投资风险明显增大，从而使民间资本投资渠道变窄。民间闲置的资本寻求释放途径，而高利润正符合资本逐利的天然特征，相当一部分资金便涌入民间借贷市场。民间借贷利率高企，在巨大高利润诱惑下，部分农业专业合作社、小额贷款公司、融资性担保公司、典当行、寄卖行存在超越核准的经营范围或违反行业管理规定，从事高利贷及非法集资活动，部分"资金佃客"甚至高息借入，再以更高的利息放贷，部分资金流向赌场等不法的融资区域。各类违规经营屡见不鲜，例如非法吸收公众存款、放贷资金体外循环，违规经营主体甚至成为违法高利贷市场中的重要参与者。这类借贷极易引发"三角债"，可能对经济与社会发展产生负面影响。

(二) 银行信贷和民间借贷相互渗透

银行信贷和民间借贷是当前企业融资的两大主渠道。当前社会资金整体偏紧，企业融资呈现复杂化、多途径化的特征，银行信贷和民间借贷交织渗透的现象较为常见，银行贷款和民间借贷、银行信贷资金通过企业流入民间借贷，企业将民间借贷用作"过桥资金"偿还银行贷款等现象并存，对金融机构的信贷资金安全、信贷政策调控以及金融稳定极易产生不利影响。民间借贷的高利率与银行基准利率间有巨大的利差空间，为银行、企业和高利贷公司间利益链条的形成提供了基础条件，部分银行等金融机构在信贷审批上审核不严，放款后又对贷款资金流向缺乏有效监管，相当规模的银行贷款并未流向用款企业的生产流通领域，而是进入民间借贷市场。部分企业或公司，特别是小额贷款、担保等公司，利用与银行的稳定关系，从银行获得贷款后即将资金投入利率更高的民间借贷市场，部分银行信贷人员甚至与小额贷款、担保等公司一起直接参与民间借贷，银行等金融机构成为民间借贷链条上的重要资金来源。

（三）民间借贷风险具有区域性特征

民间借贷最初的产生和发展都发生在特定的区域，具有很强的地域性特点，这与我国重视亲缘和地缘的社会关系有直接关系。由于各地区域地理位置不同、经济发展状况有很大差异，我国各地区的民间借贷市场的发展也具有较大的差异，市场的活跃程度呈现不平衡的特点，借贷风险的差异也很大。我国民营非公经济最发达和集中的地区是浙江、广东和福建等东南沿海地区，浙、粤、闽三省自然也是民间借贷市场最活跃的地区，民间借贷在支持当地经济发展方面曾经发挥了巨大的有利作用。但近年来，受国家经济发展大环境的影响，这些地区的民营经济也受到了经济环境不良的冲击，服务地区民营经济的民间借贷风险也开始积聚和爆发。导致区域性风险集中爆发的原因主要集中在两个方面。一是民间借贷资金用途被擅自改变。由于国家宏观经济环境和正规金融机构借贷制度的限制，更多的民营中小企业选择宽松的民间借贷，而很大一部分民间资金在使用的过程中被改变用途，被用到了企业的流动资金设置、投资固定资产等方面，这就造成民间借贷的单笔资金规模不断扩大。还有部分民间借贷资金被大量用来偿还旧贷款，这种"拆东墙补西墙"的不可持续的融资方式，必然进一步加剧民间借贷的风险隐患。二是民间融资的信息不对称问题越来越严重。随着民间借贷市场的不断扩大，浙、粤、闽三省民间借贷市场的借贷双方的信息了解的难度越来越大。有些借贷者和投机者冒着犯罪的危险，蓄意设计传销式的"金字塔"融资模式，但资金提供者一开始完全不知情，等到真正的危机爆发时，投资人才明白陷入了"庞氏骗局"，但是，巨大的资金流向投资者又完全不知情，这就导致金融风险也在加速集聚。

（四）各类借贷纠纷层出不穷

《中国民间融资法律风险防范报告》公开的裁判文书统计数据显示，2011～2015年，排名前五位的案例分别是民间借贷案件、离婚纠纷、交通事故、合同纠纷和借款纠纷。民间借贷纠纷案例处于我国民事案例的首位。从民间借贷纠纷的大致分类来看，传统民间借贷纠纷占98.6%，而另外的1.4%属于网络借贷平台纠纷。从传统民间借贷分类来看，私人之间的案件占91.9%，私人出借人与企业间的案件占6.63%，小额贷款公司出借人的借贷案件占1.47%。可见，相对于私人之间的借贷，一些借贷机构的资金安全保障更高一点，这可能与其具有更强的法律效力保障有关系。从网络借贷对象来看，其借贷的主体主要是年轻人和接受过高等教育的人群，这与这类群体对信息网络技术熟悉和掌握的情况有密切关系。网络借贷公司公布的问题平台的信息显示，问题平台数量较多的地区主要有山东、广东、浙江和上海，这与其经济发达程度和民间借贷市场活跃程度有直接关系。民事、经济纠纷或者刑事诉讼案件，躲债、逃债、离家出走现象时有发生，给社会安定带来的影响不容低估。

第四节　我国民间借贷的风险防范

一　我国民间借贷风险管理的现状

长期以来，我国出于对国家金融安全和稳定的考量，确立了国有金融的市场垄断地位，将民间借贷排斥在法律法规和监管之外，并采取限制和打压的态度。随着《国务院关于鼓励和引导民间投资健康发展的若干意见》（简称"新 36 条"）的颁布以及"金改细则"的实施，社会对民间借贷的作用和地位才开始有了更客观和公正的认识，我国对民间借贷及其风险的管控还处在探索和尝试阶段。

从法律方面来看，目前，我国对民间借贷的行为主要依靠《民法通则》和《合同法》这两部法律来进行规范。核心的规制标准是利率。民间借贷利率不得超过银行同类贷款利率的 4 倍，超过部分不予保护。鉴于民间借贷对国家金融安全的影响较大，对民间借贷风险的处置一直是政府关注的重点。我国政策法规对民间借贷的基本原则是，民间借贷主体如果没有经过政府有关部门的批准而从事资金融通业务，一概属于非法行为。总体来看，我国关于民间借贷的法律还很不健全，很多规章制度也显得简单粗暴，并且，对民间借贷纠纷造成的社会风波，政府采取的应急管理体制与机制也很不完善。

从监管主体来看，2003 年我国颁布了《银行业监督管理法》，规定银监会是民间借贷的监管主体，但对其具体职责没有明确规定，其监管主体功能形同虚设，银监会仍然只履行其针对银行业金融机构的监管职责，对民间借贷的监管显得力不从心。另外，相关的民间借贷监管职能部门还包括地方政府金融办、工信部门以及工商部门等，但这些监管部门的监管显得孤立和片面，并且它们之间的监管协调性不够，没有形成合力。总之，我国对于民间借贷存在重复监管和无人监管的问题。

从监管措施和手段来看，国家对于经过政府相关职能部门批准成立的民间借贷组织和机构，一般情况下，持引导和支持的态度，如果发现其经营业务内容超出规定的范围，政府会采取责令内部整顿的处罚措施。对于未经批准的其他各类民间借贷组织和机构，政府持否定的态度，一经发现，将予以严厉打击和取缔，如果构成借贷纠纷或者存在犯罪行为，将会追究其法律责任。为了更好地应对和处理非法民间借贷行为，2007年，我国成立了处置非法集资部际联席会议，此会议形成了包含18个相关部门的处置非法集资活动的部际联系制度，形成合力，组织协调并处置相关非法的民间借贷活动。

从政策对民间资本的支持情况来看，国家通过一系列文件鼓励民间资本进入传统垄断行业和领域，但是这些政策文件存在落实困难、实施细则缺失的问题。比如，关于民间资本进入的方式、民间资本产权的界定以及民间资本权益的分配等核心问题，都缺少相关细节意见的支撑。总之，我国的金融体制改革和对中小企业发展的支持力度还需要进一步深化和加大，特别是利率市场化、降低乡镇银行设立门槛和放松民资进入垄断行业等。

二　我国民间借贷风险管理的缺陷

（一）法律制度缺失

我国民间借贷的形式和类型相当复杂多样。像合会、民间募资等形式的民间借贷一直被认为是非法的，还有很多其他形式的民间借贷长期游离在合法和非法的边缘地带。这说明，我国对民间借贷的法律法规界定很不清晰，现有的立法显然不具有科学性和前瞻性。随着民间借贷发展的日新月异，我国涉及民间借贷的法律已经不能适应和满足民间借贷的发展步伐。目前，我国尚未建立起专门针对民间借贷的引导规范和风险监管法律法规。《中华人民共和国商业银行法》、《中华人民共和国中国人民银行法》和《中华人民共和国银行业监督管理法》是我国金融体系重要的法律依据，然而，这三部金融法主要是针对正规金融而设置的，而对民间借贷态度模糊，几乎没有做出任何相应的规定。具体来看，当前涉及民间借贷的法律法规存在的不足主要有两个方面。一是对各类民间借贷在我国金融体系中的界定没有相关的制度阐释。在国家法律认可的民间借贷形式中，仅对小额贷款公司、典当行等少量的借贷形式有概念界定和制度规范。而像合会等其他民间金融机构，国家法律都将其列入"非法"范畴。对一些新兴的民间金融组织，例如网络借贷平台等也缺乏相应的法律规章制度。二是法律法规对民间借贷的规定存在明显的滞后特点，民间借贷案件纠纷的处置是现行法律规定的重点环节，各项条款主要是针对纠纷处置的，而对于民间借贷案件纠纷产生的事前预防，法律却没有相应措施规定。对于民间借贷诸多方面的活动是否合法的问题，也缺乏相应的法律依据，例如，民间借贷合同签订的具体形式要求、民间借贷与非法民间金融活动的详细界定等。总体来看，民间借贷的法律规定缺乏系统完整的体系设计。法律主体制度和相应配套意见都还没有形成。比如征信系统、市场准入退出机制、社会信用担保制度等都亟待法制规范。民间借贷法律法规的缺失，导致民间借贷的监管力不从心。一方面，合理的民间借贷得不到应有的肯定保护；另一方面，不合理的民间借贷没有被打击取缔，受到应有的法律制裁。

（二）监管主体较为混乱

民间借贷风险监管主体是监管制度的核心。目前，我国民间借贷的监管主体不明确、监管职责和权限交叉重复等问题比较突出，制约着民间借贷的发展。根据现有法律和政策文件的规定，中国人民银行、银监会以及地方政府其他相关职能部门都对民间借贷活动承担一定的监管职责，但立法上对其没有细致的规定，导致在实际监管中出现重复监管以及无人监管的尴尬局面。而中国人民银行与银监会没有建立起针对民间借贷监管的沟通和协调机制，导致各地方金融办成为监管职责的主要主体。从具体监管分工情况来看，具有相关监管职能的政府部门众多而散乱。比如，对民间借贷纠纷主要是事后通过司法部门进行裁决，小额贷款公司是由地方金融办承担监管职责，商务部门则对典当行负责和监管。从目前金融办的监管情况来看，金融办的人员有部分是从其他行政部门临时抽调的，金融方面的专业人才比较缺乏，很多监管人员不具备专业的金融监管手段与经验，这影响了监管的实施效果。总之，监管主体的分散混乱的现实，使政府对民间借贷的全程监管面临较大的困难，只能被动应付，特别是对事前和日常常态化监管无力应对，对民间借贷风险的防范能力相当不足。

（三）市场准入制度不合理

现行民间借贷市场准入制度没有形成体系。面临的问题主要包括以下几个方面。一是民间借贷主体合法性的界定非常片面。我国只承认经过政府部门批准的民间借贷机构，而对于其他形式各异的民间借贷机构一般持不支持的态度，这必然影响其他民间借贷机构积极作用的发挥，不利于民间借贷市场的健康发展。二是对民间借贷资金来源的规定没有明确的制度依据。民间借贷资金来源除了放贷人自有资金外，各类非法吸收存款、变相集资等风险较高的资金来源渠道依然存在。甚至有放贷者利用各种资源，套取银行等正规金融机构的低息资金，转而从事高利贷活动，一旦出现贷款违约不能及时偿还的情况，必然会危害国家整个金融体系的稳定，进而可能引发系统性风险。三是民间借贷法律规章对地域经营范围的限制缺失。民间借贷市场的适度扩大，通过发挥规模效应，有利于促进经济发展、节约交易成本。但一味地盲目扩张，信用风险发生的概率也会加大，还可能出现风险的传递和扩张，不利于经济的发展和社会的稳定，对民间借贷市场也会造成严重的打击，影响其可持续发展。

（四）准入后风险监管制度不健全

目前，针对民间借贷风险的防范和监管制度仍然亟待建立。主要问题表现在以下方面。一是民间借贷登记备案制度亟待建立。登记备案制度对控制民间借贷风险，加强监管具有重要意义。然而目前，仅地方性规章中有对民间借贷登记备案的粗浅规定，但受制于国家没有形成一部全国性的关于民间借贷的制度，在实践和操作的过程中，由于没有统一标准，政府对民间借贷风险的监管效率极大降低。二是民间借贷机构之间的关联交易没有得到监管部门的重视和制度规范。民间借贷市场的形成基于广泛而错综复杂的社会关系网络，因此，借贷双方发生关联交易的可能性极高。有相当一部分民营企业出资或者入股成立了民间借贷机构，而其深层次的目的是便利获取民间借贷资金，这就导致了潜在风险的存在。如果关联贷款持续扩大和增多，一旦有企业因经营不善等各种原因发生违约行为，民间借贷机构将面临严重的破产风险。而目前来看，监管机构对这种关联交易行为并未采取治理整顿措施。

三　我国民间借贷风险防范的对策建议

民间借贷的合法化和阳光化是发展的必由之路，我国也将关系民间借贷法制化的"放贷人条例"提上了法律日程，民间借贷的引导和规范路径变得明朗。民间借贷市场亟待改革的迫切性，必然会加速国家法律和监管的不断完善，进而推动我国金融体制的深入改革。我国民间借贷法律法规和监管制度的完善，将促进民间借贷市场行为的规范化，并逐步使民间借贷市场风险具有可控性。

（一）建立和健全民间借贷法律法规

推动"放贷人条例"正式出台，对民间借贷活动的相关问题做出全面系统的界定和规范。对民间借贷与正规金融机构借贷行为进行严格细致的区分，针对各种不同形式的民间借贷进行界定和区分，以便对其合法性有明确判定标准。在界定民间借贷基本问题的基础上，设计科学合理的民间借贷准入和退出办法和实施意见。市场准入制度的主要内容应该包括借贷主体的人员人数限定、注册资本的来源与限额、信用级别的评定标准、经营范围等。市场退出机制的方式，应该在首先明确监管主体的基础上，设置期限，足期之后，及时转向清算程序。另外，对民间借贷的资金的用途、利率设定进行管控，对目前 4 倍利率的标准进行深入研究和考察，确定能够适应民间借贷的促进区域经济发展得更合理的利率水平。对民间借贷的资金用途建立法律规范和责任追究制度，使民间借贷的资金更好地支持民间实体经济的发展。

修改和完善民间借贷相关法律法规。适度扩大民间借贷主体范围，我国民间借贷主体的形式复杂多样，应该通过立法的形式，对除银行等正规机构的民间借贷形式给予一定的认可和肯定，承认一些合法的企业法人、非法人组织以及个体工商户等组织和机构之间的借贷行为，允许它们的借贷活动在一定区域空间存在，制定具有可操作性的规定，引导和规范其健康发展。例如，对于小额贷款公司，可以适度扩大其适用范围，设置规则，出台政策实施细则，适度降低其市场准入门槛，促进更多的民间资本进入小额贷款公司，帮助小额贷款公司发展壮大。对于村镇银行，可以尝试放宽对其注册资本的限制条件，让更多的民间资本可以参与创办村镇银行，进而完善我国金融机构体系，满足社会不同层次的多元化的资金需求。

(二) 完善民间借贷风险监管体系

进一步明确民间借贷机构的监管主体以及监管对象，制定更加具体可行的监管手段和方法。在监管主体的设置上，建立以中国人民银行为统领和核心，银监会配合，地方政府各行政部门分工协作的民间借贷监管职能体系。中国人民银行应形成常态化的对民间金融市场摸底和调研的工作机制，主要对民间借贷市场的利率、资金规模和流向等技术指标和风险情况进行评价和判断，建立风险预警体系；银监会应实施中国人民银行的安排部署，推进监管工作，主要配合其他政府监管职能部门对非法民间借贷活动进行认定和对相关的金融知识进行宣传；公安机关以法律为准绳，主要对因民间借贷产生的各类案件纠纷、金融犯罪活动以及社会群体性事件进行打击和处置。

建立监管职能部门之间的联系和协调机制。我国现有分散混乱的监管体制导致政府对民间借贷的监管始终处于重复监管和无人监管的尴尬境地。在摆脱监管困难、提高监管效率的原则下，整合和协调目前的监管机构和职能是必然路径。建立中国人民银行、银监局、地方金融办和工商局等相关职能部门的常态工作机制，整合和调整职能分工，建立起层级分明、分工明确的民间借贷监管体系。结合民间借贷监管的现实，赋予各个监管职能部门各有侧重的权限和职责。发挥地方政府对辖区情况更加了解的特点和优势，突出地方政府金融办在民间借贷监管执行中的实际作用和协调作用，实现监管部门之间的协同监管和执法。

实行引导规范与实时监管相结合的监管模式。在确定监管主体和监管职能部门的制度基础上，理清其监管的职责和分工，确保监管单位之间职责明晰、互补而互不交叉和干预，程序上互相配合。进一步完善监管的程序和手段，避免职能部门执法不当，促进民间借贷市场实现有法可依、有章可循。对风险的监管是职能部门的重点监管责任。监管当局要建立定期汇报检查和现场检查的长效工作机制，及时准确地了解民间借贷市场和民间借贷机构的资本情况、盈利水平、财务和风险信息等方面的内容，以便对民间借贷市场和机构的风险情况进行实时跟踪和判断，并在以后的监管工作中，逐步建立其针对民间金融机构的风险评价等级机制。根据可以识别的风险等级的情况，更有针对性地开展局部风险监管工作，做到有的放矢，必要时可以采取对风险等级较高的机构进行官方披露的措施，提高监管的实施效率。同时，重视对民间借贷活动的引导和规范。依据法律法规，对民间借贷机构的日常经营业务等方面的行为进行摸底和调研，发现问题，随时引导、规范和处置，防患于未然。日常监管工作的内容应主要涉及以下几个方面：机构资金账户管理情况、注册资本来源情况、融资规模和比例情况、财务税收情况等。

（三）实行民间借贷登记备案制度

建立民间借贷机构登记制度。民间借贷机构的运营必须实行严格的准入制度。在经过政府相关管理部门核准登记后，民间借贷机构才能被允许从事相关资金服务业务，才具有合法性，未经核准的民间借贷主体，一经发现，对其采取严厉的处罚措施。民间借贷主体在申请成为企业组织时，必须满足一定的条件：一是注册资金来源合法明确；二是财务税收手续齐全透明；三是利率合法、诚信交易；四是能够承担无限责任；五是接受市场规则和政府监管。对于已经经过核准的民间借贷机构，应保护其正当合法权益，建立约束借款人的法律法规，保证借贷双方责任共担，防范因信息不对称和道德问题引发的信用风险，引导民间借贷走上规范化道路。

建立和完善民间借贷行为的登记备案制度。以民间借贷合同为对象，设计出台民间借贷登记备案制度。是否登记的原则应该以民间借贷资金的交易金额、参与人数以及涉及的区域范围为标准来划分。对于资金金额较小、人数有限、区域小的借贷行为，可以采取自愿登记的原则，但对登记的民间借贷采取优先保护政策。对于资金超过一定额度、参与人数众多、借贷区域范围广的民间借贷活动，必须实行强制登记制度，对没有进行登记的，采取适当的处罚措施。民间借贷合同登记以后，监管部门应建立数据库，对合同内容详细登记入库，整理合同相关信息，按照一定的指标将合同分类，进行动态跟踪，关注其资金流向和风险情况，并将其纳入民间市场的监测系统，为风险的识别和处置积累素材。这将对于我国政府积累风险预警识别经验，以及建立民间征信系统起到重要的奠定作用，将有助于预防和有效化解民间借贷风险。

建立民间借贷信息网络平台。以民间借贷登记备案制度的建立为基础，政府监管职能部门通过对民间借贷经验的不断积累，在条件和时机成熟时，可以启动民间借贷信息网络平台的建设工作。将经过处理的民间借贷相关信息纳入平台，提高民间借贷市场的公开度和透明度，以信息披露的手段引导和规范民间借贷主体和参与者的借贷行为。下一步，还可以在平台建设的基础上，构建起我国民间借贷信用的监测系统，更加全面和系统地对我国民间借贷的资金和风险等情况进行实时监控，及时发现和化解民间借贷的各类风险。信息平台和监测系统的构建必须突破地区的限制，建立起全国性的全面信息监测系统。因为民间借贷活动发展到现在，早已脱离了地域的限制，形成了错综复杂的全国性民间借贷市场。所以，不管是民间借贷登记备案、民间借贷信息网络平台，还是民间借贷监测系统，都需要在各区域的配合下，建立起全国范围内的信息共享平台和系统，从而更加有效地防范民间借贷风险。

（四）建立民间借贷监管的风险预警机制

建立民间借贷风险预警机制是民间借贷监管的重点和难点。只有建立民间借贷风险预警机制，才能改变和解决目前我国在风险监管方面的困境和问题，才会真正实现政府对民间借贷的监管由事后被动应对到事前和事中主动监管的转变。科学合理的民间借贷风险预警机制有利于政府监管效率的提升，能较及时和准确地对风险发出预警，并能在第一时间开展对风险的类型和影响力的识别和判断，帮助监管部门在应对风险时，采取相应的手段和措施化解和处置民间借贷的风险。而确定民间借贷风险的详细标准和依据，是风险预警机制建立的核心。民间借贷机构的风险预警识别内容应该包括以民间借贷主体资金经营能力、资本充足率、资本的用途流向、借贷资本的规模等为核心的全面指标体系，通过将相关指标内容和权重进行分类，可以将民间借贷市场的组织和机构进行分类和风险识别，按照风险等级对其实施区别性的监管措施。对于具有一般问题的风险单位，监管部门可以通过加强监督、现场检查的方式实行动态持续的监管考察，促使其规范化和正常化运行；对于严重违纪的组织和机构，监管部门应及时果断地采取整顿和清理措施。

民间借贷监管风险预警机制的建立需要做好以下几方面的重点工作。首先，建立起针对民间借贷市场和机构的动态化的监测机制。相关职能部门应分类建立民间借贷机构的运营情况档案，并开展定期和不定期的检查和抽样调查工作，在监测样本的选择上，以中国人民银行建立的民间借贷监测点为基础，根据各类民间借贷发展的现状和趋势，可以考虑适当扩大样本的规模和区域范围，以便更准确反映民间借贷市场的资金和风险的变化情况。其次，继续探索和创新针对民间借贷的监管方式和手段。在充分发挥监管人员专业素养和个人经验处理复杂情况的同时，积极利用现代化信息技术对数据采集和分析的优势，为政府监管提供基础的数据保障。特别要重视民间借贷利率的发展变化，建立起对民间借贷利率动态监测、定期分析、及时通报的监管制度，为识别和防范民间借贷风险提供有效的依据。最后，建立常态化的监管机制。强化民间借贷监管职能部门之间的沟通协调、信息共享机制。除具有监管职能的部门之间建立联系外，监管部门与其他政府部门在必要的情况下，迅速建立起沟通交流渠道，共同开展相关的执法活动，处理民间借贷引发的问题和风险，打击违法犯罪行为。同时，加强部门之间的联系，形成共同宣传民间借贷相关法律、国家经济金融政策的联合体，增强社会对民间借贷的认识以及提高全社会的诚信水平。

（五）加强民间借贷行业自律性

我国应加强行业自律性监管。行业自律性组织是独立于政府的民间组织，其在发挥引导和自律方面作用的同时，具有不可忽视的其他作用和优势。我国是一个以血缘、亲缘、地缘和业缘为基础的社会人际关系网络，社会关系和信息资源错综复杂，这就决定了信息传递的复杂多变的特点。而行业自律性组织恰恰能发挥其不同于政府的信息获取优势，掌握更加隐蔽和潜在的风险信息。对于一些徘徊在合法和非法之间的较为隐蔽的民间借贷活动和行为，行业自律性组织能以低成本的手段获取信息，监管的效率会更高。尤其是我国广大农村地区的民间活动，亟待通过行业自律性组织进行监管，其监管效果和积极意义更大一些。这是因为，民间借贷行业自律性组织是民间借贷市场自发建立的组织。行业自律性组织的会员单位是在自愿和接受自律性规则和监管约束的条件下加入的。通过社会资源和市场建立起来的民间借贷行业自律性组织，显然对市场和社会关系信息掌握得更深入，并且其灵活性的特点也使得监管的成本更低、效率更高。

　　政府监管职能部门对行业自律性组织应该加强引导和管理，促进其在防范民间借贷风险中发挥积极的、正面的作用。可以通过赋予其相应职能的方式，鼓励其对民间借贷市场监管职能的有效发挥。具体的职能和监管范围应该包括：建立和完善民间借贷行业内部借贷活动和行为的自律性规则；定期或者不定期地抽查行业自律组织内会员单位自律性和国家法律法规的执行情况；调解民间借贷活动引起的各类纠纷和群体性事件；采集民间借贷资金的相关交易信息并及时披露等。为引导民间借贷机构规范化发展贡献行业协会的力量。由于民间借贷行业自律性组织和民间借贷组织之间的关系更加直接和紧密，为了防范风险，法律也需要对其活动和监管职责进行限制。比如，限制其参与放贷行为，禁止其为会员单位提供担保，不允许干预和管理会员单位的业务和资金使用等。

参考文献

〔美〕爱德华·S. 肖：《经济发展中的金融深化》，邵伏军译，上海三联书店，1988。

赵泉民：《农村民间借贷兴盛的内蕴、效应及对策》，《农业经济问题》（月刊）2003 年第 10 期。

中国人民银行南昌中心支行课题组：《合理引导规范操作趋利避害——对江西省民间借贷情况的调查与思考》，《武汉金融》2004 年第 4 期。

赵付玲、冯中校：《农村民间借贷的现状、成因与政策取向——对许昌市民间借贷情况的调查与分析》，《金融理论与实践》2004 年第 6 期。

辛珣：《农村社区民间借贷规范发展研究》，《金融与经济》2005 年第 3 期。

阴海霞、李伟：《解读民间借贷》，《全国商情》（经济理论研究）2006 年第 5 期。

江国珍：《民间借贷现状及其对经济金融运行的影响——来自江西弋阳的调查》，《武汉金融》2005 年第 11 期。

黎嫚：《对民间借贷问题的几点思考》，《金融与经济》2006 年第 1 期。

石丹林、欧阳姝：《我国农村民间借贷的问题及对策分析》，《武汉金融》2006 年第 6 期。

于瑞华、余红：《论农村民间借贷的成因与管理》，《农业经济》2006 年第 7 期。

蔡灵跃：《对温州民间借贷市场的类型分析及对策建议》，《浙江金融》2007 年第 1 期。

中国人民银行张家界市中心支行课题组、王国庆：《欠发达地区民间借贷的特点、风险及对策》，《武汉金融》2007 年第 5 期。

黄月冬、赵静芳：《当前民间借贷的特点、风险及对策》，《金融发展研究》2008 年第 3 期。

李才元：《民间借贷：如何阳光化更重要》，《第一财经日报》2009 年 2 月。

李世新、张耀谋、李力、郑才林：《我国当前民间借贷成因、问题与对策》，《区域金融研究》2009 年第 5 期。

岳彩申、袁林、陈蓉：《民间借贷制度创新的思路和要点》，《经济法论丛》2009 年第 9 期。

朱振球：《民间借贷趋势分析与风险防范策略研究》，《金融经济》（理论版）2010 年第 1 期。

夏晓虹：《当前民间借贷的新动向及应对策略》，《金融经济》（理论版）2010 年第 3 期。

张岩、宫琳：《农村民间自由借贷的正负效应分析》，《特区经济》2010 年第 9 期。

张明辉：《当前民间借贷的发展和规范问题研究》，《商情》2010 年第 10 期。

中国人民银行长沙中心支行课题组、侯加林、严侠：《当前民间借贷新动向及风险防范对策》，《金融经济》（理论版）2010 年第 10 期。

李进翠、张天娇：《新形势下的农村民间借贷行为浅析》，《新财经》（理论版）2011 年第 3 期。

牛娟娟：《规范引导民间借贷　助力国民经济发展》，《金融时报》2011 年 1 月。

茅于轼：《理性和全面地看待民间借贷》，《中国科技投资》2011 年第 8 期。

农总行战略规划部：《如何治理民间借贷乱象》，《中国城乡金融报》2011 年 9 月。

郭田勇：《构建健康有效融资体系　遏制民间借贷高利化倾向》，《金融时报》2011 年 10 月。

葛严蔚：《对民间借贷管理与规范的四点建议》，《中华工商时报》2011 年 10 月。

曹理达、周慧兰：《民间借贷的风险评估与治理》，《21 世纪经济报道》2011 年 10 月。

郭田勇：《构建健康有效融资体系　遏制民间借贷高利化倾向》，《金融时报》2011 年 10 月。

杨冬：《三位经济学家解读——民间借贷疯狂背后的金融体系缺失》《证券时报》2011 年 10 月。

赵勇：《中国民间借贷风险研究——风险表现、成因剖析与对策建议》，《南方金融》2012 年第 2 期。

魏雯：《我国民间借贷发展及其监管研究》，首都经济贸易大学，2014。

李聚伟：《对我国民间借贷相关问题研究》，中央民族大学，2011。

刘佳：《民间借贷法律规制研究》，山东科技大学，2013。

蔡新华：《民间借贷的法律分析》，《法制与经济》2008 年第 12 期。

宋劲松、代冬聆：《我国民间借贷风险管理研究》，《金融与经济》2013 年第 9 期。

田瑞云：《我国民间借贷监管及立法完善研究》，兰州商学院，2011。

徐雨光：《有关民间借贷发展的策略研究》，《中国市场》2011 年第 44 期。

熊苏平：《从温州小企业高利贷崩盘看我国民间借贷市场》，《时代金融》2011 年第 32 期。

庄承烨：《规制我国民间借贷的法理分析》，上海师范大学，2013。

钟冬冬、黄立帅、张金正：《对我国民间借贷存在问题的几点思考》，《中小企业管理与科技》（下旬刊）2013 年第 6 期。

黄超：《我国民间借贷市场法律监管问题研究》，华侨大学，2013。

孙悦：《论我国民间借贷监管制度的创新与完善》，山西财经大学，2013。

李静：《让民间借贷阳光化——四川民间金融发展调查》，《四川党的建设》（城市版）2013 年第 8 期。

郑建华：《民间借贷发展现状及监管框架重构——以浙江开化县为例》，《浙江金融》2012 年第 2 期。

刘晓旭：《对促进民间融资健康发展之我见》，《黑龙江史志》2010 年第 24 期。

房东升、李晓欣：《民间借贷日趋活跃下创新农村金融服务的探讨》，《内蒙古金融研究》2012 年第 1 期。

俞欣妙、俞信吉：《民间资金运营的合理化及引导》，《宁波经济》（三江论坛）2011 年第 9 期。

付名：《民间借贷风险监管法律制度研究》，辽宁大学，2013。

张鹏昊：《我国民间借贷监管法律问题研究》，东北财经大学，2012。

李海锦：《论我国民间借贷法律监管制度的完善》，延边大学，2013。

曾纪胜：《论我国民间借贷监管制度的完善》，西南政法大学，2011。

宋罕：《民间借贷法律监管研究》，兰州大学，2013。

王寅：《温州民间借贷资本现状及发展模式研究》，浙江海洋学院，2014。

虞小波：《民间借贷信用风险的实证研究》，中国科学技术大学，2009。

张曙光、张弛：《经济下行属正常细则不细难实施——2012 年第二季度宏观经济分析》，《金融管理与研究》2012 年第 8 期。

区域篇

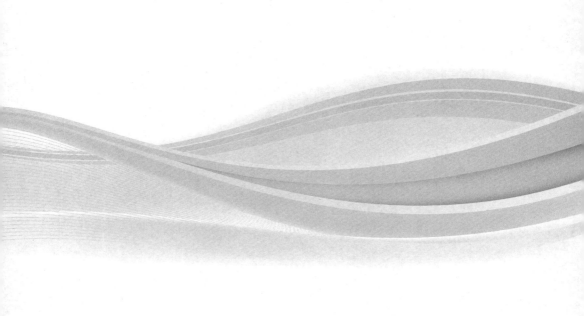

第四章 温州民间借贷的现状及风险防范

第一节 温州民间借贷概况

浙江温州是我国乡镇民营企业的发源地和重要集中地。伴随着1978年改革开放的脚步，温州地区率先推行市场化，大力发展劳动密集型的乡镇企业，迅速地积累了资本，形成了具有温州特色的"温州模式"，引起了全国乃至世界的广泛关注。而温州作为民营经济最发达的地区之一，民间借贷也随着不断增加的民营企业的资金需求快速发展起来。可以说，温州民间借贷的兴起是民营经济发展的必然产物，是国家金融体制约束下，受市场供求关系直接影响而产生的。从现实来看，民间借贷对温州民营经济的发展起到了毋庸置疑的积极作用。由于温州民间借贷起步最早，温州民间借贷市场已然成为判断社会资金动向和反映经济形势的晴雨表，俨然成为民间借贷市场的风向标。

一 温州民间借贷发展阶段

在我国改革开放政策红利的带动下，温州在发展民营乡镇企业之初，一方面受银行信贷条件的限制，另一方面其自身的资金实力相当薄弱，从银行等正规国家金融机构获取资金非常困难，民间借贷成为温州民营经济发展的主要融资渠道。预计企业获取的资金六成以上来自民间借贷市场。2000 年之前，温州人在其地域范围内，发扬了艰苦奋斗的创新创业精神，不断尝试和创新，民间借贷活动非常活跃，民间借贷资金大量投入实体经济，为区域经济的发展做出了卓越的贡献。此前民间借贷的显著特点就是贡献大、风险小。2000 年以后，温州民间借贷的创新放慢，一些问题开始浮出水面。具体来看，温州民间借贷的发展可分为三个阶段。

第一个阶段是平稳发展阶段（2000～2008 年）。基于前期实体经济的大发展，温州民间借贷继续保持了繁荣发展的势头。民间借贷市场为社会大量资金的升值和民营企业的巨大需求牵线搭桥，进一步促进了区域经济的发展。在这一阶段，民间资本的积累达到了一个高峰。根据中国人民银行测算，2007～2008 年，温州民间资本的规模可能达到了 6000 亿元的水平，参与民间借贷市场的资金规模可能超过了 1000 亿元，八成以上的家庭都参与过民间借贷。虽然在此阶段，温州民间借贷的形式丰富多样，但更多的还是有社会信任关系的人群和企业之间的借贷行为，因此，其利率仍保持在一个合理的区间范围内，并未出现太多违反法律"四倍利率"的借贷行为，高利贷的情况也鲜有发生。

第二阶段是风险的积聚阶段（2008～2012 年）。2008 年之后，特别是全球金融危机之后，我国经济速度开始放缓，民营经济的利润率出现下降。民间资本开始寻找新的逐利出路，大量的温州民间资本流入了房地产市场，导致房价急剧飙升。"温州炒房团"现象的出现集中反映了民间资本的流向。在此阶段，温州出现了众多大大小小的民间借贷中介机构，由于投资房产能获得比实体经济更大的利益和实惠，温州民间借贷的利率持续攀升，"高利贷"行为频频发生。2011 年中国人民银行温州市中心支行发布的《温州民间借贷市场报告》数据显示，民间借贷年综合利率水平已高达 24.4%。有些炒房投机商为了募集更多的民间资金，甚至将利率提升到 30%～50%，这直接导致了温州民间借贷市场的失控。从 2011 年开始，温州的民间借贷风险不断爆发，不少借贷中介出现了资金链断裂、老板"跑路"现象，以及一些社会群体性事件。

第三阶段是引导和规范阶段（2012 年至今）。继温州"金融风波"之后，国家和地方政府开始更加关注民间借贷市场的风险问题，并实施了积极的应对和改革措施。2012 年 3 月，我国开始针对温州的金融进行改革，试图为民间金融的规范化发展寻找出路，批准成立了温州金融改革试验区，温州成为全国金融改革的首个示范区。自此，温州民间借贷的发展进入了规范化发展阶段。温州民间借贷登记服务中心的成立推动了不同类型的民间借贷机构从地下走到地上，一批小额贷款公司、村镇银行和资产管理公司应运而生，促进了温州民间借贷阳光化和合法化的步伐。"温州指数"的出台实施也促使民间借贷的利率回归到合理区间。2014 年，《温州市民间融资管理条例》颁布实施。该条例作为我国首部关于民间借贷的地方性法规，是推动民间借贷走向规范化和法制化的有益尝试，为以后我国推出全国性法规做出了探索和引领，也将发挥缓解中小微民营企业融资难问题的积极作用。同时，温州地方政府制定了《温州市金融业发展"十三五"规划》，规划明确提出了温州民间借贷发展的重点和方向，在"十三五"以后的很长时期里，温州民间借贷的类型将逐渐实现从传统业态向天使投资、风险投资和私募股权等现代化金融业态方面的转变。未来，温州的民间借贷将逐步走上有序、健康的发展道路。

二　温州民间借贷规模

温州的民间借贷活动由来已久，其市场发展相当活跃。经过改革开放以来的发展和积累，2000 年前后，温州的民间借贷规模发展达到了一个新高度。2001 年，温州对民间借贷市场规模进行了调查和统计，据估算，2001 年温州借贷市场的规模可能为 300 亿～350 亿元。另据中国人民银行测算，2012 年，温州民间借贷市场的资金规模可能达到 1100 亿元，占温州地区银行贷款的 20%。相关估算数据显示，温州民间借贷市场的资金规模从改革开放之初的 10 亿元持续攀升到高峰时期的 1100 亿元，增长了 109 倍左右。2012 年以后，受温州民间借贷风波的影响，温州民间借贷市场的资金规模出现缩水，但其规模仍然有 500 亿 ~ 1000 亿元。从庞大的民间借贷市场资金使用分布来看，投资实体经济的资金规模为 380 多亿元，占总资金规模的 35% 左右，资金主要获取的渠道是个人之间的直接借贷和较为规范的小额贷款公司提供给实体经济资金；高达 200 多亿元的资金用在了投机炒房项目中，甚至还有很大的一部分温州民间借贷资金流向全国其他城市进行投资炒房，这部分资金主要是民间融资中介吸收的社会闲散资金，民间融资中介通过多家联手推动了房价的上涨；用于民营企业短期资金周转的资金规模大约有 220 亿元，短期周转的资金用途主要包括还贷垫款、验资垫款、保证金垫款等内容，这部分资金主要通过民间借贷机构来获取；还有一部分资金留置在温州民间借贷市场，大约 60 亿元的资金用于其他用途或者流向不明。

三 温州民间借贷利率

20 世纪 80 ~ 90 年代的改革开放初期，我国商品经济很不发达，社会商品极其短缺，温州各类民营企业层出不穷，从事我国传统轻工业制造业的生产经营，企业利润都比较可观，可以支撑民间借贷相对较高的利率，这带动了民间借贷市场的繁荣兴盛，也推动了区域实体经济的大发展。90 年代以后，随着实体经济和社会商品市场的逐渐饱和，温州民间资本投资的方向开始转变，煤炭等矿产业和房地产业成为新的投资热点，这些行业的高收益进一步拉高了温州民间借贷市场的利率水平。但随着矿产业投资的"国进民退"，以及国家对房地产市场的宏观调控和投资限制，这两个行业的民间资本投资热情开始下降。在追求资本高回报的驱使下，温州民间借贷市场开始铤而走险，风险集中爆发，这促使国家和地方政府关注和致力于解决其规范化发展之问题。2010 年，温州经过前期的紧密调研和论证研究，精心选取了大约 1000 家民间借贷中介的 1300 多个银行账户作为抽样样本，建立起了民间借贷交易活跃指数监测系统。该监测系统通过定期采集其借贷资金交易的相关信息，观察其阶段性的交易变化规律，测算温州民间借贷市场的活跃指数，作为民间借贷市场发展情况和风险识别的重要依据。紧随其后，2012 年 3 月，国家同意设立温州金融综合改革试验区，改革试验方案在规范发展民间融资、加快发展新型金融组织、发展专业资产管理机构等 12 个方面明确了温州金融改革的思路和具体方向。根据温州市金融办披露的数据，2012 年 4 月至今，当地已设立 7 家民间借贷服务中心、12 个备案登记服务点以及 10 家民资管理公司，新增 74 家社区银行和 47 家小微企业专营机构。2013 ~ 2015 年，温州银行贷款平均利率、民间融资综合利率连续三年下降。金融改革以来，温州民间借贷备案金额累计达到 385.7 亿元，占民间借贷总规模的 48.2%，民间融资"契约"撮合资金比重从不足 5% 提升至约 20%。2016 年 7 月底，温州银行贷款平均年利率为 6.23%，民间融资年综合利率为 16.54%，分别比 2011 年底下降 2.43 个百分点和 8.9 个百分点。

四　温州民间借贷资金来源及用途

温州民间借贷市场庞大的资金主要来源于个人、家庭以及民营中小企业，比如民营企业的生产结余、温州个人自身的财富积累等。相关测算数据显示，当地民营企业等实体经济贡献给民间借贷市场的资金占三成左右，温州当地个人和家庭带来的资金规模占 20% 左右，外来资金投入温州民间借贷市场的规模占 20% 左右，其他资金还可能包括从银行等正规金融机构间接流入的资金。正是这些庞大的资金流入"丰富"了温州民间借贷市场的血液，促进了其繁荣和活跃。温州民间借贷市场的资金流向和用途也丰富多样，其用途主要包括企业生产、经营销售、生活消费、短期拆借等。但生产和投资是温州民间借贷资金的主要流向和用途。受国家宏观经济调控的影响，在国家实施稳健货币政策的背景下，温州地区整个民间借贷市场的资金已经开始趋紧和缩水，在经济不太景气的情况下，民营企业短期周转资金的需求量不断增多，社会资金拆借问题普遍，延长了民间借贷资金的借贷链条，增加了太多的转手环节，出现了很多没有进入实体经济领域的"空转"资金。

五　民间借贷的积极作用

毋庸置疑，民间借贷资金对温州的区域经济发展贡献了极其重要的力量。主要积极作用表现在四个方面。一是民间借贷有力地支撑了温州民营中小微企业的发展。温州民间借贷的发展和壮大是温州市场经济和乡镇企业大发展的产物。温州民营经济的快速成长和发展催生了民间借贷市场的活跃和膨胀。民营企业发展需要巨大的资金，在正规金融无法很好地满足融资需求的时候，民间借贷以其独特的优势，自发性地为民营企业提供了借贷支持，成为支撑温州民营乡镇企业的重要力量。二是民间借贷是正规金融机构的重要补充。对于温州地区已经壮大和成熟的大中型企业，正规金融机构的信贷投放对其的进一步发展和扩张无疑起到了最主要的资金支持作用。然而对于一些民营小微企业，特别是创业初期的创业者，正规金融机构难以覆盖和满足它们的需求，这让灵活便捷的民间借贷有了立足之地，作为正规金融机构的补充，其在很大程度上为一些农业企业和中小微企业提供了可靠的融资渠道，其发挥的作用不可小觑。三是民间借贷有助于推动利率市场化改革。利率是资金借贷价格，它是对资金机会成本的集中反映。对于市场化程度较高的温州地区，民间借贷利率表现出随行就市的特点，温州民间借贷市场的资金总是不断地寻找新的营利点，实现其资本收益的最大化。可以说，温州民间借贷利率基本上能够较为真实地反映出特定时间、特定区域的资金机会成本情况。温州民间借贷市场利率表现出来的市场化趋势，对我国银行推行利率市场化改革显然具有重要的参考意义。四是民间借贷刺激了金融机构服务的提升。为了适应和满足温州经济发展和商业模式创新的要求，更好地服务民营企业的发展，温州民间借贷也不断发展和创新，表现出很强的适应性。其在服务理念、借贷程度、金融业务创新发展方面都探索、发展出了一系列经验和手段，其竞争优势也导致了银行等正规金融机构相关业务和资产的流失，这无疑会倒逼我国银行等正规金融机构服务能力的提升和业务产品的创新。

第二节　温州民间借贷的问题及风险

一　民间借贷投资渠道受限

2008 年以后，受某些产品原材料、人力资本、融资成本不断攀升的影响，温州很多民营传统生产制造型企业的利润空间下降，像鞋服等行业的年利润率下降到了 10% 以下，传统制造业面临很大的生存压力。而逐利性是民间借贷资金的天性，其必然会寻找新的投资回报渠道，这就直接导致了大量温州民间资本开始逃离实体经济。民间资本脱离了实体以后，就如幽灵般乱窜，只为寻求不计后果的高额回报。温州的民间借贷资金开始了炒煤、炒楼、炒大蒜，甚至炒钱的疯狂行径，这样的疯狂投资只会积聚更大的风险，资金的大量抽离进一步加剧了实体经济的发展困境，造成了实体经济的衰落与资本收益攀高共存的尴尬局面。大量资本游走，在一定程度上也反映出民间借贷投资渠道开始变得有限和狭窄，温州民间借贷一度演变成疯狂的炒钱游戏，民间借贷利率最高的时候，没有哪个行业和企业能够负担得起，直到因部分企业资金链断裂，发生了企业主"跑路"的恶性事件，温州民间借贷异常繁荣的表现才终于被揭开面纱，暴露在社会公众面前，引起国家和社会的高度关注。很长一段时间以来，民间借贷市场一方面的确对温州中小微民营企业的发展起到支持作用，另一方面其也因利率和风险问题受到社会大众的诟病。

过去十多年里，"巨额"的温州民间资本，曾经被冠以"温州炒房团"的称号，资本在全国乃至全球范围内，开展着"炒房团""炒煤团""炒股团""炒字画团""炒金团"等各种"炒"团的民间资本投资活动，"短、平、快"的逐利特点极其明显。相关统计数据显示，2009 年，温州民间资本在国际投资中损失惨重。其中，投资迪拜楼市，被套牢资金高达 50 多亿元，直接损失资金大约 10 亿元；在俄罗斯"灰色清关"事件中，损失更多，达到了 80 多亿元。2010 年，温州百强企业 50% 以上涉足回报率更高的房地产行业，导致社会公众不堪其重。随后，国家出台了房地产调控和限制政策，大量的温州资本再次受到冲击。虽然国家限制了房地产投资的趋势，但是疯狂的温州民间资本逐利的冲动仍然没有停止，仍有大量的民间资本继续寻找新的"生钱"机会和空间。温州民间资本的大量积累得益于传统的制造业，然而，劳动密集型传统制造业产能不断饱和与过剩，利润空间越来越狭小，"聪明"的民间资本必然会流向回报率更高的房地产等行业，民间资本脱离实体经济的情况越来越普遍，这也揭示了资本投资渠道的有限性和某些垄断行业准入的限制。

二 持续发展受到挑战与阻碍

从国家宏观经济环境上来看，受 2008 年全球性金融危机的影响，整个国民经济的增速开始下降，中高速的增长无以为继。传统的民营中小微企业的处境变得更加艰难。虽然，国家也出台和颁布了不少的政策意见和办法，支持民营非公经济的发展，但由于政策细则缺失，在落实和执行的过程当中，民间资本仍然投资渠道有限，很多民间资本被挡在了"玻璃门"之外。例如，2010 年 5 月 13 日，"新 36 条"出台，"新 36 条"明确提出，鼓励和支持民营企业"走出去"，参与国际竞争，并提出逐渐放开对民营企业进入军工、金融、市政公共事业等领域的限制。这似乎预示着为巨额的温州民间资本打开了一扇窗，温州政府也试图积极地贯彻和落实，并且列出一些领域、行业和具体项目，吸引民间资本参与其中。然而，真正的实施效果却没有显现出来。具有经济实力的民营企业由于考虑到没有实力与国企竞争等而不愿进、不敢进，这导致民间资本又涌向了不太受政府监管和制约的民间借贷市场去寻找其他的投资渠道。

温州很多民间资本游离在市场之外，希望能有更好、更高的资金回报，而众多民营中小微企业面临融资难的困难，这就是温州当前经济金融现象的现实写照。据不完全统计，温州民间资本的规模早已超过了 6000 亿元，并且每年以 14% 的高增长不断扩张，巨大的资本像没头苍蝇一样难以找到更好的出路，在各种"炒"团风险爆发以后，大量的游资想要找到更好的投资渠道更是难上加难。从温州民营企业的规模结构来看，90% 以上的民营经济体是私营企业、个体工商户，中型企业 600 家左右，大型企业更少，20 家左右。显然，九成以上的民营小微企业的融资只能依靠民间借贷市场来解决。

三 活动处于半无序状态

我国社会主义市场经济的转变，以及现代生产生活方式的更新变化，打破了以往以社会信用为基础的传统民间借贷的形式。中国巨大的人口流动导致了生活方式的改变，以前基于地缘和血缘的特定区域范围的社会关系网络发生了变化，以此建立的社会信用关系开始减弱，软的信用约束开始失效。但与此同时，具有法律意义的新的信用体系建设的步伐远落后于民间借贷的发展，这在很大程度上制约了民间借贷的可持续发展。因为，在信用体系不完善的情况下，再加上生产方式和商业模式的根本性变化，信息不对称问题会表现得更突出，借贷双方的互相了解程度大幅降低，信任度因此受到很大的影响，这会进一步阻碍民间借贷活动的持续发展。

2014 年 3 月 1 日，《温州市民间融资管理条例》开始发生法律效力。然而在关于民间借贷全国性法律尚未出台的背景下，其落实和执行也会出现难以预料的矛盾和问题。加上温州借贷主体的类型复杂多变，有的甚至出现很多的层次关系。温州立人集团就是典型。有的借贷中介甚至层层牟利，赚取更高的收益，借贷的凭证和利率设计也复杂多变。高利贷问题也是屡禁不止，有些年利率甚至达到了 50%。还有部分民间借贷组织或中介机构从事程度不同的高利贷和非法集资活动，行为隐蔽，难以识别。甚至有些以 P2P 网络借贷平台为幌子，从事非法的借贷活动。参与人员广泛、复杂，各类人群都有涉及，甚至部分政府公务人员也参与其中。整个民间借贷市场鱼龙混杂，秩序混乱。再从温州民间借贷机构的监管职能部门来看，除中国人民银行温州支行、银监会外，还涉及政府金融工作办公室、公安部门、司法部门、工信部门、经贸部门和工商管理局等众多的政府职能部门，而它们分工不明晰、监管职能重复交叉甚至监管缺位等。现行的监管体制加剧了一些民间借贷机构的违法违规操作风险和非法集资风险，进而导致恶意逃债和暴力讨债的犯罪行为时有发生。

四　民间借贷纠纷不断

民间借贷因为程序和手续简单便捷，确实为借贷双方提供了投资和获取资金的便利条件。然而，也正是由于借贷双方缺乏法律保护意识，加之我国对民间借贷立法的不完善，借款人忽视风险甚至恶意借款的情形时有发生，当民间借贷规模远远超过还贷能力时，必然会造成借贷纠纷甚至会破坏我国整个金融秩序，引起社会不稳定。特别是 2010 年以来，我国开始实行了紧缩的货币政策，在国家整个资金趋紧的情况下，民间借贷市场变得更加活跃，催生了很多地下钱庄、合会、融资性担保公司等不同形式的民间借贷组织。据统计，目前温州大约有上千家民间借贷机构，但仅有几十家机构是经政府相关主管部门核准认定的民间借贷组织，仍有大量的民间借贷机构游离在合法和非法的边缘地带。开展民间借贷活动，成为民间借贷市场的不安定因素。加上近年来，实体经济的各项成本不断上升、出口经济难以为继，利润空间明显变窄，民间借贷的高利息让它们不堪重负，很多中小企业面临生存和经营困难。2011 年是温州民间借贷风险集中爆发之年。由于巨额的坏账和破产，温州几百家企业破产倒闭，发生不少企业老板自杀或者"跑路"的事件，接着，温州民间借贷的风险和恐慌情绪迅速蔓延，引发较大面积的温州民间借贷危机。据相关人士预计，至今尚未偿还的民间借贷资金规模可能高达千亿元。

五　风险趋势判断

民间借贷市场的风险是政府监管的重点和核心。通常情况下，小额的、分散的、直接的民间借贷活动具有良好的信用软约束，风险一般可控；而一些资金规模较大、利率水平较高的民间借贷，涉及的范围广、人员多，因此具有较高的风险和较广的传播面。实施稳健的货币政策将是我国宏观政策的主基调，随着银根的收紧，温州民间借贷的风险问题可能会逐步暴露，一定范围内的非法民间借贷纠纷案件也逐渐增加，但在温州地方性金融改革的政策和监管背景之下，区域系统性风险出现的可能性比较小，也不会进一步影响金融和社会稳定大局。主要原因在于三个方面。第一，温州在近年以来，持续开展和实施了防范金融"两非"和"三乱"的高压政策，很多非法吸收公众存款的活动得到了严厉的打击，被发现的基本已经被全面遏制住了。即便再有个别民间借贷机构开展非法借贷活动，单体规模也不会太大，大面积联动关系的借贷行为发生的概率较小。第二，从温州借贷活动的参与者来看，他们绝大部分是具有风险承受能力的个人或者企业。大部分企业主有一定资金积累，参与放贷的个人一般具备较长期从事社会融资活动的经验，自然也具备一定的风险判别和抵抗能力。从近几年发生的借贷人逃跑纠纷案件来看，作为担保的民间借贷机构都能承担起代偿风险，限制风险的扩散和蔓延。第三，从国家经济金融环境来看，不管是全国范围，还是温州地区，经济总体的发展处于良性区间。因此，只要借贷双方没有蓄意投机、恶意犯罪的动机，在温州范围内出现难以弥补的资金缺口的概率很小。如果存在较大风险的话，目前判断，风险主要来自民间借贷中介机构，如果它发生资金链危机，牵扯面会比较大，目前，温州形形色色的民间借贷机构有上千家之多，其中的确存在一些机构违法违规经营，以收益最大化为核心目的，资金运行存在很大的盲目性的情况。最值得关注的是民间融资性中介机构的资金链问题，一些借贷资金确实存在空转的情形。

第三节　温州民间借贷风险典型案例分析

一　浙江"本色案"

吴英，浙江东阳人，1981 年生，浙江本色集团法人代表。2003 年，吴英开始了她的创业之路，注册资金 2 万元，投资 15 万元启动资金，在浙江开办了一家美容院，积累了她事业发展的第一桶金。在仅仅两年之后的 2005 年，她涉及的产业便开始增多，先后创办了东阳吴宁喜来登俱乐部，投资了理发休闲屋和东阳韩服服饰店。2006 年，实际上是吴英涉嫌非法集资的高潮期。

她先是成立了以"本色"命名的 10 家公司，后成立了本色控股集团，注册资金为 5000 万元人民币，旗下公司主要包括本色装饰材料公司、本色广告公司、本色物流公司、本色酒店管理公司、本色电脑网络公司等。其集团总资产一度高达 30 多亿元。一个没有接受过良好教育、靠学过一点美容技术创业的浙江东阳的农村女，缔造了资产上亿元的本色集团，算得上一个奇迹，这让这位亿万"富姐"吴英一夜成名。然而，这庞大的本色集团的注册资金、公司运营产生的所有费用，均来自吴英的非法集资。本色集团成为其募集资金、圈钱的重要平台。公司成立后，由于吴英所缔造的奇迹引起社会广泛的关注和追逐，加之媒体的报道也扩大了她的影响力，不仅吸引了东阳、义乌和温州民间资金投资本色集团，甚至温州的部分银行也为其"锦上添花"。2006 年，吴英还登上福布斯排行榜，成为中国最年轻的女富豪。直到 2007 年，吴英因涉嫌非法吸取公众存款罪被捕，本色集团的奇迹才走下"神坛"。

事实上，自 2005 年起，吴英就开始了非法集资活动。最开始，她以合伙或投资为诱饵，高息集资。在本色集团成立之前，吴英的负债额已经达到了 1400 多万元。本色集团 5000 万元的注册资本均来源于非法集资，并且，其旗下的多家公司处于未经营和亏损状态。但是，吴英在此时仍然隐瞒事实、虚假宣传，并进一步骗取了更多的民间资金，直到 2007 年案发时，其骗取的资金已高达 3.8 亿元且无法归还。2009 年 10 月 29 日，一审判决书认为"鉴于被告人集资诈骗数额特别巨大，给国家和人民利益造成了特别重大损失，犯罪情节特别严重，应依法予以严惩。判决吴英死刑，剥夺政治权利终身，并处没收个人全部财产"。2012 年 5 月 21 日，二审判决吴英死刑，缓期 2 年执行，剥夺政治权利终身，并处没收个人全部财产。吴英在死刑缓期执行期满之后，浙江省高级人民法院又裁定将吴英的死缓减为无期徒刑，剥夺政治权利终身。

2018 年 3 月 23 日，浙江省高级人民法院又作出裁定，将罪犯吴英的刑罚减为有期徒刑 25 年，剥夺政治权利 10 年。

关于吴英案，众多媒体的报道用"非法吸收公众存款罪"以及"非法集资"的字眼来界定和评判。随着案件的发展和时间的沉淀，政府和社会大众更关心的是事件背后的问题和解决方案。可以说，法律法规的缺失和政府监管缺位是"本色案"的制度背景，大量民营企业融资困境与现行国家金融体制供给问题是不可调和的矛盾，不管对吴英案有何种判决结果，其也都是事后对民间借贷的被动处置。

二 温州"立人案"

2012 年 2 月 3 日，据群众举报，温州立人集团的董事长董顺生因民间借贷纠纷被公安机关依法逮捕，社会公众眼里的"明星企业"陷入资不抵债的风暴旋涡。董顺生系温州立人教育集团有限公司董事长。1998 年，其创办泰顺县育才高级中学，2003 年 9 月，成立温州立人教育集团，注册资本 3.2 亿元。董顺生执掌的立人集团旗下包含了 36 家学校和各类公司，是一家运行范围涉及教育、矿产以及房地产等产业的综合型集团公司，其业务区域分布广泛，覆盖了浙江、上海、北京、江苏、湖南、湖北、河南、内蒙古、贵州等十几个省份。泰顺县作为一个几乎没有工业的偏远小县城，能够孕育这样的集团公司，实在是让人匪夷所思。相关的调研结果显示，早在 2009 年，立人集团已经累计有 10 亿多元外债，随后，立人集团的债务规模攀升，达到了 45 亿元左右，这些债务资金的来源主要是温州的民间资本，极少部分是外地银行贷款。在 2011 年温州民间借贷危机发生的时候，立人集团的资金链已经出现严重的问题，公司因此做出了停止支付融资资金和利息的决定，并提出认购待售房产、债转股以及 5 年内分期偿还三种解决方案。审计结果显示，多年以来，立人集团用于支付利息的资金规模高达 30 亿～35 亿元，其非法民间集资的规模和资金数额可见一斑。"立人案"所涉及的温州民间借贷情况非常具有代表性，是民间非法集资的典型案件。2015 年 1 月 5 日，一审判决宣判了判决结果。立人集团非法吸收公众存款近 50 亿元，是"本色案"案值 7.7 亿元的 6 倍多。该案件历时长、金额巨大、涉案人员多、案情错综复杂，令人触目惊心。

总结来看，"立人案"主要表现出三个特点。一是民间借贷活动隐蔽、历时长、参与人员众多。事实上，1998 年董顺生成立育才中学之初就涉嫌违法民间借贷行为。董顺生在办教育的同时，涉猎房地产业和矿产业，背地里利用这两个产业开展民间借贷活动，借贷的对象和参与的人员极其广泛，不仅包括普通个人、一般家庭，还包括部分企事业单位工作人员、公务员、教师、司法干部等。借贷的地域也不断扩展，从一开始的温州周边市县，逐步扩展到上海、江苏、内蒙古等全国 10 多个省份。借贷资金规模也越来越大，增加到了 40 多亿元。二是经营大面积亏损，资不抵债。董顺生对外宣称立人集团的资产评估规模在 60 亿元左右，实际上集团常年亏损，早已资不抵债。集团旗下的教育机构其实并不盈利，而其房地产行业多在二、三线城市，发展也很困难，矿产行业虽然有一点收益，但其回报率很低，很难支撑其债务规模的不断扩张。三是债务结构极其复杂，监管和处置难度大。立人集团旗下成立了多个融资平台，负责对外融资业务。其融资方式也复杂多样，主要包括借贷、集资、入股和捆绑投资等错综复杂的融资方式。放贷人的结构呈现"树干形"的特征，既有千百万资金规模的放贷主干大户，也有抱团的枝干中户，还有很多的分支小散户。这样的融资结构必然会加剧风险，并对后期风险爆发后的处置带来很大的麻烦。

三　案例总结

"本色案"和"立人案"的共同点在于，其案件发生于温州民间资本大量闲置的时代背景之下，蠢蠢欲动的资本为了追求更高的利润，为了不断地寻找和探索更新的投资渠道铤而走险。两个案件的发生正是基于这样的背景，冒着产生借贷纠纷和犯罪的风险，开展着非法的民间资本的运作活动，直到风险集中爆发。案件的发生让政府、金融学者和社会公众开始思考民间借贷与高利贷、非法集资以及非法吸收公众存款罪之间的关系和界限。诚然，民营中小企业在国民经济中的地位不言而喻，它们为国家贡献了税收，为社会创造了更多的就业机会。而温州发生的一定规模的民营中小企业因为资金链断裂倒闭、老板"跑路"的事件，在很大程度上影响了经济增长的速度，进而对区域经济发展造成了较大的伤害。而民间借贷以高利贷方式非法吸储的行为，潜藏了太大的风险，一旦发生到期无力偿还的情况，资金链条会随即被斩断，担保公司倒闭、债主闹事等一系列问题将接踵而来，进而会引发连锁式的社会稳定问题。

引起温州金融危机爆发、案件纠纷不断增加的情况主要有两类。一类是部分企业主蓄意开展非法集资，事后携款逃跑；另一类是经营不善等原因，导致资金链发生断裂，企业在无力支付的情况下，承受被动的无奈局面。2009 年以来，我国的货币政策趋紧，国家经济整体不太景气，再加之各类要素成本持续上涨，民营企业经营和融资更加困难，温州地区一些较为知名的民营企业先后发生资金链断裂、相继倒闭的事件。显然，民营企业一旦发生资金链断裂，很多民营中小企业主将不堪重负，无力弥补巨大的资金缺口，选择"跑路"或者坐以待毙成为必然。政府在防范风险和处置案件的过程中责无旁贷。但是，这种事后的被动应对显然不是权宜之计，真正防御和化解民间借贷风险的方法，应该是对中小企业的融资渠道和产业转型提供必要的支持。一方面，在民营中小企业的融资问题上，在加大融资支持的同时，应在各项税收和费用方面给予更多的优惠政策，帮助企业减轻相应的制度成本；另一方面，从技术、财政、经营等方面制定政策规章，支持企业转型升级，提升企业的核心竞争力。

第四节　防范温州民间借贷风险的对策建议

一　完善温州民间借贷区域性法规

未来，民间借贷在温州经济社会发展中仍然发挥正规金融无法替代的巨大作用，甚至有可能会继续成为民营企业融资的主要形式。因此，对于民间借贷要进行合理引导，将民间借贷引向法制化、阳光化、规范化的轨道。以法律法规为核心指导，明晰法律界限，明确对非法民间借贷的认定标准，为民间借贷支持民营经济的发展营造一个更加规范而相对宽松的法律环境，将法律约束对借贷市场的不利影响降到最低。政府监管职能部门应发挥积极的引导作用，加强指导，促使民间借贷机构向规范运作、服务中小微企业的方向演进，在防范和化解民间借贷机构引发的风险上，运用更多的手段、措施和工作方法，规范和监督其资金经营业务的开展。充分利用和发挥好温州金融改革试验区的有利时机和条件，继续探索和完善相关民间借贷的地方性法律法规和监管体系。

二　加强对温州民间借贷资金的引导和服务

民间借贷市场组织化程度不高是影响民间资本运作效率的重要原因之一。提升民间借贷的组织化程度是规范民间借贷市场的重要手段之一。因此，首先要规范民间借贷机构的融资方式，引导民间借贷机构将资金投向发展生产、支持实体经济，避免民间借贷资金由于盲目逐利，将资金积聚在风险较高的虚拟经济上。目前来看，温州地区民间资本仍然积聚在产能比较饱和的传统制造业上，其微薄的利润难以实现民间借贷资金所期望的高回报率。政府应通过制定民间资本投资相关政策，改善投资环境，允许民间资本进入基础设施建设、高科技产业、物流等方面，拓宽温州民间借贷资本的投资渠道。具体来说，政府对民间借贷的引导，应包括法律规范引导、资金投向引导、借贷利率引导、借贷形式引导、资金规模引导等很多方面。争取能够起到全面引导规范和监督监管的积极作用，减少和化解民间借贷纠纷的发生。

三　搭建温州民间借贷交易管理平台

民间借贷具有先天的隐蔽性和分散性的特点，政府在监管特别是信息搜集方面的困难很大。我国政府相关监管职能部门尚没有探索出和建立起一套成熟的、专业性的监督管理体系。信息的采集和整合是民间借贷监管的当务之急，政府应加紧建立起民间借贷登记管理平台，开展对温州民间借贷信息的分析和监测工作。借助银行等正规金融机构在资金运营管理方面的经验，对民间借贷资金的用途进行动态监测，并进一步将民间借贷管理平台作为推动国家金融体制改革的有效手段和助推器，推动正规金融和民间借贷市场和谐共进，提高对实体经济发展的支持作用，帮助温州民营企业发展和转型升级，以推动民间借贷的信息透明化为目标，强化对民间借贷行为的实时监管，降低民间借贷市场风险。

四　增强温州金融体系融资活力

很多中小企业融资困难，重要的原因就是银行门槛高，其难以从银行等金融机构贷款取得资金。这就在一定程度上迫使中小企业必须从民间渠道融资。而银行等金融机构的缺位也助长了高利贷的盛行，使整个温州的资金链陷入了恶性循环。继续改革和创新国有正规金融体制，增强其针对民营中小微企业的融资服务能力，是优化民间借贷市场环境、提升监管水平的必然选择。自2002年以来，为了更好地支持民营企业，温州银行系统进行了改革创新，实施了商业银行个人委托贷款、农村信用社存贷款利率浮动等措施和手段，这在一定程度上减轻了民间借贷市场的资金压力。但据业界相关专业人员反映，温州地方商业银行的个人贷款收取的税费太高，高达20%，导致银行实施的个人委托贷款业务支持借款人的资金规模有限。并且，农村信用社贷款利率上浮的效益化与支持"三农"义务之间存在很大的矛盾和冲突，利率上浮区间和内控机制还有待继续改革和深化。总体来说，银行应该适当放低放款的门槛，并且降低企业尤其是中小企业融资的费用和成本，将自身优势充分发挥出来，让更多的企业选择银行渠道融资，这也就相应地实现了民间借贷的"降温"，减少了民间借贷风险的发生。

五　建立温州中小企业信用担保体系

要从根本上解决温州民营中小企业融资难的问题，需要在温州地方政府监管职能部门的统筹指导之下，建立起温州民营中小企业信用体系和信用担保体系。民营中小企业信用体系的建立，将会有效地化解民间借贷活动中的信息不对称矛盾，降低民间借贷活动过程中产生的交易成本，进而支持民营中小企业的民间融资行为。温州信用担保体系仍然相对薄弱，其担保体系支持的民间融资数额仍无法适应民营中小企业对资金的巨大需求。目前，针对民营中小企业的信用担保体系显得很不明确和清晰，缺乏合理定位。并且，信用担保体系相对于民间借贷机构而言，在民营中小企业借贷中发挥的作用有限，而其作为民营中小企业与商业银行之间的支撑，能够发挥其特点，解决两者之间的信息不对称问题，帮助部分民营中小企业从商业银行获取信贷支持。另外，在必要的时候，也可以由当地政府出面，为中小企业提供担保，真正帮助中小企业牵线搭桥，保证其资金链平稳、充足流动。

六　成立温州民间借贷行业协会

行业协会作为独立于政府和民间借贷组织机构的社会组织，是政府了解民间借贷市场信息、传达政策的重要窗口，也是民间借贷市场内机构之间交流合作的重要平台。其最重要的功能是对整个民间借贷行业进行有效的组织自律和监督管理软约束。行业协会虽然是社会化的民间团体，但仍然对民间借贷行业的活动和行为产生不可忽视的影响和指导。从温州地方政府对民间借贷的监督和管理情况来看，政府对民间借贷风险和危机爆发的监管主要是采取了被动的、简单粗暴的打压、清理和取缔手段，其引导和规范作用远没有发挥出来。从民间借贷市场需求的情况来看，借贷交易双方是掌握社会闲散资金的资金供给者和因生产生活急需融资的资金需求者。资金供给者不断为其资金寻求更高收益的机会，资金的需求者则渴望获得更灵活方便的融资渠道。借贷双方互相需要，这种极其匹配的供需关系在合法合规的目的下，在一定程度上对民间借贷行业可以产生约束。因此，政府监管部门可以通过引导和支持温州地区成立民间借贷行业协会的形式，从侧面加强对民间借贷活动的引导和规范，以调动和发挥民间借贷行业协会对行业内会员的自律作用，这样不但能节约行政成本，还能为政府的监管职能找到调动和发力点，保障监管工作事半功倍。

参考文献

陈蓉：《我国民间借贷研究文献综述与评论》，《经济法论坛》2006 年第 00 期。

陈经伟：《小企业民间借贷行为与制度安排》，《财贸经济》2005 年第 10 期。

郭斌、刘曼路：《民间金融与中小企业发展：对温州的实证分析》，《经济研究》2002 年第 10 期。

高怀璧：《让民间借贷走向阳光——对陇南市民间借贷情况的调查》，《甘肃金融》2008 年第 9 期。

高铁梅：《计量经济分析方法与建模：EViews 应用及实例》，清华大学出版社，2006。

姜旭朝：《中国民间金融研究》，山东人民出版社，1996。

江曙霞：《中国"地下金融"》，福建人民出版社，2001。

姜旭朝、丁昌锋：《民间金融理论分析：范畴、比较与制度变迁》，《金融研究》2004 年第 8 期。

刘文朝：《农村民间借贷与建立金融协会研究》，中国金融出版社，2011。

黎翠梅、陈巧玲：《农户民间借贷需求影响因素的实证研究——以湘北 234 户农户的调查为例》，《经济问题》2007 年第 11 期。

李建军：《中国地下金融国民与宏观经济影响研究》，中国金融出版社，2005。

李建军、马亚、田光宁：《有堵有疏规制地下金融》，《中国证券报》2005 年 1 月。

刘玲玲、杨思群：《中国农村金融发展研究》，清华大学出版社，2007。

吴国联：《对当前温州民间借贷市场的调查》，《浙江金融》2011 年第 8 期。

黄越：《民间借贷危机的成因及治理对策——以温州民间借贷为例》，《常州大学学报》（社会科学版）2012 年第 1 期。

曹洁：《商业银行对中小企业信用风险评价研究——基于供应链金融视角》，中央财经大学，2010。

苏柯蓁：《疏导民间借贷拓宽融资渠道》，《时代金融》2012 年第 12 期。

李欢：《温州民间借贷危机案例研究》，辽宁大学，2013。

胡凯航：《加强对民间借贷的监督与管理——以温州民间借贷危机为例》，*China's Foreign Trade* 2011 年第 20 期。

彭拥军：《民间借贷法律规制研究——以温州民间中小企业借贷为例》，华中师范大学，2012。

王合丽：《民间借贷发展对我国经济增长的影响》，浙江理工大学，2013。

徐菱潞：《温州民间借贷现状分析及对策探析》，《现代商业》2014 年第 36 期。

陈卓见：《民间金融风波下的温州银行业不良资产处置研究》，浙江工业大学，2016。

乔明阳：《我国民间借贷监管法律制度研究》，河北经贸大学，2014。

蒋晓妍、方陈：《境外金融服务机构监管模式的特点及其启示》，《学术界》2014 年第 1 期。

向嵩楷：《交易成本视角下中小银行服务中小企业融资研究》，《西南金融》2017 年第 8 期。

刘少华、张赛萍：《民间借贷效应分析与地方政府监管途径选择——以温州"民间借贷危机"为例》，《财经理论与实践》2013 年第 1 期。

汪浩凯：《政府对民间借贷规范化发展的职能研究》，华东政法大学，2015。

孙永剑：《温州老板跑路：无赖还是无奈》，《中华工商时报》，2011 年 11 月 4 日 A01 版。

吴文旭：《温州民间借贷资本的风险辨析》，《大众科技》2005 年第 11 期。

张思康、陈婷：《温州民间借贷危机分析与对策研究》，《中国证券期货》2012 年第 11 期。

王岗：《浅析温州民间借贷危机的原因及对策》，《科学之友》2012 年第 5 期。

郭斌、刘曼路：《民间金融与中小企业发展：对温州的实证分析》，《经济研究》2002 年第 10 期。

吴国联：《对当前温州民间借贷市场的调查》，《浙江金融》2011 年第 8 期。

赵惠蓉、李瑞：《银行信贷紧缩背景下中小企业的融资探讨》，《中国证券期货》2012 年第 2 期。

蔡灵跃、刘守谦、陈明衡：《温州民间资本的发展与引导》，《上海金融》2005 年第 2 期。

贺一梦：《民间借贷的现状、困境与发展出路》，《现代商贸工业》2018 年第 5 期。

《我国民资流动渠道及发展途径》，《中国城乡金融报》2011 年 4 月 8 日，第 B01 版。

徐菱潞：《温州民间借贷现状分析及对策探析》，《现代商业》2014 年第 36 期。

黄定红：《当前民间融资的形势及策略研究——以漯河市为例》，《金融理论与实践》2012 年第 7 期。

崔宁：《基于 DEA 方法的民间资本运用效率分析》，《金融发展研究》2011 年第 6 期。

张佳玮：《温州民间借贷规模约 1100 亿元》，《温州日报》2011 年 7 月。

柴庆娇：《浙江省民营中小企业民间融资风险及管理规范研究》，《商业会计》2013 年第 11 期。

蒙蒙：《中国西部地区农村牧区民间借贷研究——以内蒙古自治区为主要研究对象》，博士学位论文，华东师范大学，2011。

史晋川：《中小金融机构与中小企业发展研究——以浙江温州、台州地区为例》，浙江大学出版社，2003。

史晋川、孙福国：《市场深化中民间借贷业的兴起》，《经济研究》1997 年第 12 期。

史晋川、叶敏：《制度扭曲环境中的金融安排温州案例》，《经济理论与经济管理》2001 年第 1 期。

第五章 神木民间借贷的现状及风险防范

第一节 神木民间借贷概况

一 神木民间借贷发展的基础

地处陕北的神木因三棵古松得名，曾经是千沟万壑的黄土高坡，经济十分落后，1994 年其被确定为国家重点扶持贫困县。虽然早在 20 世纪 80 年代，神木就发现含煤面积达 4500 平方公里，大约有六成的黄土下埋藏着巨大的煤层，已经探明的煤炭储量有 500 多亿吨，占全国最大煤田神府－东胜煤田总储量的 1/4，但是，由于长期受交通运输不便的制约，巨大的煤炭资源并没有给神木地区带来多大的利益和带动区域经济的发展。2000 年前后，随着神盘公路建成通车，交通运输得到了极大的改善，神木的经济发展做好了起飞的准备，从此，神木经济迅猛发展。随后，由于 2008 年北京举办奥运会，相邻的河北、陕西等地的煤矿被迫停产，神木得益于地理位置偏远，又一次迎来了煤炭经济的"大跃进"。2009 年以后，国家推出了 4 万亿元经济刺激计划，神木乃至陕北地区的煤炭经常出现供不应求的局面。可以说，2001 ~ 2011 年是神木煤炭行业的黄金 10 年。这期间，煤炭行情持续攀升，带动神木区域经济实现了年均 30% 以上的高增长，神木地区积累了巨大的财富。2012 年，神木 GDP 首次突破了千亿元，成为西北地区首个 GDP 跨进千亿元的县城，创造了神木奇迹。伴随着经济的腾飞,神木财政收入连年高增长,2012 年神木地方财政收入 53.6 亿元。依托雄厚的经济后盾,投资了 3.9 亿元的县城供水工程,于 2010 年 5 月建成使用。县城供水工程的建成,从根本上解决了神木 20 多万居民的生活用水问题,当地老百姓喝上了安全放心的水。神木教育医疗的资金服务能力也不断提高,早在 2008 年,神木率先在全国范围内实现了 12 年免费义务教育,2011 年,又升级为 15 年。2009 年,神木又率先推行了全民免费医疗制度。一时间,"神木模式"成为舆论关注的焦点。因煤而兴的神木经济为社会创造了巨额的财富,民间积累了大量资本,为民间借贷发展做好了准备。2010 年以来,国家开始收缩银根,中国人民银行连续多次上调存款准备金率,银行信贷额度开始收缩,在这样的背景之下,大量中小企业的融资难问题越来越普遍。这时,早已积聚和准备好的社会民间闲散资金趁机进入了神木借贷市场。民间借贷因而成为唯一快速、便利地解决神木中小企业资金问题的现实选择。相关统计资料显示,90% 的神木中小企业和家庭直接和间接参与了民间借贷活动,巨额的民间借贷资金为神木众多中小企业的正常生产做出了重要贡献。相关测算显示,2010 年,活跃在神木民间借贷市场的资金规模有 500 亿元左右,借贷的资金规模在 200 亿元左右。

二 神木民间借贷发展历程

神木资源型城市的特点非常典型,煤炭资源是其赖以生存和发展的基础,民间借贷活动缘起于煤炭,又投向煤炭经济领域。神木民间借贷发展的历程大致经历了平稳快速发展、空前高涨活跃、风险集中显现三个阶段,相应的民间融资规模和利率也经历了快速、高涨和低迷三个阶段。第一阶段(2004~2008 年),得益于煤炭价格持续上涨,巨额的社会民间资本涌入煤炭行业,开始从事煤矿的买卖,民间借贷市场顺利起步并呈现了平稳快速的特点。第二阶段(2008~2012 年),受国家 4 万亿元经济刺激政策的影响，煤炭价格又迎来高涨，围绕煤炭经济发展的神木区域经济开始又一轮的奇迹缔造，民间借贷资金规模也持续扩大，占比一度高达神木当地贷款余额的五成以上，月息通常情况下为 15% ~ 20%，在资金需求矛盾紧张的情况下，甚至达到了 20% ~ 35%，高于实体经济利润回报率。第三阶段（2012 年下半年至 2014 年），国家经济的发展进入了新常态，在经济增速开始下降、煤炭市场的高增长无以为继等多方面综合因素的影响下，神木民间借贷市场开始出现危机，民间借贷风险逐步暴露，各类纠纷案件频频发生，民间借贷的利率和规模大幅下降。中国人民银行榆林支行公布的数据显示，2013 年第一季度，神木民间借贷月利率从 2012 年的 30% 左右降到了 15% 左右，随后的几个季度，民间借贷利率出现了持续的回落。

三　神木民间借贷发展的特点

神木作为一座新兴的典型的资源型城市跟其他地区民间借贷相比，其民间借贷市场除了具有一般自发性、盲目性和隐蔽性的基本特点之外，民间借贷发展的特征还集中体现在以下几个方面。一是民间借贷资本的投向高度集中。由于神木的资源和产业特点，其经济的发展长期依赖煤炭资源，煤炭行业产业规模大、行业占用资金多、投资收益率高，自然对民间借贷资金有强大的吸引力和诱惑力，民间资本迅速向这一行业集中，据统计，约有 80% 的民间资本投向了煤炭及相关产业，资金的集中度相当高。对于资源型市场而言，一旦国内外能源市场发生震荡，行业发展风险增加，相应的投资煤炭产业的民间借贷资金风险就会增加，进而对神木区域经济造成不利影响。二是民间借贷资金流动性较强。神木民间借贷资金流动性特点明显，主要表现在两个方面。一方面，民间资金在神木区域范围内具有较高回报率的产业之间循环流动。神木煤炭产业的发展，直接推动了当地房地产和其他类型企业的发展。也就是说，先期投资者从煤炭产业盈利后，将资本投向了同样高回报的房地产以及煤炭化工等产业。这时，神木的民间资本80%以上都聚集在仅有的小范围的、有紧密联系的产业之中，只要一个行业资金链出现问题，其他产业必然受到波及和影响。另一方面，神木的民间资本出现了跨区域流动的特点。据调查，神木民间借贷资金曾经一度大量外流，流向周边的内蒙古、甘肃、新疆等西北地区炒煤矿，甚至流入北京、西安、三亚等地炒楼盘，这样的资金保守估计在200亿元以上。三是民间借贷市场放贷利率高，交易行为较为隐蔽。神木民间借贷利率受借贷资金规模、偿还期限等因素的影响，会在一定范围和时间内发生波动。一般月利息维持在2~3分。并且，很多借贷活动的交易是在私下完成的，借贷双方没有固定的交易场所，没有担保公司的保障，积累了很多的潜在风险，当出现问题时，借贷双方发生严重的纠纷。四是民间借贷交易的程序和手续简单，缺乏合法的借贷行为依据。从调查结果看，绝大部分的民间借贷交易只有一张简陋的字据，没有法律的担保要件，也没有写明详细的违约责任，大部分借贷双方还是以传统简单的方式来从事借贷活动。这种简单粗放的操作方式，已经不适应经济和社会发展的要求，同时，这也给以后可能会出现的民间借贷案件纠纷埋下了祸根。也有部分借据明确了借贷交易的额度、利息、还款时间等内容，但大部分没有注明偿还时间、利息等要件，这也会导致在发生纠纷时，难以鉴定。五是神木民间借贷参与面极其广泛，人数多、资金规模大。不仅众多的城乡居民，而且一些企事业单位职工、党政干部也都参与其中。从案件纠纷暴露的信息情况来看，资金规模千万元以上的案件较多，涉及的参与人数达上万人，表现出疯狂的全民性特征。

四　神木民间借贷市场快速发展的原因

神木民间借贷市场迅速扩展的主要原因有以下几个方面。一是民间借贷活动因为煤炭资源而兴起。神木民间借贷活动与我国其他区域一样，具有悠久的历史。在煤炭资源未被开发之前，神木民间借贷活动和交易的资金规模很小、范围有限，主要适用于生活消费，以及因小规模生产出现的小额资金短缺而进行的临时互助性的拆借。2003 年以后，伴随着煤炭价格持续攀升，民间财富被调动起来，更多的资本加入，开始从事疯狂的炒煤矿行为，较大规模的民间借贷市场由此诞生了。特别是在 2006 年前后，在资本盲目逐利冲动的带动之下，几乎一夜之间神木大批的小额贷款公司、担保公司、投资公司、典当行涌向街头，甚至一些贸易公司和居民个人也跃跃欲试，奋力挤进了民间融资的行列之中，造成了神木民间借贷市场的空前繁荣。直到 2012 年，民间融资活动达到了高潮，大量的民间闲散资金都汇集到了煤矿和房地产等高回报率的行业之中。二是正规金融体系发展越来越满足不了当地经济发展的融资需求。神木煤炭资源富裕了当地的经济和老百姓，也带动了当地民营经济的迅速发展。相关统计数据显示，神木民营经济对县域经济的贡献超过了 40%，对财政收入的贡献超过了 70%。但受制于国家正规金融体系规则的限制，民营企业很难得到银行的贷款。神木区域范围内有包括国有商业银行、股份制商业银行和地方银行的银行业金融机构 21 家，而这些银行一般将其贷款放给了国有企业。因其贷款程序复杂、贷款流程时间长，民营企业和居民个人更多地转向民间借贷，获取手续简便、能快速得到资金支持的民间借贷机构提供的资金，70% 以上的民营企业和个人的贷款来自民间借贷市场，民间借贷成为神木地区借贷主体最主要的融资渠道。三是闲散的民间资本缺乏更多的投资渠道，并且不具备专业的投资能力。国有的银行等正规金融机构的金融产品对民间资本没有吸引力，而在通胀的情况下，银行存款难以抵消通胀压力。股票市场行情低迷不景气、投资专业要求高和风险大，权衡利弊后，资本流向神木煤炭和房地产等高回报率的领域。四是因煤炭在短时间内早就暴富的人群，他们未必具有良好的投资视野和专业的投资分析能力，短期的煤炭行业和房地产行业的暴富现象的出现，让他们不自觉地将大量的资金又一次投向了煤炭和房地产，这也导致了潜在风险的进一步积累和加剧。

第二节 神木民间借贷危机的表现及原因

2012 年，由于国家经济增长速度减缓，全国范围内对煤炭资源的需求量出现持续下降的态势，再加之进口煤炭的低价对国内市场的冲击作用，神木地区的煤炭价格不断走低，很多煤矿陆续停产，以"黄金大王"张孝昌"跑路"事件为导火索，严重依附煤炭产业获取收益的民间借贷出现了危机。2000 多家民间借贷机构一夜之间消失殆尽，神木民间资金大面积蒸发，损失惨重，民间借贷市场一度崩盘。民间借贷案件纠纷开始层出不穷，并引发了一系列社会群体性事件，危害了神木区域内社会的稳定，神木恶意逃债现象的增加，引发社会诚信危机，神木地区整个社会表现出了严重的恐慌情绪，信用体系、诚信体系受到重创。相关统计数字显示，自 2012 年以来，神木受理的民间借贷案件数量急剧攀升，上升了大约 200%。案件涉及的民间借贷资金规模不断扩大，扩大了 10 倍以上，甚至还出现了民间借贷风险向正规金融机构蔓延的态势，导致银行等正规金融机构的不良贷款出现警示信号。

一 民间借贷危机的主要表现

（一）民间借贷资金链断裂

曾经神木民间借贷最繁华的街道，聚集了典当行、贷款公司等 50 多家银行和民间机构，其民间借贷市场的繁荣堪比很多大都市。然而受煤炭价格一路走低的影响，"煤城"鄂尔多斯高利贷崩盘之后，神木民间借贷资金链也发生断裂，民间借贷体系全面失控和沦陷。大约从 2012 年 7 月开始，神木广受社会公众信任的民间借贷市场的集资大户的贷款数额开始下降，这源于集资大户对其"下线"资金利息支付频率的大幅降低，这样的违约行为引起了人们的警觉。面对大批债主频繁催债情况，往日风光无限的"集资大王"刘旭明等人先后"跑路"，失去踪迹。特别是民间融资资金超过40亿元的神木新世纪黄金珠宝城老板张孝昌的潜逃，标志着神木民间借贷的资金阶梯开始坍塌。接着，以往繁华的神木街头的民间借贷机构全部倒闭关门，消失得无影无踪。这突如其来的风暴导致神木民间资本市场呈现一片恐慌，人人自危。对于神木的中小企业来说，这如同噩梦。其几乎唯一依赖的民间借贷市场资金链断裂，造成很多企业经营出现问题，被迫停产。据统计，2012年，神木规模以上企业亏损户数为93户，同比增长25.65%。其中煤炭生产企业48户，占比51.61%。六成以上煤炭企业经营困难，自行停产。除了煤矿成本较低的国有企业还在运行外，绝大部分民营煤矿都全面停产。除了煤炭行业，受调控政策影响，投资到房地产的资金同样也无法收回。

（二）全民陷入民间借贷债务危机

在神木，典当行、投资公司、担保公司等非金融性质的公司曾经公开、大规模、大范围进行民间借贷活动。这类公司的经营业务远远超出了规定的合法业务范围，俨然变成了民间资本的运营业务，高息吸钱再以更高利息放贷。此类公司在民间借贷市场火爆时，公然向社会吸收存款，制定的月利息为2~2.5分，放贷的月利息则为3.5~4分。这种远高于银行的吸储和放贷利息的行为，往往不具有合法的担保程序，甚至手续极其简便，仅凭一张借条就几乎当场可以获取贷款。资本的逐利冲动和市场对资金饥渴般的需求，催生了神木民间借贷市场的繁荣，繁荣的背后是积聚的更高的潜在风险。而这类民间借贷机构显然与国家的法律格格不入，处在明显的非法地带。根据国家规定，即使小额贷款公司也必须遵循"只贷不存"

的经营原则，而其他类的投资担保公司，更不能开展任何吸收存款性质的金融行为。而现实是，几乎每个神木家庭都参与过民间借贷，据了解，神木100个家庭中有98~99家参与过借贷。手无余钱又没关系的普通民众甚至靠抵押贷款来参与民间借贷，抵押物大多是房产。据神木某银行业工作人员透露，2010~2011年，每天银行会有很多个人来办理房产抵押贷款手续，平均每人能得到30万~50万元的抵押贷款，其平均每天会操作二三十笔这样的抵押贷款。并且，贷款个人坦言贷款的用途就是要将其投入民间借贷市场去获取更高的回报。而神木民间借贷市场的资金来源，不仅包括家庭和个人，银行资金流入民间借贷市场的情况也不鲜见。神木的"民间高息借钱"的消息甚至传到了西安。西安有很多投资者也参与了神木的民间借贷活动。然而，神木民间借贷崩盘以后，几乎人人陷入了复杂的三角债中。

（三）新村扩容与房产泡沫破灭

在资金投向和用途上，神木绝大部分的民间借贷资金流向了煤炭产业，还有部分资金流入了回报率较高的房地产市场以及其他行业，并且也呈现了向周边区域扩张的情况。新村建设是神木建设"陕西最美新城"的重要抓手，新村以"再造一个新神木"为目标，不断扩建。据了解，新村建设工程先后投资40多亿元，建设和改造了很多道路、各种水电热管网，并对周边的山城环境进行了设计和改造，人居环境得到了很大的改善和优化。新村建设工程也进一步拉大了神木县城的骨架，构建了县城、新村、二村、西沙四大城市组团。作为县城新中心的新村，几百幢高楼拔地而起，依规划来看，要吸引8万~10万人口居住，这相当于把神木半个县城的人口纳入新村。扩建投资的直接结果就是房价的轮番上涨，新村的房价一度涨到了每平方米5000多元，超出了普通村民的承受能力。然而，随着民间借贷崩盘，神木房地产市场严重受挫，房价大跌。调查数据显示，神木县城最贵的房子从每平方米 1.2 万 ~2 万元不等急速下滑到了每平方米 6000 ~ 8000 元，下滑的房价也没能吸引投资者。商铺和住宅的租金也大幅跳水。这场危机直接导致了很多在建工程被迫停工，新村的房子有价无市，后续建设也被暂时搁置。

（四）借贷纠纷引发社会诚信危机

　　丰富的煤炭资源使神木积累了巨额的财富，也支撑了民间借贷市场的繁荣。民间社会闲散资本大量涌入煤炭行业，从事着疯狂的煤矿炒作，煤矿被当成虚拟产品被注入了巨大的泡沫。传统制造业和加工业资金回报率很低，比起通过炒煤矿从事民间借贷的活动，其经营活动辛苦但是收效较低，而在民间借贷市场上投资煤炭产业，能够很轻松地得到年均 30% 以上的高额回报。这样的投资现实导致了众多制造业无心经营，转而进入民间借贷市场，导致神木产业空心化的现象更加突出。在神木企业带头投机的大背景下，普通老百姓出于保值的考虑，希望手中的闲散资金能够保值增值，很自然地加入了民间借贷市场。整个神木的民间借贷活动逐步失去控制，逐渐从最初的依靠投资煤矿的增值去偿还贷款的方式，变成了无力偿还后只能用新贷还旧贷的死循环，陷入"庞氏骗局"。而煤炭价格的持续走低，成为引爆神木民间借贷危机爆发的导火索，神木民间借贷积累的巨大泡沫一触即发，并引起了一系列案件纠纷和社会群体性事件，影响了经济社会稳定。神木法院披露的数据显示，2011 年，神木民间借贷纠纷案件 669 件，涉事资金规模为 16013.72 万元；2012 年，神木民间借贷纠纷案件 1688 件，涉事资金规模为 88224.87 万元；2013 年全年，神木法院受理民间借贷案件 5200 件，涉事资金规模为 39.7 亿元。神木打非办数据显示，自打非办成立以来，一共接到群众举报非法吸收存款、集资诈骗案件约 210 起，涉案资金规模为 72.6 亿元，涉及参与集资群众 6300 余人。神木借贷危机发生后，失踪和"跑路"的老板约有 200 人，累计涉案资金超过百亿元，集资大户张孝昌和刘旭明等人累计借贷资金规模高达 200 亿元。这些集资大户的骗贷陷阱集中暴露，揭露了他们通过蓄意包装非法集资的丑态。以集资大户的"跑路"行为为起点，神木其他民间借贷机构也大面积倒闭和破产，整个社会信用体系轰然崩塌，社会诚信危机影响深远。

（五）借贷风险向商业银行传导

正规金融与民间金融的巨大利差，诱使银行信贷资金间接进入民间借贷市场。部分信用良好和资金充裕的民营企业，利用其与银行之间的信任关系，以抵押或者其他方式获取了较低利息的银行贷款，转而投向了回报率更高的民间借贷市场，赚取高额利差。另有一些民间借贷中介机构，受自身资金积累的限制，利用各种资源和渠道从正规金融机构得到了信贷支持，再以很高的利率放贷给资金需求者。而银行通过直接的渠道或者方式无法得知其赚取利差的真正目的，由于信息不对称，银行无法完全控制信贷资金的实际用途。而这些转贷出去的资金被投向了一般情况下不能满足银行贷款条件的资金需求者，这就间接地将民间借贷市场的风险传导给了银行，影响了银行机构信贷资金的稳定性。神木民间借贷危机以来，商业银行的不良贷款也持续增加，并且表现出隐蔽性和积累性的特征。虽然从表面上看，银行总体不良贷款不高，但关注类贷款资金集中转化为不良贷款的可能性很大，随着银行信贷的收缩，不良贷款率必然会继续上升。相关统计数据显示，截至 2014 年 2 月末，银行业关注类贷款余额 23.48 亿元，较 2013 年 6 月末增加 15.5 亿元；不良贷款余额 10.8 亿元，较 2013 年 6 月末增加 9.3 亿元，不良贷款率 2.88%。从贷款类型分布看，不良贷款主要集中在小微企业贷款和个人保证担保贷款方面；从机构分布看，不良贷款主要集中在神木农村商业银行、中国工商银行和长安银行等机构，合计占比96.6%。从国家对煤炭等能源资源的政策导向上看，化解落后产能过剩的问题仍然是政策的主基调，煤价想要回到以前的高回报水平几乎不可能。面对当前神木民间融资借贷风险尚未完全释放、银行不良贷款仍有上升风险、县域信用体系重建难度加大的事实，民间借贷风险问题仍需持续被关注和重视。

二　民间借贷危机产生的原因

（一）法律法规和政府监管缺位

民间融资是一种非正规的金融，相比于正规金融完整的法律监管机制，在民间融资活动中，融资双方的法律责任和义务并不十分明确，民间融资活动中的合法权益维护以及非法侵害的约束都存在一定不足，这就导致民间融资的法律风险可能较高。神木民间借贷活动长期游离在法律之外，很多操作不符合现有法律法规的规定，明显不具有合法性，无法得到法律的肯定和认可，导致神木民间借贷发展存在法律依据的问题，积累了不少的法律风险。同时，民间融资中介缺乏有效监管。2009年以后，神木陆续成立了一批经过相关职能部门核准的民间借贷组织机构，其中包括小额贷款公司22家、融资性担保公司2家、典当行5家。这些机构的监管职能归属于神木金融办。这些机构融资的规模大约为30亿元，但是由于税费的压力沉重，加上这些机构自身资本积累的限制，它们远远不能满足神木日益膨胀的民间资金的需求。因此，更多的没有经过核准的、不具有合法性的民间借贷中介应运而生，它们游离在政府监管之外，服务广大的资金需求市场。这些中介有的是租个门市或者商业住宅来办公，有的甚至没有注册，也没有固定的办公场所就公然吸收存款，面向资金需求者从事放贷行为。而被盲目追求高收益冲昏头脑的神木人似乎完全忽略了风险的存在。当风险如同多米诺骨牌被推倒般蔓延，这座神木人长期向往的民间借贷信用大厦轰然倒塌的时候，神木人这才恍然大悟，意识到了风险泡沫的破灭。

（二）中小企业成本压力持续上升

神木大多数中小企业在以民间借贷为主的融资模式中，2011年之前的民间借贷大部分能够得到较好的偿还。直到2011年，以煤炭价格的下跌为导火索，大量的煤矿开始亏损继而破产，随即很多其他中小企业的经营发展面临困难，利润空间被进一步挤压。其他中小企业的利润空间本来有限，在民间借贷市场中自然无法与煤炭产业以及房地产业等高回报率企业相竞争，在民间市场获得的资金量越来越有限。资金的缺乏和利润空间的收缩进一步导致了这类中小企业经营信心的下降，极大地挫伤了其转型创新的积极性。在民间借贷市场高收益的吸引和诱惑下，很多中小企业主被迫将企业的资金抽离，加入放贷者的行列之中。然而，没有健康的实体经济支撑的民间高利贷市场显然是不可持续的，风险的爆发只是时间问题。可以说，其他中小企业成本压力持续加重是压死神木民间借贷市场的最后一根稻草，其加速了资金链的断裂。而局部的资金链断裂很有可能牵一发而动全身，引发大面积的债务纠纷。当发生债务偿还违约的情况时，影响社会稳定的暴力催债行为将会发生。当民间借贷市场被一些投机食利者和金融诈骗分子利用时，还会引发局部的金融风险，特别是对于手无寸铁的社会公众来说，他们很容易在无法保护自身利益的情况下"抱团"合作，集结大量群众发动群体性上访和缠诉等社会性事件，引起当地社会的骚乱。

（三）民间借贷组织经营不规范

神木民间借贷机构正规组织较少，经营运作不够规范。一些民间借贷机构不仅收取了借款者较高的贷款利息，很多情况下，还附加收取了其他财务费和手续费等，甚至还有些民间借贷机构强迫客户接受自己推荐的担保公司进行担保，这无形中相当于变相提高了借贷成本，它们甚至成为违法高利贷市场中的重要参与者。这直接导致了神木民间借贷风险的增长，减少了神木民间借贷发展的优势资源。通常来看，受资本逐利性的本质驱使，当企业经营艰难、利润微薄的时候，企业主会不由地选择将资金从实体经济中抽逃出去，去获取更加容易和更高的回报，很多资金便进入了矿产业和房地产业和股票市场。这时，脱离实体的民间资金变成了炒作的游资，这一方面造成了产业"空心化"，另一方面引起了资金的泡沫化。从神木民间资本来看，借贷组织经营的不规范，也导致了神木民间资本的大量外流，导致神木境内的民间资金开始下降，县域中小企业和城乡居民可以获得的民间借贷资金的规模变小，又进一步加剧了民间借贷的高利贷行为，进而积累了更大的借贷风险。2013 年，"房姐"龚爱爱被抓，引起了全国范围内的关注。据报道，龚爱爱参与的民间借贷的资金规模在 20 亿元以上。

第三节　神木民间借贷危机典型案例

一　"金老板"张孝昌百亿集资骗局

"黄金大王"张孝昌的"跑路"事件成为引发神木民间借贷市场危机的导火线。1979 年，张孝昌从部队复员后，到南京、扬州一带打工，学会了银器加工的手艺，回到神木，开了一家金店，作为张孝昌事业的起点。得益于神木煤炭资源的开发利用，煤炭产业使神木出现了大量的煤老板。一夜暴富的煤老板开始追求更好的物质生活，穿金戴银当然必不可少，这成就了张孝昌的黄金珠宝生意，给张孝昌贡献了事业的第一桶金。2008 年前后，张孝昌一举成为神木屈指可数的亿万富豪。随后，他以囤积黄金为名义，利用价值

7000 万元的新世纪广场一楼商铺和黄金珠宝城作抵押，获得了 4 亿元银行贷款，又多次以亲朋好友的名义累计获得了 3.7 亿元的银行贷款。利用这些资金，张孝昌在黄金市场购买了 3 吨黄金和 100 多吨白银，垄断了神木的黄金珠宝产业。此时，神木煤炭业兴盛，煤矿融资的民间借贷方兴未艾，已发迹的张孝昌开始涉足民间集资。神木个体老板牛文儿、张振平、张和平、郭振江、牛勇 5 人（以下简称"五大户"）与他约定，以各自名义在银行开户，先后将 13 亿多元资金贷给张孝昌，让他炒纸白银。来自银行和"五大户"的巨额借贷款起了巨大的引导作用。张孝昌的集资运作手法就是利用银行和"五大户"的巨额贷款从事高风险的黄金和白银期货交易，同时，又通过继续吸引和诱惑新的借款户的集资款支付银行与"五大户"的利息，这种以新债还旧债的伎俩，在很长的一段时间内竟然蒙骗了众多投资者，并给张孝昌自己营造了信用良好的社会舆论形象。2012 年末，国际市场黄金价格开始出现震荡下行的态势，国内的黄金价格也紧跟着跳水，这直接导致了张孝昌的投资开始出现难以弥补的巨额亏损，他缔造的集资金字塔随之出现了坍塌，轰然倒体。2012 年 12 月 1 日，大量的投资者开始警觉，众多的神木人陆续发现"黄金大王"张孝昌已经失踪，门店和家里都没有人影。这个新闻几乎瞬间在神木上空爆炸般传开，整个神木震惊不已，引发了大面积的恐慌。

很快，神木公安局接收到了很多群众报案，请求公安局就张孝昌"跑路"和黄金珠宝城突然关闭的事件立即立案调查。神木公安局立即组织力量奔赴现场，多方了解和展开全面调查。2012 年 12 月 5 日，张孝昌突然返回神木自首，接受公安机关调查。公安机关很快将其控制，并对其居住地进行监视。2012 年 12 月 6 日，张孝昌被控制和监视的第二天，神木成立"12·6 专案组"，开展调查和处理张孝昌黄金集资案的具体工作。相关调查结果显示，张孝昌长期从事黄金珠宝生意，其生意门店遍布神木各大商场。在黄金珠宝生意的基础上，为了追逐更多的财富和利益，张孝昌开始在股票市场上炒黄金、白银、期货，并多次向银行抵押贷款，非法向社会公众吸收存款，诱惑了更多的人加入了他设计的"庞氏骗局"，累计民间融资高达101亿元，涉贷人员1380人，涉贷公司56家。保守估计，此危机波及的人数在2万人以上，甚至有政府相关官员也参与其中。2013年1月16日，张孝昌被刑事拘留。2013年2月2日，神木检察院正式批捕张孝昌。

二　"房姐"龚爱爱事件

2013年1月16日，关于陕西神木"房姐"龚爱爱的相关帖子在网络上迅速传播开来，帖子称龚爱爱在北京投资房产20多套，房产总价值高达10亿元，并称龚爱爱有多重身份，有多个身份证。龚爱爱曾经担任过神木农村商业银行副行长、榆林市人大代表，并获得过全国"三八红旗手"等多项荣誉称号。警方初步调查结果证实，"房姐"龚爱爱在北京确实有三处房产，地点在北京工人体育馆附近，房产面积分别为395平方米、454平方米和414平方米，三处房产价值上亿元。另据调查，龚爱爱确实有4个身份证，有一个名为龚仙霞的身份证。龚爱爱利用其中一个北京户口，在北京购买了41套房产，价值约10亿元。这一爆炸性新闻迅速引起全国的广泛关注，神木也再次被推向了舆论的风口浪尖，"房姐"龚爱爱所涉及的神木民间借贷也被调查和揭露，这在一定程度上进一步显现了巨大的民间借贷风险。

据了解，龚爱爱财富的激增与大砭窑煤矿的改制有直接关系。2004年，龚爱爱被任命为神木农村商业银行兴城支行行长。一年后，其三哥龚子胜的名字忽然出现在当地大砭窑煤矿改制的出资名单上，出资1500万元，排在郭永昌（3000万元）、郭光胜（2000万元）、杨卖昌（1900万元）之后，是第四大自然人股东（第五大股东高兰出资1200万元）。龚爱爱不仅投资了大砭窑煤矿，她在榆林城内的其他地区的煤矿中也占有一定的股份，在神木民间借贷风险集中爆发之后，龚爱爱的事件才被曝出。龚爱爱被爆料可能与其在煤矿股权运作的过程中，与其他人发生矛盾有直接关系。据了解，前期的张孝昌集资案，龚爱爱也参与其中，涉及的贷款金额大约为 1.2 亿元。

2013 年 1 月 24 日，公安部成立工作组核查"房姐"户口问题。调查结果显示，龚爱爱、龚仙霞确为同一人，其还有 2 个身份证。附属于身份证的房产问题也被揭露出来。北京警方调查后证实，龚爱爱北京的 41 套住房面积总计 9666.9 平方米，其还有奥迪轿车 1 辆，其银行贷款高达千万元。后龚爱爱在榆林被逮捕，榆林法院对其进行审理，起诉书指控被告人龚爱爱触犯了《中华人民共和国刑法》第 280 条之规定，应当以伪造、买卖国家机关证件罪追究其刑事责任，同时受审的还有神木的 5 名公职人员。一审判决，龚爱爱犯伪造、买卖国家机关证件罪，依法判处有期徒刑 3 年。龚爱爱当庭未表示是否上诉。其后，龚爱爱不服一审判决，继续上诉。直到 2013 年 10 月 31 日，二审作出驳回上诉、维持原判的终审裁定。

龚爱爱利用虚假户口身份牟取暴利的事件从爆发以来便得到社会的广泛关注，龚爱爱本人更被称为"房姐"。不可否认，龚爱爱事件的曝光，深刻揭示了我国涉房腐败的问题，也进一步说明，我国在身份管理体制方面存在较多的制度漏洞。此后神木出现了富豪排长队注销户口的现象，这也表明龚爱爱事件形成了有效的威慑力。龚爱爱事件暴露了户籍房贷管理上的不足，也促使杜绝"房腐"相关政策的尽快出台，消除因地域分割而造成的信息不对称现象，提高发现违规行为的概率，而且也不给个别官员隐瞒财产提供可乘之机。

三 "集资大王"刘旭明案

继张孝昌案爆发后，神木再度出现了一名 80 后"集资大王"刘旭明，神木民间借贷的风险进一步加剧，引发新的社会恐慌。2011年6月，刘旭明拥有了内蒙古阿拉善盟左旗石驼山矿区一家煤矿的探矿权。他开始对外宣称，此煤矿煤质优、储量大，具有极强的投资价值。他以高收益、分红快为诱饵，广泛吸收神木区域的社会群众借贷资金15亿元。然而，他却将大量资金用于个人挥霍。由于投资者为得到承诺的高利息，人们才开始慢慢意识到风险。2012年11月20日，神木高炎碱因为投资了6000万元却迟迟没有得到利息和分红，遂向警方报案。2012年11月22日，因涉嫌合同诈骗刘旭明被神木公安局立案侦查，当日被列为网上在逃人员；2013年3月13日被刑拘。刘旭明被抓后，警方在当地电视台发布通告，称刘旭明涉嫌集资诈骗案件已进入起诉阶段，"限未报案的受害人务必于2013年6月20日前到神木县公安局专案组报案，逾期视为放弃权利"。公告发出后，报案的人多了起来，最终达到了78人。

经榆林市检察院指控，2011年，刘旭明注册成立神泰矿业投资有限公司，注册资金5亿元。当年3月，刘旭明以神泰公司的名义与内蒙古长青煤炭公司法人龚长青签订了两份《地质勘查合作勘查投资协议》，约定神泰公司在长青公司拥有的两个探矿权勘查期内的投资比例必须达到整个勘查期内总投资的60%，长青公司以已全部取得的勘查成果和探矿权作价投资40%，作为双方的初始投资，并以此计算双方初始投资权益。同年6月，刘旭明再次与龚长青签订了一份《地质勘查合作勘查投资协议情况说明》，约定刘旭明以8700万元的价格将长青公司拥有的两个探矿权买过来。从2011年5月开始，刘旭明以石驼山煤矿入股的方式，向社会公众吸收股份，实际收取张某、王某等78人煤矿入股款共计149539万元。刘旭明从长青公司转让过来的石驼山项目，现仅有探矿权，不具备开采生产条件，也并未出售给他人。刘旭明收取的149539万元入股款仅用于石驼山探矿权项目花费11000余万元，其中包括转让该探矿权花费8700万元。其余款项用于购买其他煤矿、归还其个人贷款本金及利息，以及给其他股民分红和供其个人挥霍，最后致使集资款无法返还。刘旭明以非法占有为目的，虚构事实，隐瞒真相，使用诈骗的方法非法集资，骗取他人财产 149539 万元，数额特别巨大，应当以集资诈骗罪追究其刑事责任。

第四节　规范神木民间借贷的路径选择

一　调整信贷结构，推动神木产业转型升级

神木民间借贷的资金投向严重依赖煤炭产业，长期以来，煤炭行业的暴利支撑了民间借贷市场的繁荣，而在过热的经济开始冷却以后，煤价持续下跌将神木民间借贷市场多年以来隐藏的风险暴露殆尽，引发了大面积的危机。"一煤独大"的产业结构是神木经济缺乏可持续发展的内因，长久的资本暴利显然难以维持。以产业转型升级为抓手发展实体经济，可能是从根本上解决民间借贷问题的重要途径。

（一）合理配置产业结构的金融资源

"一煤独大"的产业结构是制约神木经济可持续发展的最大障碍，神木民间信贷资金主要投向了煤炭资源的买卖行业上。神木煤炭产业链条很短，延伸产业链是煤炭产业转型升级的核心。因此，要化解民间借贷资金的风险，必须充分发挥我国国有银行等正规金融信贷政策对产业投向的引导作用，大力支持应用高新技术改造传统的煤炭产业，延长产业链条，促进煤炭产业的升级，提高煤炭附加值。针对煤炭产业各链条，配置金融资源的供给。结合神木产业转型升级的方向，信贷政策应给予煤炭、兰炭、电力、化工、载能及建材六大支柱产业更多的资金支持以及适度的倾斜。在煤炭产业链延伸方向上，资金应重点支持煤制甲醇、烯烃及衍生物、聚烯烃

及衍生物、煤制焦油、焦炉煤气、煤制兰炭等重点产业链和产品。把更多的信贷资金用在构建神木能源工业循环体系上，让神木成为能源利用和转化的煤炭科技产业之城。结合神木统筹城乡发展的战略，加大工业反哺农业力度，支持现代农业、现代旅游业及现代服务业等非煤产业的发展。畜牧、红枣、小杂粮产业是神木的农业主导产业，信贷资金应给予大力支持，推动三大产业的现代化和规模化发展。神木还有一些很有潜力的新的经济增长点，生态观光农业、自然人文旅游资源以及商贸物流金融业，都可能成为未来有市场潜力的神木特色产业经济增长点。例如，神木具有特色鲜明的红色旅游、历史文化旅游以及自然观光旅游资源，它们都停留在没有被充分挖掘和设计的传统旅游的低层次发展阶段，信贷资金可以结合相关旅游规划，高起点、大手笔地支持神木旅游业提升层次和服务水平。同时，在现代服务业里寻找和发展更多的经济增长点。信贷资金应支持商业设施建设发展，进而带动相关服务业的创新发展，注重构建具有神木特色的民间金融服务业，投入信贷资金重点支持金融法律服务、信用评级、资产评估以及投资咨询等金融服务型机构发展，发挥其服务和引导作用，规范民间借贷的发展，积极争取在神木地区设立国家级金融改革试点。

（二）信贷支持煤炭企业兼并重组

神木民间借贷危机充分暴露了地方小煤矿的劣势，其在市场竞争和抵御风险方面先天不足，为神木煤炭企业的发展指明了道路，而煤炭企业通过兼并和重组后，形成更大的煤炭企业，必然会在竞争力、成本和抗风险等方面具有更大的优势。长期以来，神木地方小煤矿众多且分散，普遍存在生产技术落后和管理不规范等问题，导致其长期处于生产成本高、竞争力弱、市场风险高的状态，融资渠道必然受到限制。在不得已的情况下，只能通过民间资本市场进行融资。而神木的一些大型煤炭企业具备了明显的资金、技术、人才和管理等优势。神木当地的中小煤炭企业兼并重组是神木煤炭企业发展的必然趋势。兼并重组整合煤矿资源，需要政府职能部门以及金融信贷支持的推动和引导。对于大型煤炭企业来说，这有利于其进一步发挥规模效应，增强竞争优势；对于小煤矿来说，这更是难得的机遇，通过整合，原先小煤矿的技术装备和安全管理将大幅度提升，并进一步提高煤炭资源的利用率和回收率。总体来说，通过优胜劣汰、兼并重组等方式，实施支持集团企业并购中小煤矿的政策，将有利于形成区域内更具实力的煤炭龙头企业，提高煤炭产业的集约化发展水平。在兼并重组的过程中，政府应把握"本地优先"的原则，保证当地的大型煤炭企业的利益和神木经济的发展利益。由于煤矿的兼并重组必然会涉及更多的资金投入，这就对资金的保障问题提出了更高的要求。应在以国有金融支持为主的情况下，广泛地调动民间资本的参与。各类银行要在贷款额度、期限及利率方面给予适当的优惠支持，针对煤矿企业并购重组的特点，创新性地推出相应的金融信贷产品。可以考虑在银行间债务市场上发行债务等方式支持煤矿企业的兼并重组。在针对煤炭企业的金融服务上，建立起提供资金管理、财务顾问等方面服务的绿色通道。另外，建立支持煤炭企业并购的信贷支持的长效机制，以便能够在后期技术安全改造方面提供连续性的资金支持。

（三）设立产业投资基金

产业投资基金是一种针对未上市公司和潜力型企业以股权或准股权的形式投资，形成共享成果、同担风险的集合投资制度。国内很多地区为了促进产业的发展，均设立了产业投资基金。神木县政府也适时提出了这样的思路，明确提出要积极引进募股投资基金，以及各类产业投资基金和风险投资基金，这也符合国家关于金融支持产业机构转型升级的相关政策和指导意见。神木拥有得天独厚的煤炭资源，显然具备了发展能源化工的基础条件，加上民间积累了巨额财富，其能源化工必然有非常广阔的产业发展前景。长期以来，民间资本投资渠道狭窄，资质和信用良好的大中型企业基本可以通过国有银行等正规金融机构获得信贷支持，而民间借贷资金则只能流向发展能力较弱的民营中小微企业，其资金风险必然会增大。在这种现实情况下，产业投资基金的设立不失为一种很好的制度设计，产业投资基金的设立对民间资金来说是一种更好的投资方向。以产业投资基金为载体，民间借贷资金会发挥更大更好的积极作用，有助于民营中小企业的成长和发展，并能进一步推动企业的技术改造升级，进而加速神木产业转型升级的步伐。显然，产业投资基金的设立，对于神木资本市场的健全、产业经济的转型升级都具有重要的积极作用。

（四）建立中小企业融资担保机制

中小企业的高风险特征、担保机制的不健全是中小企业难以获得信用担保贷款的根本原因。神木当前只有两家融资性担保机构（其中一家尚未营业），神木中小企业担保有限公司存在担保规模小、资本金较小、缺乏担保专业人才及担保门槛高等问题，并没有对神木中小企业融资起到实质性的作用。

建立有效的担保机制首先要完善中小企业信用制度，在中国人民银行征信系统基础上，稳步推进中小企业信用信息征集和信用档案建设，引进信用评级制度，丰富信用信息内容，建立信息共享机制。其次，设立中小企业担保资金，神木中小企业担保有限公司资本金主要是创建初期政府投入的资金，资本金来源单一，资金规模有限，远远不能满足中小企业融资的需要。因此，应该积极探索建立由政府、银行担保公司及企业共同投入的担保资金，丰富担保资金来源，壮大担保公司实力，发挥担保公司服务中小企业的功能。此外，应该尝试在政府、商业银行、担保公司之间建立责任共有、风险共担的风险分担机制。有了担保机构和担保资金的支持，商业银行就可以在降低风险的同时加大对中小企业的信贷支持，这就可以有效地解决中小企业融资难问题。

二　推动民间借贷立法，完善监管体制

（一）推动我国民间借贷立法

神木民间借贷危机的爆发与我国民间借贷法律法规的缺失有直接关系。神木民间借贷相关金融监管职能部门，应积极建议和推动我国民间借贷立法的完善。只有从国家层面上对神木以及国内其他省份的民间借贷市场形成的风险产生了共识和重视，才可能在顶层设计上建立起具有全国高度的、更加系统的针对民间借贷的法律法规，建立起行而有效的民间借贷监管机制。一是通过建立民间借贷的法律法规，加强对其的引导和规范，并确定对民间借贷相关概念和问题的法律界定，保证政府金融监管职能部门在对民间借贷的监管过程中有法可依。二是综合考虑当前民间借贷的发展现状和趋势，制定更加合理和符合现实的民间借贷利率标准，以利率作为对民间借贷行为的核心约束，允许其在一定范围内合理波动。三是严格区分神木民间借贷活动和行为的性质，形成对促进经济发展有积极作用的民间借贷法律保护规定，设立对破坏正常经济金融秩序和造成危害的民间借贷的必要惩罚条款。四是结合神木民间资本市场的实际情况，针对当前民营中小企业广泛参与的民间借贷活动和行为，建立适当的地方民间融资活动指导意见和管理办法，以便更好地约束民间借贷双方的交易行为，维护神木金融秩序。

（二）完善民间借贷监管体制

首先，神木必须建立具备独立法律地位和行政地位的监管机制，对独立监管机制的内部组织进行严格的制度设定，形成权责明确、监管有序的内部机制，促使其更好地行使对民间借贷的监管职能，

发挥金融监管作用。主要针对民间借贷的市场准入及市场退出、资金存量和流量、资金结构、资金投向以及高风险的区域等进行全面的监督管理和持续跟踪，尽力遏制并降低民间借贷的风险。联合各政府监管职能部门，在神木区域建立起民间借贷联合检查组，定期和不定期地开展民间借贷风险排查行动，重点对小贷公司、融资类担保公司、典当行和投资公司进行排查，对已经发现的重大风险情况立即进行信息通报。其次，建立风险防范和预警长效机制。建立神木民间借贷市场数据库，设定民间借贷的风险识别指标体系，实时对民间借贷风险数据进行分析判别，预警和提示民间融资风险集中区域，以便能更好地控制风险，及时启动风险应急预案，将风险的影响程度降到最低。建立民间融资登记管理制度，通过成立民间融资服务平台，对民间融资活动登记备案。最后，指导神木各类商业银行积极创新业务和产品，引导其增强服务中小企业的能力和水平。通过合理的引导和调动，通过正当合法的竞争，淘汰利率过高、风险过大的金融业务，促使正规金融和民间金融机构形成竞争有序发展的金融秩序。

（三）重建社会信用体系

神木民间借贷危机后，恶性案件频发，执行率低，一方面是因为规范、约束信用行为的法律体系不够完善，另一方面是因为促进企业和个人自觉履行承诺的诚信体系缺失。神木民间借贷风暴直接引发了严重的社会信用危机。由于借贷双方存在严重的信息不对称问题，信息不对称导致了信用风险的大面积爆发，影响了社会的稳定和经济的可持续发展。当前，神木社会信用体系的重建任务艰巨。社会信用体系建设是一项极其复杂的系统工程，其主要囊括法律体系、诚信体系和征信体系等众多方面的内容。温州、鄂尔多斯等地爆发民间借贷风险之后，很多地方出台了相关的民间借贷地方性法规，神木应积极借鉴相关经验，研究、制定和出台适合神木实际的民间借贷地方性法规。以神木 2014 年 3 月 20 日成立的金融综合服务中心为载体，继续在中国人民银行征信系统的基础上，融入神木区域范围内的民间借贷违法违规信息等多方面的信息，建立神木地方性的征信系统。

三 加强金融改革创新，稳步推进神木金融改革

陕西省政府支持神木金融改革创新工作，争取国家级金融改革试点，着力化解民间借贷风险。提出要推动民间资本阳光化和规范化发展，以引进高层次金融专业人才为抓手，以强化对民间借贷的引导和监管为工作重点，提升神木金融监管能力。

（一）引导民间资金安全有序投入实体经济

民间融资是一把"双刃剑"，民间资金曾为神木煤炭行业的繁荣做出了重大贡献，民间借贷危机的爆发却将中小企业融资难问题推向绝境。引导民间资本进入金融领域，探索组建神木能源银行。民间资本可通过新设或参股小额贷款公司、融资性担保公司、村镇银行等新型农村金融组织进入金融领域。下一步，建议政府积极推动民间资本发起设立中小型银行，或以私募股权投资基金等方式战略投资神木农村商业银行，推动神木农村商业银行在国内外资本市场挂牌上市，出县跨省，发展为全国性股份制商业银行。同时，根据神木的产业结构和实际需求，积极探索组建神木能源银行，为煤炭、煤化工等重大产业项目提供金融支持。

（二）开辟直接融资新渠道

经过多年发展，神木积累了大量的民间财富，全县金融机构存款余额有 600 多亿元，为大力发展私募股权投资提供了基本条件。借鉴发达地区的扶持政策，在设立奖励、税收优惠、营业用房补助、项目奖励及工商绿色通道等方面创造有利于私募股权投

资发展的环境。通过私募股权投资基金的方式，规范民间资本投融资行为，激活民间资本投资活力，为经济转型提供新路径、新机制、新动能。同时，积极转变财政资金投资模式，设立政府引导基金，以"母基金"方式吸收社会各类资本组建煤炭、文旅等若干产业投资基金，提高政府财政资金投资效率和撬动力。此外，努力提升企业资本运作能力，全力发展资本市场。通过上市融资、兼并重组等方式发展壮大，尤其要抓住"新三板"向全国扩容的战略性历史机遇，尽快出台"新三板"奖励扶持政策。深入企业进行专题调研，重点了解企业资本运作中存在的问题和困难，并会同相关部门全力解决。聘请证券公司等金融机构专家对企业进行专题培训，转变企业家的思想意识和发展理念，让企业家树立"以产业经营为核心，以资本运作为动力"的现代企业发展理念，加快神木民营中小企业的挂牌速度。

（三）打造产权交易市场

组建产权交易平台，打造产权交易市场。经济体制改革的核心问题是处理好政府和市场的关系。要处理好政府和市场的关系，政府首先要深化投融资体制改革，构建市场化、多渠道、低风险、高效率的投融资体制。根据国内外市场发展经验，组建产权交易平台是最主要的模式。在组建了金融综合服务中心，提供民间借贷登记、公证、中介等服务的基础上，组建神木产权交易中心，搭建产权交易平台。拓宽业务范围，引导各类市场主体将股权、土地、房产、机动车等产权通过平台来交易，优化市场资源配置。邀请工商、评估、法律、保险、担保等各类机构入驻，为交易双方提供便捷、高效的服务。政府从政策、资金、税收、人才等方面给予支持。

（四）构建区域商品交易市场

设立大宗商品交易中心，构建区域商品交易市场。神木是煤炭、兰炭、金属镁的主产区,"神木煤""神木兰炭"已成知名品牌,金属镁产量居全国前列,但在交易市场中没有价格话语权,这直接影响企业的稳定生产,不利于行业的健康发展。建议尽快设立大宗商品电子交易平台,创新交易模式,配套建设煤炭智能物流园区、标准交割库,实现煤炭交易由传统模式向现代电子交易新模式转变。积极与陕西煤炭交易中心、郑州商品交易所、渤海商品交易所对接,探索在神木建设动力煤、焦炭、金属镁商品交割库,建设区域大宗商品交易市场。努力衔接市场上下游企业,推动煤炭供应链体系发展,引导神木企业充分利用好期货和现货两个市场,实现企业稳定经营。

(五) 出台金融支持专项政策

出台金融支持专项政策,引进金融企业和人才。要下大力气引进或新设发展薄弱的金融组织,补充金融要素。政府要"走出去",开展"金融招商"活动,邀请各类金融机构入驻神木。现代金融业是智力型产业,需要大量高端金融人才参与建设。金融改革能否成功,人才是决定因素。坚持引进和内部培养并举,制定优惠人才政策,吸引一批金融人才来神木发展,联合陕西省内高校开展金融人才培养,同时可根据当前需要,破格高薪聘请各类金融尖端人才。

参考文献

毕德福:《宏观调控与民间借贷的相关性研究》,《金融研究》2005 年第 8 期。

曹力群:《目前我国农村民间借贷市场形成的原因、特点及其影响》,《中国农村研究》2001 年第 26 期。

陈锋、董旭操:《中国民间金融利率——从信息经济学角度的再认识》,《当代财经》2004 年第 9 期。

陈柳钦:《中国农村牧区民间借贷规范发展的路径选择》,《湖南城市学院学报》

2009 年第 7 期。

陈晓明：《关于金融支持大庆经济结构调整中信贷策略选择的思考》，《大庆社会科学》2012 年第 2 期。

姜旭朝：《中国民间金融研究》，山东人民出版社，1996。

杜铁忠：《对当前民间借贷的分析与评价》，《吉林金融研究》2005 年第 4 期。

冯雪艳、李爱军：《榆林煤炭价格走向分析》，《价格与市场》2013 年第 3 期。

高波：《资源富集地区经济金融发展理论与实践》，中国金融出版社，2007。

高群：《上海民间借贷现状和发展研究》，上海交通大学，2008。

何广文：《从农村居民资金借贷行为看农村金融抑制与金融深化》，《中国农村经济》1999 年第 10 期。

何田：《地下经济与管制效率：民间信用合法性问题研究》，《金融研究》2002 年第 11 期。

侯德帅、孙丽丽：《引导民间资本投资　化解中小企业融资难题》，《特区经济》2012 年第 10 期。

黄祖辉、刘西川、程恩江：《贫困地区农户正规信贷市场低参与程度的经验解释——基于需求可识别双变量 Probit 模型的估计》，《经济研究》2009 年第 4 期。

康正平：《农村金融融资瓶颈与民间信用的替代效应分析》，《金融纵横》2004 年第 12 期。

孔微巍、闫倩：《法国资源型城市转型中的金融支持模式及借鉴》，《商业研究》2009 年第 12 期。

雷和平、刘向明、惠震、任健：《陕西神木"神话"终结经济转型任重道远》，《金融时报》2013 年 8 月。

李建军：《中国地下金融规模与宏观经济影响研究》，中国金融出版社，2006。

李政辉：《论民间借贷的规制模式及改进——以民商分立为线索》，《法治研究》2011 年第 2 期。

刘静、郑震龙：《中国民间借贷的利率分析》，《城市金融论坛》2000 年第 1 期。

《民间融资为何进入多事之秋》，《金融时报》2014 年 4 月。

史清华、卓建伟：《农户家庭储蓄借贷行为的实证分析》，《当代经济研究》2003 年第 8 期。

孙雅静：《资源型城市转型与发展出路》，中国经济出版社，2006。

王劲松：《非正规金融市场研究田》，复旦大学，2004。

霍聪：《神木县民间借贷危机成因及化解策略研究》，西北农林科技大学，2014。

《陕西神木民间借贷暴富"神话"崩盘始末》，http：//www. cb. com. cn/index. php?m = content&c = index&a = show&catid = 20&id = 1005820&all。

《神木书记雷正西搞挥霍式　城建引民众不满》，http：//blog. sina. com. cn/s/blog_94ecda660101ectp. html。

《神木不再神：民间借贷走入危局》，http：//chuansong. me/n/125174。

李云芳：《神木聚集事件调查：民间借贷案频发，有法官一天审 8 个案》，《东方早报》2013 年 7 月。

《房姐拉响神木民间借贷警报　政府责令清退高息借款》，http：//blog. sina. com. cn/s/blog_ 6a2609e201015yt5. html。

《神木投资煤矿一亿赚两亿　房姐握放贷权成财神爷》，http：//big5. xinhuanet. com/gate/big5/news. xinhuanet. com/fortune/2013 - 02/07/c_ 114639247_ 2. htm - 2013。

《神木民间借贷危机残局调查：返贫富豪躲债跑路》，http：//www. zgswcn. com/2013/0812/215835. shtml。

《"神木模式"崩盘　危机爆发房价跌幅过》，http：//blog. sina. com. cn/s/blog_ 89db18110101ga73. html。

《实地探访神木：民间信贷崩盘　满目萧条》，http：//blog. sina. com. cn/s/blog_ 40304a600102e6iu. html。

苏利川：《陕西神木民间借贷乱象调查》，《中国民商》2017 年第 10 期。

王臣：《龚爱爱：神木的"神话"样本》，《中国新闻周刊》2013 年第 5 期。

《神木集资大案 4 年资金出入百亿　金价跌致崩盘》，http：//xian. qq. com/a/20130724/008759. htm。

《龚爱爱："房姐"的神话》，http：//news. hexun. com/2014 - 01 - 24/161727985. html。

贺宝利：《陕西"房姐"的隐形商业帝国》，《年轻人》（a 版）2013 年第 3 期。

聂建平：《神木县民间借贷存在的问题》，《合作经济与科技》2015 年第 5 期。

龙著华：《民间借贷风险的法律规制》，《南京社会科学》2014 年第 11 期。

霍聪：《神木县民间借贷风险现状及对策建议》，《现代经济信息》2014 年第 19 期。

陈玉峰：《龚爱爱："房姐"的神话》，《法人》2014 年第 2 期。

方瑶：《关于神木经济发展模式的调查与思考》，《西部金融》2013 年第 12 期。

王维：《民间借贷风险的成因、表现及防范措施》，《现代经济信息》2013 年第 17 期。

唐蔚红、杨伟锋：《民间借贷风险的成因、表现及防范措施》，《西部经济管理论坛》2013 年第 3 期。

郭生练：《深化科技体制改革　加快创新湖北建设》，《政策》2013 年第 6 期。

郝成：《"房姐"的财富江湖》，《决策探索》（上半月）2013 年第 3 期。

赵勇：《中国民间借贷风险研究——风险表现、成因剖析与对策建议》，《南方金融》2012 年第 2 期。

范建军：《我国民间借贷市场风险形成的原因和对策》，《发展研究》2012 年第 1 期。

施其武、钱震宁：《小额贷款公司：市场作用及行业监管分析》，《银行家》2012 年第 1 期。

第六章 鄂尔多斯民间借贷的现状及风险防范

第一节 鄂尔多斯民间借贷的现状和特点

一 鄂尔多斯民间借贷繁盛的现实基础

鄂尔多斯市属于典型的资源型城市。2000 年"西部大开发"以来，特别是 2005 年煤炭价格暴涨以来，鄂尔多斯依托"羊（绒）煤（炭）（高岭）土（天然）气"能源和资源的独特优势，发展形成了煤炭及其深加工业、电力行业、纺织加工业、化学制品工业四大支柱产业，涌现出一批具有全国影响力的集团企业和品牌。例如中央直属企业神华神东，以及鄂尔多斯、伊泰、伊化等企业和品牌。区域经济社会快速发展且势头迅猛，适逢煤炭资源价格持续攀升，以及国家经济发展环境不断向好，鄂尔多斯一跃成为国内民间资本集聚最快速的地区之一。2010 年，鄂尔多斯地区生产总值达到 2643.2 亿元，首次超过了陕西西安，一举成为西北地区生产总值最高的城市，并在当年人均 GDP 超越香港，在我国首屈一指。在经济总量增大的同时，民间资本急速累积。鄂尔多斯的金融体系是以银行业为主的金融结构和民间金融并存的二元金融结构。随着经济的发展，民营企业的数量不断创新高，地方正规的金融机构的资金供给已经远远无法满足鄂尔多斯民营中小企业的融资需求，中小企业的融资变得越来越困难。大多数中小民营企业很难在正规金融机构取得信贷支持，只能求助于庞大的民间借贷市场。相关统计数据显示，截至 2012 年底，鄂尔多斯地区各类正规金融机构信贷余额为2221.7 亿元，鄂尔多斯民间借贷规模几乎与正规的信贷规模相当，而中小企业从正规金融渠道获得的借款占全部借款渠道的比重不足1/3，至此，民间借贷资金开始成为中小民营企业的融资主渠道。据鄂尔多斯当地的金融业内人士透露，流动在鄂尔多斯地区的民间借贷资金总额可能已经远远超过了 2000 亿元。如此巨额的民间借贷资金游离在金融体制的监管之外，其蕴藏的风险可想而知。

二 鄂尔多斯民间借贷的特点

(一) 发展规模和参与面较大

鄂尔多斯在经历了连年经济的超常规增长之后，社会积累的庞大的民间闲散资金也开始不断发展和壮大。在鄂尔多斯民间借贷发展的鼎盛时期，各类民间借贷机构相当活跃，各类融资公司、担保公司、典当行和委托寄卖行比比皆是，民间借贷活动资金规模高速扩张。市场对资金利率的敏感程度甚至堪比任何发达的省份和地区。鄂尔多斯金融办披露的数据信息显示，到 2010 年 8 月，经过政府相关职能部门核准的从事民间资金借贷经营业务的各类小贷、担保、投融资公司累计有 971 家，注册资本在 300 亿元以上。事实上，没有经过相关部门核准的私密的地下民间借贷中介组织机构和个人更多。其中，小额贷款公司达 87 家、典当行有 36 家、融资担保公司 270 家，其他各类投资咨询公司 468 家。另据鄂尔多斯市商务局预计，专门从事民间借贷的中介人可能高达 2000 人。而实际从事民间借贷活动的人数和机构其实根本无法准确统计，大量的非法民间借贷中介人和中介机构活跃在鄂尔多斯地区，从事着隐蔽的民间借贷业务活动。受制于监管部门之间的不协调统一，要实现对庞大的民间借贷中介机构良好有效的监管，可以说极其困难。并且，有些非法的民间借贷长期开展着非法吸收存款的业务，但是其吸收民间资金和发放贷款的资金融通行为，通常情况下都是在一定范围内私下隐蔽操作的，参与人员虽然一直在上升，但都处于秘密状态，甚至还有大量的社会闲散人员以及一些退休老人公然在自己住宅里开展民间借贷业务。作为借贷参与主体和对象的放贷人、中间人和借款人之间的关系错综复杂，形成了角色互相转化、关系环环相扣的难以厘清的社会借贷关系网络。相关统计资料显示，鄂尔多斯八成以上的家庭和个人参与过民间借贷活动，参与人群甚至包括政府公务人员、大学生等社会群体。金融监管部门以及地方政府相关职能部门很难开展调查和监管，无法履行行政职责。

（二）市场交易灵活且利率高

鄂尔多斯市民间借贷的利率较高，平均的民间借贷利率为20%～40%。传统的民间借贷行为一般发生在特定范围之内的亲朋乡邻之间，具有较为稳定的社会信任关系网络基础，通常带有互助的性质，借贷金额较小、利息较低，主要是基于互相帮助而出现的民间借贷活动，风险自然也在可控的范围之内。然而，随着鄂尔多斯庞大的民间资金走向市场，市场化的民间借贷市场发展起来了，资本趋利性本质开始逐渐显现，借贷双方互有需求，借款方也愿意为了得到更多的资金承担一定的成本和利息。民间借贷的借贷对象、参与主体已经发生了根本性的变化。过去传统的互助性的"富帮穷"的民间借贷方式已经彻底改变了方向。借贷资金出现了集中化、规模化转移的趋势，大量闲散的民间资本为了追逐更多的利润，集中起来，流向了具有运营资本能力的民间借贷主体个人或者中介组织，表现出了典型的"民助富"特征。民间借贷利率标准也开始呈现市场化的特点。一般情况下，民间借贷利率是根据资金供求关系、资金用途、借款人信用、借款期限等综合性因素共同作用而确定的，没有统一的固定标准。从鄂尔多斯民间借贷的实际利率情况来看，民间借贷组织和机构一般吸收民间资金的利率为 20%～25%，放贷的利率为30%～50%，支撑了民间借贷行业近乎 20%～30% 的高收益率。从具体利率对象分类情况来看，鄂尔多斯家庭贷款利率波动为 20%～30%，一般农户的利率会稍微低一点，具有生产和经营性质的个体工商户融资利率会接近 30%，民营中小企业的融资利率在20% 以上。特别是以典当和投资公司为民间借贷中介的利率很高，成本除一般利息之外，可能还包括一些投资服务等费用，所以利率一般在 30% 以上，有的甚至超过了 50%。从民间借贷的借款期限来看，鄂尔多斯的民间借贷资金的偿还期限灵活多样，这因资金的用途和投向以及利率的不同而具有很大的差异。总体来看，鄂尔多斯民间借贷资金的偿还期限多以短期为主，一年期以下的民间借贷占到了九成以上，有的甚至只有短短几天的期限，较长的一般是几个月或者一年以上。从借款金额和借款方式来看，民间借贷市场的借贷资金金额呈现了不断扩大的趋势，借贷金额从最初的几千元、几万元一路攀升到了百万元、千万元。相比正规金融机构，民间借贷程序和手续相对灵活简便，资金交付时间快。借款方式也在悄然发生转变，更加普遍的方式已经从以前的口头和简单借条的方式，逐步转变成更加规范的借款合同或协议。

（三）资金来源和用途广泛

鄂尔多斯民间借贷资金的来源主要是长期以来社会民间积累的巨额财富。民间借贷主体一般通过高于银行同期存款的利率广泛吸纳民间社会闲散的资金。资金供给的类型主要包括居民储蓄、农民的土地拆迁补偿款、企业主经营企业所得等，甚至有一些银行贷款、信用卡套现等，这部分资金也占了较高的比例。鄂尔多斯民间借贷活动很多不具有较为正式的合同文本，合同文本很多也未对借出资金的投向和用途有具体规范条款。一些借贷资金甚至经过了多个民间借贷资金中介，还有的资金借贷活动是发生在企业之间的直接民间借贷。从民间借贷的资金投向和用途看，资金多用于临时性的资金周转方面。比如，有的用于建造房屋、购买商品房、购买生产资料以及购买耐用消费品，也有的用于日常生活开支、婚丧嫁娶、生病医疗等生活类民间资金借贷。总之，随着社会市场经济的发展，民间借贷的规模和范围不断扩大，特别是民营企业的融资规模不断扩大。企业融资的用途主要包括短期的流动资金周转、购买固定资产以及扩大业务经营等。家庭和个人的民间融资用途主要包括购买农业生产资料、购房建房、个人创业等。总之，民间借贷资金的投向和用途更加广泛多元，资金的投向已经开始从生活消费类向投资类的融资转化，鄂尔多斯民间借贷资金受其资源型城市特点的影响，主要集中在煤炭企业、房地产业和民营小微企业创业经营等方面。

（四）资金流向的行业相对集中

鄂尔多斯民间借贷资金流向的行业集中度较高，形成了以能源资源为核心的民间投资结构，主要涉及的行业有煤炭开采、电力、煤化工制造以及房地产业，表现出独特的"鄂尔多斯现象"。从各类民间借贷机构涉及的民间贷款资金流向情况来看，借贷金额在百万元以下的借贷资金，主要流向了汽车经销以及个体工商户等，用于企业的临时性流动资金的周转。借贷金额在百万元以上的企业，其资金的投向主要包括煤炭选采、运输以及加工业和房地产等行业，其中，占比最高的是房地产行业，这直接促进了鄂尔多斯房地产市场的持续火爆。相关调研统计数据显示，在房地产行业的繁荣火爆期，鄂尔多斯核心市区商品房售价基本上都在每平方米 7000 元以上，而一些高端住宅项目和商铺的售价甚至高达每平方米 2 万元，房价直逼北上广深等一线城市。

（五）资金内生循环传导特征明显

鄂尔多斯地区的民间借贷资金呈现以煤炭行业和房地产行业为核心的内生循环的显著特征。得益于我国经济持续的高增长，煤炭等能源资源的需求量随之增长，煤炭价格一路走高。在这样的背景下，围绕煤炭产业，鄂尔多斯迅速积累了巨额的财富，政府的财政收入也不断攀升。鄂尔多斯的城市建设开始迅速推动，日新月异，旧城改造、新城建设大规模铺开，房地产行业迅猛发展，民间积累的巨大资本在市场力量的推动下，涌向了煤炭和房地产行业，开始形成了内生循环链条。同时，鄂尔多斯民间借贷资金的内生循环链具有特殊的"近缘"传导性特征，民间借贷资本的扩张建立在血缘和地缘的基础之上。一般资金在亲朋好友之间发生循环传导，即使一些中小企业有资金需求，最先也是通过有信任基础的亲缘或者地缘社会关系网去寻找放贷者，由此形成了社会信用关系网，随后这张网越织越大，传导出一张更大的错综复杂的社会人脉关系网。在这张民间借贷社会网络中，有亲人、有朋友、有熟人，他们之间相互传导和扩散，形成了一个小社会。通常情况下，鄂尔多斯的民间借贷放贷人或者机构会首先将资金借贷给有资金需求的亲朋好友；而作为资金需求者的个人或者企业，他们同样也会首先考虑向其熟悉的、有信任关系的亲朋好友借款，或者通过亲朋好友介绍向他们熟悉了解的放贷者进行借款。

第二节　鄂尔多斯民间借贷的问题和困境

随着全球金融危机的蔓延，民间借贷盛行的鄂尔多斯地区的风险开始逐步显露，最终引发了较为严重的民间借贷危机。鄂尔多斯的民间借贷参与对象极其广泛和多元，导致对民间借贷风险和危机的识别和处置非常复杂和困难。鄂尔多斯的民间借贷对象不仅包括城乡居民、个体工商户、民营中小微企业，而且还涉及较多的企事业单位职工。多数投资者是将自己的征地款和多年来的血汗钱投入民间借贷市场中。2010年以来，受全球经济危机的影响，我国制造业严重受创。加之国家宏观调控力度加大，原本兴盛的煤炭、房地产行业进入了低迷时期，两大支柱产业经营形势直转急下，导致煤炭价格一路下滑，房价大跌，挤破了房地产企业泡沫，产生了多米诺骨牌式的连锁反应，引发了民间借贷危机，使众多放贷者血本无归，各行各业、不同群体工资收入和消费水平急剧下降，外地务工者无工可干，只能成批返乡；以民间借贷为主的房地产和中小民营企业资金链断裂，部分房地产企业倒闭，出现违约拖欠本息、赖账、贷款人逼债、借款人"跑路"甚至个别人自杀的极端现象，整个民间借贷链条上的相关企业和个人陷入借贷危机之中。鄂尔多斯的民间借贷市场混乱，很多借贷活动和行为游离在合法和非法的边缘地带，国家金融和政府监管职能部门的监管工作因此显得力不从心，甚至还隐藏着较多可能违法违规的民间借贷个人和机构，这对当地正常的金融秩序产生了危害，也对社会安全形成了隐患。相比其他地区的民间借贷活动和行为，鄂尔多斯民间借贷的主要问题表现在以下几个方面。

一 借贷机构违规经营现象普遍

从鄂尔多斯民间借贷市场的发展来看，各类民间借贷机构形式各异、层出不穷。小额贷款公司、担保公司、投资公司、典当行、地下钱庄等形形色色的组织和机构在鄂尔多斯的民间借贷市场都有一席之地。其组织的合法性或者经营业务的合法性都很难定性，在民间资本总量中，借贷组织和中介占了更大的比重，个人作为民间借贷主体所占的比例在下降。由于民间借贷监管的体制问题，不同形式的民间借贷机构由不同的政府职能部门负责核准登记，并且在核准登记之后，其监管问题和监管业务细节都没有明确的规章制度，这直接导致了很多的民间借贷中介机构在开展业务时发生超业务范围的资本经营情况，并且这一违规行为越来越普遍。比如，比较多的民间借贷机构长期从事着资金短期拆借业务，高息吸收存款，再以更高的利率放贷，有的甚至有高利贷行为，这种资金经营的模式风险非常高。如果发生一处资金链的断裂，将会引发严重的连锁反应，导致大面积的资金无法收回，直接造成大批的民间借贷机构破产倒闭，进而牵连所有的借贷双方，危害整个民间借贷市场的信任关系，并有可能影响到实体经济和社会稳定。同时，没有经过核准登记的、隐藏在地下的大量民间借贷机构必然导致鄂尔多斯税收的流失。对于没有办理登记注册手续的民间借贷组织和机构，税务部门缺乏对其征收税收的合法合理依据，无法开展税收的收缴工作。其隐蔽性的特征造成税收的流失，进而也对正规的金融市场产生了不良影响和危害。

二 民间借贷市场监管缺位

民间借贷机构的核准和登记注册管理分散在多个政府行政职能部门，直接导致鄂尔多斯市对民间借贷机构长期以来处于监管缺位的状态。而且，这些登记注册的部门主要负责市场准入，而后续的经营业务管理明显存在监管跟不上、力不从心的问题。民间借贷机构超经营范围经营的情况非常普遍，监管的力度和深度亟待提高。例如，典当行由商务部门审批和监管，但因其特殊性，在设立的过程中，还要额外经过公安部门的审核批准；投资公司一般由工商部门核准登记注册，但是对其业务运营却没有设置相应的主管部门；担保公司等其他民间借贷机构都分散在不同的政府职能部门进行核准注册登记，但是没有建立起实际的监管职能部门。不规范的民间借贷活动和行为无疑给监管部门造成了很大的压力。鄂尔多斯民间借贷机构具有自发性和隐蔽性，加之法律法规和政府监管缺位，导致对其机构的合法性，以及资金经营活动的诸多情况，政府职能部门很难掌握相关信息，这就为民间借贷的发展提供了违反法律和制度的空子，极易引起民间借贷活动的非法集资等不法行为，进而引起大规模的债务纠纷，增大了社会的安全隐患。而由民间借贷所引发的各类社会安全和稳定问题，必然会对我国正规金融的健康发展造成影响，最终可能会影响货币政策以及国家宏观经济、产业政策的实施效果，影响我国经济发展的国家战略和经济建设步伐。目前，鄂尔多斯的民间借贷市场面临的核心问题是监管主体和监管制度双缺位，这导致鄂尔多斯地区民间借贷的巨额资本在没有规范和引导的情况下，出现了盲目跟风投资的现象，并造成民间借贷利率水平居高不下，各类投机活动和行为猖獗，长期的混乱局面难以改善，甚至有的民间借贷资金流向赌博等非法领域，暴力催债的情况也时常出现。很多长期处于地下的隐蔽的民间借贷活动，其风险无法被发现和控制，很多都是有人举报或者出现大规模风险危机时才被发现，影响了监管的时机和效果。

三　投资行业集中加剧了风险爆发

煤炭产业和房地产业是鄂尔多斯最重要的两大支柱产业，产业结构非常单一。据估算，流转在鄂尔多斯民间信贷市场的民间资本在2000亿元以上，并且紧紧地依附于这两个回报率较高的产业，这两个产业对其他产业的资金吸附产生明显的挤出效应，导致了其他产业更加凋敝，最终，因煤炭产业而积累的巨额财富都高度集中在了房地产行业。可以套用一句很形象的话来形容鄂尔多斯民间借贷的本质，那就是"地下丰富的煤炭资源转变成了巨大的财富，巨大的财富撑起了地上远远过剩的房子"。据了解，鄂尔多斯房地产开发的大量资金，不是来源于银行等正规的金融机构，而是严重地依赖广阔的民间借贷市场。用一组数据可以说明问题，通常情况下，大部分城市银行信贷总额大约为上一年该地区生产总值的130%，而在2010年，鄂尔多斯银行等金融机构各项贷款余额却只占上一年该地区生产总值的大约50%。另据统计，2010年，鄂尔多斯房地产固定资产投资额为314亿元，同比增长35%。从房地产财富积累过程来看，鄂尔多斯居民的财富积累源于政府大规模的拆迁补偿，政府负担的高额的拆迁补偿款来源于煤炭行业带来的巨额财政财富，巨额财政财富支撑了政府大规模城市改造和建设工作，而房地产业的开发则吸收了社会民间的财富，进一步推动了房价的上涨。这样的资金流动链条必然隐藏着随时可能爆发的高风险。鄂尔多斯民间借贷市场上较高的民间借贷利率以及房地产投资的高杠杆特征，都给鄂尔多斯人的财富梦想埋下了定时炸弹。因为如果煤炭价格一旦跳水，就会引发楼市问题，那些投资煤矿和房地产的民间借贷会立即发生崩盘的巨大风险。自2011年开始，煤炭价格一路走低和国家对房地产业的调控政策，给鄂尔多斯的煤炭、楼市和民间借贷造成了沉重的打击，鄂尔多斯的"海市蜃楼"瞬间消失殆尽。相比东南沿海发达地区的民间借贷，鄂尔多斯的民间借贷不具备较成熟的历史金融信用文化，导致鄂尔多斯地区的民间借贷信用风险一触即发，社会信用危机大面积爆发。

四　民间借贷的投机暴利性和诚信缺失导致纠纷频发

鄂尔多斯民间借贷风险直接导致了参与高利贷的民营企业出现严重的资金危机。相关统计数据显示，2009～2012年，鄂尔多斯地区的民间借贷案件纠纷以每年高达30%的增幅迅速增加，涉案金额从几万元到百万元不等。究其原因，主要有两方面。一是资本的盲目逐利本质所致。为了追求更高的资本回报率，鄂尔多斯一些个人和企业不惜铤而走险，开展投机取巧性质的民间借贷活动。部分民间机构依托其信息优势，公开吸收公众存款，再将吸收的大量民间资金的一部分以更高的利率转贷出去，赚取高额利差，还有一大部分则用在了炒煤矿、炒房以及炒股、炒期货等高风险领域。一旦某一环节偿还资金出现问题，必然会引起整个资金链的断裂，民间借贷市场资金的循环利用无以为继，进而会引发案件纠纷或者群体性事件、暴力催债等社会问题，增加社会安全隐患。二是社会诚信体系的逐渐弱化。诚实守信要求借贷双方自愿按照互惠双赢的原则维系借贷关系，遵守借贷契约，按限期及时履行借贷交易，避免发生纠纷。然而，随着鄂尔多斯民间借贷市场的不断膨胀，以前较稳定的社会信用圈子在一轮一轮的放大之后，无限的膨胀只会让信用关系逐渐疏远和淡化。信用环境可能被有些蓄意投机的民间借贷投资者利用，他们可能会抛弃信用软约束，钻我国信用体系不健全的空子，通过一些程序和手续简便灵活地操作，进行非法资金经营，使放贷人利益受到伤害。鄂尔多斯民间借贷市场风险和纠纷案件连年创新高，说明其投机问题严重。例如，轰动全国的"王福金自杀案"和"苏叶女非法集资案"等，这些都引发了鄂尔多斯社会公众的恐慌，危害了地区经济社会的发展和稳定。

五 民间借贷给正规金融带来压力和风险

鄂尔多斯民间借贷市场吸引了社会公众的存款和民营企业的大量资金，抢夺了正规金融的资金来源和市场份额，导致银行等正规金融的存款被分流，对其对社会资金量的控制也带来压力。民间借贷市场通过更高的利率吸引了更多资金的投入，推动了民间资本流动规模不断扩大，交易金额不断刷新。这直接影响了正规金融机构的存款规模，导致银行等金融机构在组织资金支持国家产业政策时面临较大的困难。很多民间借贷中介机构吸收了大量的民间闲散资金转而以更高的利率从事放贷活动，吸收的资金是本该存入银行的银行存款。鄂尔多斯民间借贷市场高利贷行为相当普遍，比比皆是。并且，资金催收的手段较银行等正规金融机构更强硬，甚至可能发生暴力催债情况，而银行在这方面的手段和力度明显偏弱，因此，有一些借款人对银行的借款有一种能赖就赖的不良思想，这会导致风险向银行传导和转嫁。鄂尔多斯民间借贷市场给正规金融机构产生压力的同时，还存在风险向银行传导的问题。民间借贷机构吸收存款的利率比银行同期存款利率高得多，这诱惑一部分希望获得高收益的资金持有者将银行存款转入民间借贷市场，还有的企业将从银行获得的低息贷款转而投向民间借贷市场。而银行等正规金融机构对资金的投向难以做到完全监测和掌握。有的企业甚至通过一些虚假财务报表蒙骗银行，导致银行发生误判，企业获得了不应得到的授信。还有一些信用卡量多、授信金额大的个人通过信用卡套取银行的低息甚至无息的资金，进行短期的民间借贷市场投机性交易。由于民间借款一般不在公司账户之列，银行肯定难以做出判断和开展有效监督，无法了解资金的真实去向。再有，部分企业有时候会先行通过担保公司等机构的垫付款来偿还银行贷款，而银行对偿还贷款的资金来源无法做出真实性的判断。一旦企业由于经营不善等原因无法按时还款，违约风险便会产生。并且，一般借款人在出现还款困难的危机时，大都选择先偿还民间借贷机构的资金，这又进一步加大和转嫁了银行贷款的风险。

第三节 鄂尔多斯民间借贷案例分析

一 鄂尔多斯民间借贷第一案"苏叶女案"

"苏叶女案"被认为是鄂尔多斯民间借贷第一大案，该案涉嫌金额高达 10 亿元以上。苏叶女，鄂尔多斯市（简称"鄂市"）东胜区泊江海镇的农家女子，其起初是一个普通打工妹，随后其开始自主创业，创业资金主要是亲朋好友的借款，在家人和朋友的支持下，俏姿国际美容美发有限公司和俏姿国际男士养生馆先后成立。一开始，这两个店面的生意很一般，也没有苏叶女期望的那么火爆，不安分的她开始想着再投资其他的产业，但是受资金的限制，她铤而走险，通过借高利贷资金开了一家顺鑫亿高老九火锅店，这一步险棋她幸运地下成功了。可能由于店铺的位置很好，这家火锅店生意异常火爆，很快她赚到了第一桶金。尝到丰收喜悦的苏叶女，适时地扩大投资，又在火锅店旁边开了一家顺鑫亿祥叶农家乐餐厅。她开始成为民间借贷的参与者，一面通过融资扩大她的实业，一面开始享受，频繁出入一些高档会所。她所涉及的借贷面不断扩大，不少债权人都觉得苏叶女家大业大，讲信用，而且都是熟人，投资应该没有太大的风险。短短的一两年时间，苏叶女真正地富了起来。据有关人士透露，苏叶女在鄂市有多处房产，她在鄂市易兴区有 3 套商用房，在达拉特旗有 6 套楼房、2 套别墅（还有一说是有 4 套别墅）。苏叶女还给她的父母买了一套别墅，给公婆买了大房子。据传，苏叶女还给儿子（与前夫所生）投资买下了价值百万元以上的一家烧烤城。除了实业和房产，苏叶女还有 6 辆以上豪车，她给自己的父亲购置了一台路虎，并配了一名司机。苏叶女甚至还参与赌博（"推对子"），当地人称她技术还不错，专门练过，在赌场上很少输。此外，苏叶女还经常买彩票，有时候甚至拿着民间高利贷借款来买彩票，且多次中奖，奖金从几百万元到几千万元不等。2010 年，苏叶女的事业达到了顶峰。

直到 2011 年，终于东窗事发，苏叶女因非法集资诈骗被起诉。经过长达几年时间对苏叶女的审理，法院查明，2006 年，苏叶女开办的美容院生意一般，出于对财富的追求和贪婪，其在几乎没有资金基础的条件下，以投资煤矿为由，公然向社会公众吸收存款，存款利息以 4~5 分为标准，并将吸收的民间资金放贷给了高俊亮。但后因高俊亮违约，无法兑现返还本息，苏叶女的资金出现严重亏空。为了掩盖其资金链断裂的事实，为了能够继续偿还以前投资人的利息，苏叶女又开始以投资新的煤矿，开发酒店、别墅等项目为理由，公然开始新一轮的非法集资，苏叶女又继续以 4～5 分的利息为诱饵，大量吸收社会公众存款。据调查，2009 年 10 月至 2011 年 9 月，苏叶女向社会集资的额度高达 12 多亿元，除了退还本金和支付利息的金额外，苏叶女实际骗取的资金额度高达 5.5 亿元。事后，在集资过程中，苏叶女怕日后有麻烦，有意销毁了以前的很多账目信息。苏叶女利用骗取的巨额民间资金，部分成立了公司、农家乐、养生馆、火锅城、养殖场等，部分购买了房产、首饰、汽车等奢侈品，部分支付了一些投资者本息，还有一些参与了赌博等活动。

经法院审理，被告人苏叶女在不具有经济实力基础且不具备偿还能力的现实情况下，蓄意掩盖事实，为自己营造经济实力相当雄厚的假象和社会舆论，又假借投资煤矿，开发酒店、别墅等，以支付高额利息为幌子，非法向不特定社会公众进行集资，数额特别巨大，且只有小部分的资金用于生产经营活动，其他大部分用于挥霍和享受，其行为构成集资诈骗罪。苏叶女集资诈骗事件败露以后，主动到公安机关投案，并且如实供述了集资诈骗的事实和过程，属于自首行为。另一个被告人任文祥，明知苏叶女开展非法集资，还为其提供账号、存取集资款、核对账目、虚假宣传，或明或暗地一直在帮助苏叶女从事非法集资活动。另外，其还从张雪飞等 10 人那里非法吸收资金，将吸收的资金以高息的方式再放贷给苏叶女，从中获取高额利差，其行为构成非法吸收公众存款罪。经法院审理判定，被告人苏叶女犯集资诈骗罪，判处无期徒刑，剥夺政治权利终身，并处没收个人全部财产；被告人任文祥犯非法吸收公众存款罪，判处有期徒刑四年零三个月，并处罚金五十万元。同时依法判处被查封、扣押的涉案资产退赔各集资参与人。

二　石小红案

石小红原来是一名非常普通的纺织女工，后来，其由一名纺织女工摇身变成鄂尔多斯市凯信至诚商贸有限公司的法定代表人，担任董事长职务。她成立的商贸公司的经营业务是五金建材，在五金建材经营的掩盖下，石小红实际从事着非法的民间借贷业务，采用的经营模式是先以每月 2 ~ 4 分的高额利息为诱饵，公然进行非法吸储活动，接着以"利滚利"的方式从事民间高利放贷活动。石小红最初仅以投资出租车、货车等小项目为由，吸收民间资金，后来，开始以投资房地产为由，增大非法集资的力度，利用投资款先后在鄂尔多斯以及周边的呼和浩特、北京等城市买地、炒房。2006 年，她曾经在鄂尔多斯东胜区购买了 70 亩地，但并没有用来开发房地产，而是转手卖给了其他投资者，一倒手，其就赚取了 700 多万元的利润。除此之外，炒房也是石小红所热衷的领域。在 3 年左右的时间里，她先后在北京、呼和浩特等城市投资了 40 多套房产，其中有较为高档的房产，也有一般的房产，面积 100 ~ 300 平方米不等。警方调查结果显示，石小红各类投资的总额高达 1.43 亿元。其骗取的非法集资款的用途相当广泛，主要包括投资房产、股票，购买生活奢侈品，以及部分还本付息等。疯狂的资金游戏最终使石小红陷入难以自拔的资金旋涡。

直到 2009 年，石小红投资的大量不动产难以短期兑现收益，而面对巨额的资金偿还压力，她所涉及的"庞氏骗局"开始无法有效地用新债还旧债，最终，出现了严重的资金链断裂情况，资不抵债。据了解，石小红在非法集资的高峰时期，一天支付利息最多时高达 200 多万元。从 2006 年底至 2009 年案发时，石小红曾经承诺给投资者 2.5 ~ 4.5 分的月利息，累计非法集资款数额高达 7.4 亿元，在资金链断裂的情况下，其最终退还的民间资本数额大约为 3.41 亿元，有 4 亿元的资金无法兑现。经过查证，石小红涉及的非法集资款的较大户投资者有 300 人左右，集资款金额在 6.7 亿元左右，案发后大约有 3.31 亿元无法追回。至此，石小红设计的"上线与下线"链条的"财富金字塔"的"庞氏骗局"终于败露了。在石小红的非法集资案件中，曹丽琴是帮助其开展非法吸收公众存款的关键人物。据悉，她帮助石小红集资了 6700 万元，她发展了 220 多个"下线"，包括她的婆婆、亲友、邻居和同事等人。曹丽琴通过给石小红提供集资款，赚取利差，她很快也从一个下岗女工摇身变成身价不菲的"富婆"，有了经济实力的曹丽琴，还与跟她一起从事非法集资活动的丈夫离了婚。案发后，曹丽琴由于无法向广泛的"下线"投资者们及时地还本付息，被"下线"们联合告发，引起了局部性的社会群体性事件，一度影响了社会的稳定。随后，曹丽琴与前夫王勇明因涉嫌非法吸收公众存款罪被警方逮捕控制。

三 王福金案

王福金，男，鄂尔多斯市中富房地产开发有限责任公司法定代表人。2011 年 9 月 24 日，具有 2.6 亿元民间借贷，372 个债权人的中富房地产开发有限责任公司（以下简称中富公司）的法人代表王福金，最终不堪重负自杀身亡。中富公司，起于楼市疯狂时期，败于楼市调控萎靡时期，经历了过山车般的震荡。2007 年 10 月 18 日，中富房地产公司成立，王福金是公司的法定代表人、董事长。郝小军是另一名股东，王福金持有公司 30% 的股权，郝小军持有 70% 的股权。

2008 年，中富公司投资开发了"国电富兴园小区"项目，项目总建筑面积 107870.65 平方米，其中住宅面积 80001.98 平方米，商业用房面积 22925.46 平方米。中富公司在投资房地产的开发和建设过程中，开始了民间借贷活动。据了解，中富公司共向 400 个左右个人及相关企业主体进行了借贷，累计举债 3 亿元左右。中富公司开发的房地产项目于 2010 年开盘销售，收到的首付款为 817.053 万元，还有约 1.5 亿元正在办理按揭贷款。但从 2011 年下半年开始，随着房地产市场调控政策陆续出台，银行紧缩银根，房地产商面临融资难问题。为了确保工程继续施工，他们只能通过高利息的民间融资缓解困境。王福金的中富公司，需要偿还的利息每月将近 800 万元。现金流紧张带来了一系列麻烦。项目售房按揭贷款没有按预期办妥，导致公司现金流出现困难。2011 年 9 月 24 日，中富公司董事长王福金自杀。引发王福金自杀的直接原因是民间巨额的高利贷无力偿还。案发后，最大股东郝小军外逃，当地公安机关进行追捕。据悉，王福金的民间借贷资金的来源极其广泛，绝大部分的资金来源于其以前的同事、单位的离退休干部，以及中富公司员工及其亲属，还有一部分资金来自王福金父亲以前的银行同事和朋友等。可以看出，其资金都来源于与其有一定社会信任关系的亲朋好友，王福金可能因为无言面对民间借贷的对象，最终选择"以死谢罪"。

第四节　引导和规范鄂尔多斯民间借贷的对策措施

民间借贷作为我国正规金融体系的重要补充，作为我国长期存在的一种重要的融资方式，在促进经济社会发展方面的确具有不少积极的作用和影响，有其存在的必然性和合理性。然而，鄂尔多斯地区的民间借贷在兴起、发展和发生借贷危机的过程中，也暴露出了一些特殊性问题，并进一步暴露了鄂尔多斯民间借贷市场的混乱和不完善，亟待政策法律的引导和规范。为了引导和规范鄂尔多斯市民间借贷健康发展，现提出以下几点建议。

一　提高民间资本服务地方实体经济的能力

实体经济是经济社会持续发展的根基，是真正创造价值和财富的。如果没有实体经济的支撑，民间借贷无异于空中楼阁，其发展和繁荣将是无源之水，没有可持续性，最终会灰飞烟灭，化为乌有。民间资本的本质是利益的最大化，逐利性是其本质特征。然而，长期以来，鄂尔多斯巨额的民间资本被集中投放在房地产等虚拟经济领域，对实体经济产生明显的"挤出"效应，导致实体经济更加凋敝，民间借贷的潜在风险快速扩张，直至发生了无法挽回的借贷危机，其危害显而易见。建设和发展实体经济对于资源型城市的鄂尔多斯来说才是明智之举。在人口较少的资源城市发展房地产自然不会有前途。因此，鄂尔多斯地区首先应该制定人才吸引政策，通过吸收外来人员来增加城市人口规模。在吸引和扩大城市人才的基础上，制定相关的发展规划，建立合理的产业布局和结构。以降低投资门槛等政策措施为引导，吸引民间资本投资鄂尔多斯实体经济，发展出资源以外的其他实体经济，并出台一系列政策措施来配套落实。在民间资本政策方面，重点设计和解决好民间资本的"准入难"的困境和现实，给予民间资本更加公平公正的待遇，制定政策意见实施细节，特别是在程序和手续审批和核准等方面，给予一定的支持和配合，推动民间资本能够真正进入垄断行业领域。同时，民间借贷的主体放贷者也应转变思路，主动适应经济新常态产业的发展方向和重点领域，积极支持和推动更多的资金参与投资创业，让民间借贷资金更好地服务实体经济的发展、产业的转型升级，保障借贷双方形成一个良好的资金循环链条，真正地提高民间融资服务实业的能力，推动民间资本走上健康的、可持续发展的轨道。

二　建立健全地方政府对民间金融的监督管理体系

进一步建立和健全防范化解民间金融风险的工作体制。建立起鄂尔多斯政府自上而下的监管体系。在组织机构的建设上，成立由自治区、盟市、旗县三级组成的监管民间借贷市场的监管领导小组，负责指导和承担鄂尔多斯民间借贷风险的防范和监督工作。在领导小组的组织保障之下，建立鄂尔多斯民间融资风险监测预警机制。发挥部门和组织联动的工作机制，完善风险的监测预警，并进一步确定领导小组成员在防范民间借贷风险和监测预警工作中的具体职责范围。应抓紧建立起以中国人民银行呼和浩特中心支行为核心，以银监局为主要负责单位，调动和部署鄂尔多斯地区的银行业金融机构，利用和发挥银行业金融机构在支付结算、账户管理以及反洗钱监测等方面的技术和工作经验，对鄂尔多斯民间借贷涉及的居民、企业以及小贷公司、担保公司、典当行等各种类型的民间借贷机构的资金账户进行实时监测，如若出现资金异常变动的情况，能够及时准确向民间借贷领导小组反映情况。另外，成立专门机构，加强对宏观经济政策、行业发展趋势、经济运行情况的分析，及时向社会公布有关信息。建立风险管控体系，风险管控体系的建设应该实行量化管理的方式，重点突出规章制度的程序化以及风险识别判断的指标化。可以广泛地学习和借鉴东南沿海等发达地区在规范民间资本和防范民间借贷市场风险方面的有效做法和基本经验，将民间借贷资金运营的"地下操作"转变为合法的"地上经营"，将分散的个人放贷者转变成合法的机构等，从根本上推动民间借贷活动向着规范化、组织化和法制化的方向发展。可以尝试在监管责任归属上坚持"谁批准、谁管理、谁负责"的原则，将投资公司、担保公司、典当行等民间金融机构的审批和监管统一划归一个主管部门，并由其承担全程的对民间金融机构的监督管理责任和其他相应责任。

三 多措并举拓宽民间资金的融资渠道

民间借贷对鄂尔多斯经济发展的贡献是不可估量的，不能因为高风险就遏制其发展，相反，高风险是民间借贷存在的前提，正是其高风险的特性填补了融资市场的空白。事实上，只要控制鄂尔多斯民间借贷的规模，就不会爆发系统性金融风险。随着多元金融体系的逐步建立，民间借贷的发展规模会在市场竞争中得到控制，而适度规模的民间借贷是有利于地方经济发展的。鄂尔多斯应尝试建立具有资源型地区特色的民间借贷发展模式，支持民间借贷走向合法化和阳光化，推动鄂尔多斯建立起正规金融机构和民间借贷互相补充、互相促进的相得益彰的多元化地区性金融服务体系。中小金融机构作为能够为民间资本提供投资的渠道，以及能够在一定程度上有效化解金融供求矛盾的金融组织，相对于正规金融门槛比较低，相对于市场上各类民间借贷组织和机构，又显得更加合法和规范。因此，鄂尔多斯地区可以积极地尝试设立一些民营的村镇银行和社区银行。政府出台相关的市场准入政策，并提供适当的人力或技术支持，帮助其设立和发展，为民间资本提供投资渠道。在审批和登记的过程中，在准入门槛和审批程序上，尽量设置合理的标准，适当放宽条件，完善对其的监管，对其进行良好的培训和指导，帮助其走上规范健康发展的道路。同时，继续强化对民间借贷市场的风险监测和管理，对于发现的非法民间融资活动开展严厉打击和清理，促进鄂尔多斯民间借贷市场的健康发展。对于各种不同类型的民间借贷机构，实行不同的指导和监管手段。对于投资公司或私募基金，应在一定的范围内允许其开展相关的贷款业务以及正常的投资业务，例如股权投资和证券投资等。对于商业性担保机构，应支持其合法合规的担保业务，实现资本的增值。

四 营造民间借贷健康发展的外部环境

在充分摸清鄂尔多斯民间借贷资金规模的基础上，适度引导和规范其资金的投向和用途，通过适度控制其规模流动，引导鄂尔多斯民间借贷市场的有序健康发展，支持地方实体经济的发展，以及产业的转型升级。在这方面，鄂尔多斯地方政府一定要有所作为，发挥其对投资的引导作用，引导民间投资的热点方向，可以通过制定各类优惠支持政策规范民间资本进入政府产业结构调整的重点领域和环节，营造良好的投资环境，引导和规范鄂尔多斯民间借贷市场，并且防范风险，维持更好的金融秩序。可以通过宣传教育等方式，发挥舆论对民间借贷活动和行为的积极影响作用，化解民间借贷的风险。引导民间资本进行多元化的投资，防止因为资金过度集中在高回报高风险的领域，而引发资金链断裂，甚至导致系统性金融风险问题的爆发。同时，政府监管的相关职能部门建立起日常监管机制，开展定期或者不定期的民间借贷监管工作。针对民间借贷主体的资金来源、经营业务情况、资金流向等方面的情况开展调查监管，随时对发现的违法违规的民间借贷行为进行打击，规范民间借贷的市场秩序，同时，应建立鄂尔多斯民间借贷信用体系。可以尝试利用银行系统的资源优势，对鄂尔多斯民间借贷金融机构的信用进行审查和监测。通过成立鄂尔多斯民间借贷机构行业协会的方式，对该地区的民间借贷活动进行侧面监管，通过行业协会的引导和自律，加强对鄂尔多斯地区民间借贷机构的资金来源和流向的监管。可以以行业协会为平台，对民间借贷机构的信用情况进行信息披露和公开通报。加大对企事业单位职工和居民投资理财的宣传教育，提高居民投资理财的法制意识。增加宣传渠道，扩大普法范围，充分利用现在推行的双休日大讲堂和百姓大讲堂，进行理财知识和投资安全及法律知识的培训与宣讲。

五　搭建完善的民间借贷服务平台

鄂尔多斯的民间借贷市场在对民营中小企业提供资金支持方面的作用显然不言而喻，对推动当地的经济社会发展的作用也不容小觑。因此，地方政府必须正视民间借贷的存在和意义，有必要建设一个服务民间借贷市场的公共服务平台，在资源整合和信息披露方面做到共通共享，推动鄂尔多斯民间借贷活动的规范化和法制化发展。信息平台是服务民间借贷市场的首要途径。可以广泛利用报纸、电视广播、网络等各类丰富多样的媒体平台，定期或者不定期地发布民间借贷的利率变化、资金供求状况、投资项目信息等各类相关信息，最大限度地降低民间借贷的交易成本。交易服务平台是民间借贷服务平台的重要内容。可以采取政企合作的模式，建立鄂尔多斯民间资本交易平台。委托具有一定实力和技术的专业性社会组织机构，服务民间借贷市场的交易活动，对达到限定条件的大额民间借贷合同和活动情况进行登记备案，通过不断地服务积累，掌握更多中小企业融资信息，帮助资金的供求双方达成交易。建立这样的服务平台，一方面能够降低和缓解目前鄂尔多斯民间借贷市场存在的转贷严重的问题；另一方面也有利于化解民间借贷市场的风险。同时，要建立起统一而规范的鄂尔多斯地区的民营中小企业信用评级市场，这将能极大地促进信用体系的建设，并为相关的贷款提供重要的信用评估依据。大力发展产权交易市场，完善多层次资本市场体系。加大产权交易市场的建设步伐，充分发挥市场配置资源的积极作用，为企业兼并重组搭建平台。优化股权结构，提高资源使用效率。使产权交易有效地对接产权与资本，为有实力的企业提供融资渠道，推进优质企业兼并重组，加快优质企业兼并弱势企业的步伐。逐步化解弱势企业债务风险，有效缓减社会债务危机。

六　加强对银行资金的流向及使用的监管

鄂尔多斯地区的民间借贷市场对资金有强烈的需求，民间借贷市场上供不应求的问题非常突出。在疯狂的资本逐利的现实驱动下，一些资质较好、有经济实力的企业，利用银行的授信，蓄意以需要银行贷款的项目为由，骗取了银行的信任，从银行取得了低息贷款，继而转投到高息的民间借贷市场，以此来赚取高额的利差。这样的蓄意投机行为让大量的银行信贷资金变相流入民间借贷市场。大量银行信贷资金流入民间借贷市场，相当于民间借贷的巨大风险被转嫁给了银行，破坏了国家正规金融体系的秩序。因此，加强对银行资金流向及使用的监管同样显得格外重要。一是要强化银行系统对其信贷资金的流向和使用情况进行后期的持续监管。银行应该在发放贷款之后，相关的业务部门开展定期或者不定期的随机检查和监管，了解和掌握借贷资金的真正流向和用途，判断其用途是否合规，是否被挪作他用等。二是适当地提高银行贷款受托支付比例。提高受托支付比例，银行可以按照合同，将贷款直接拨付给借款人的交易对象，这可以在一定程度上有效减少贷款被挪作他用的信用风险的发生。同时，银行也可以降低违约企业信用，或者根据情况的严重程度直接将其拉入黑名单，永久性终止为其提供贷款服务。

参考文献

王治轶：《鄂尔多斯民间借贷问题研究》，内蒙古大学，2011。

张晓霞：《鄂尔多斯地区民间借贷的法律规制研究》，首都经济贸易大学，2013。

于娟：《鄂尔多斯市民间借贷存在的问题及对策研究》，内蒙古大学，2013。

《最高院未核准鄂尔多斯集资诈骗犯苏叶女死刑，鄂尔多斯市中级人民法院重审改判无期》，http：//www.aiweibang.com/yuedu/178370143.html。

赛娜、杜静然：《鄂尔多斯中小企业民间借贷问题研究》，《中国会计学会2013年学术年会论文集》，2013。

赵云中：《关于鄂尔多斯民间借贷问题的调查与思考》，《华北金融》2008年第9期。

尚旭东：《鄂尔多斯民间借贷问题研究》，内蒙古师范大学，2013。

吴潮科：《鄂尔多斯民间借贷问题研究》，内蒙古大学，2008。

《黑金城市民间借贷催生泡沫 鄂尔多斯人均至少10套房》，http：//www.360doc.com/content/11/0729/10/4219268_136484266.shtml。

陈俊岭：《"黑金"城市民间借贷潮涌 亟需"阳光化"生存》，《上海证券报》2011年7月。

李强：《鄂尔多斯十户九贷 苏叶女案套牢》，《证券时报》2011年10月。

内蒙古发展研究中心调研组、包思勤：《积极引导和规范鄂尔多斯市民间融资健康发展——对鄂尔多斯市民间融资情况的专题调研报告》，《北方经济》2009年第11期。

贾玢：《鄂尔多斯地区民间借贷的形成机理及规范对策》，《经济论坛》2013年第6期。

安颖男：《"鄂尔多斯模式"研究》，中南民族大学，2012。

《民间资本参与新兴融资体系建设》，http：//bank.hexun.com/2011-11-21/135432997.html。

袁新华：《鄂尔多斯民间借贷问题的思考》，《内蒙古金融研究》2014年第2期。

《鄂尔多斯民间借贷的连环贷》，http：//blog. jrj. com. cn/0564069090，4196215a. html。

《鄂尔多斯："空城计"的逆袭》，http：//theory. people. com. cn/n/2013/0814/ c119852 - 22561969 - 3. html。

王松才：《万亿民间资本寻出口　鄂尔多斯"黑金"最爱房地产》，《中国经济时报》2011 年 5 月 12 日。

席月民：《我国当前民间借贷的特点、问题及其法律对策》，《政法论丛》2012 年第 3 期。

温海燕：《鄂尔多斯民间借贷现状研究》，内蒙古大学，2011。

张旭：《对鄂尔多斯地方金融的新思考——以民间借贷为切入点》，浙江大学，2016。

《诈骗 5. 53 亿苏叶女被改判无期》，http：//inews. nmgnews. com. cn/system/2017/ 01/06/012238994. shtml，2017。

红鸽：《鄂尔多斯民间借贷研究》，内蒙古大学，2013。

乔尔：《鄂尔多斯民间借贷危机探析》，《经济研究参考》2012 年第 23 期。

张雷冲、梁丽丽、马东：《促进民间借贷健康发展的政策建议》，《商》2012 年第 23 期。

王雅琼：《民间借贷异化原因与治理研究——基于石小红非法集资案例的分析》，内蒙古大学，2014。

汤计、任会斌：《"暴富神话"破灭发出的警示》，《法制与经济旬刊》2010 年第 9 期。

胡庆波：《民间借贷崩盘，首例房产老总自杀案内幕》，《法律与生活》2011 年第 21 期。

云建军、张薇、魏浩波：《鄂尔多斯民间借贷研究》，《西部资源》2012 年第 5 期。

刘科：《鄂尔多斯民间借贷债务危机化解途径浅析》，《北方金融》2017 年第 5 期。

白乙辰：《信任视角下的鄂尔多斯民间借贷危机研究》，《社会学评论》2016 年第 3 期。

孟强：《关于鄂尔多斯民间借贷问题的探讨》，《中国乡镇企业会计》2014 年第 3 期。

李全锁、王丽英、黄凯：《后金融危机时代民间借贷综合治理的完善建议》，《前沿》2013 年第 17 期。

周一童、丁闪：《鄂尔多斯经济危机与煤炭、房地产、民间借贷关系研究》，《经济论坛》2012 年第 11 期。

乔尔：《鄂尔多斯民间借贷危机探析》，《经济研究参考》2012 年第 23 期。

王元生、李纪勇：《创新引领融投新路　助推中小企业发展——记河北融投控股集团有限公司》，《中国经贸导刊》2013 年第 36 期。

韩令国：《三四线楼市泡沫　鄂尔多斯不是特例》，《城市住宅》2012 年第 5 期。

宋婷：《从鄂尔多斯房价变化看城市房价泡沫的监测》，《商情》2013 年第 6 期。

王奇：《三四线城市房价泡沫破裂　下一个鄂尔多斯会是谁》，《投资与理财》2013 年第 3 期。

袁新华：《鄂尔多斯民间借贷问题的思考》，《内蒙古金融研究》2014 年第 2 期。

王华：《杭州融资担保模式创新研究——以浙江中新力合担保有限公司为例》，《杭州科技》2011 年第 2 期。

行业篇

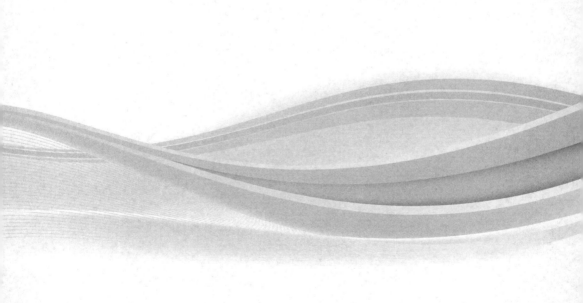

第七章　小额贷款公司的现状及风险防范

第一节　小额贷款公司相关理论

一　小额贷款概述

最早的小额贷款，是对传统信贷模式的一种创新，是穆罕默德·尤努斯教授在孟加拉国首先创建的一种信贷服务模式。1974年，穆罕默德·尤努斯首先创立了一种叫作"微额贷款"的服务项目，这一项目的主要目的就是为贫穷的创业者提供资金贷款支持。在经历了多年的摸索和发展之后，其发展成了比较成熟的"小额贷款"的信贷模式，他所创立的孟加拉国村镇银行便是小额贷款的成功典范，受到了人们的肯定和称颂，穆罕默德·尤努斯教授也因此被尊称为"小额贷款之父"，他还因此荣获了2006年诺贝尔和平奖。他所创立的小额贷款的运作方式是财政转移支付和金融创新的有机结合，帮助穷人得到创业资金。其建立了有效的金融激励和约束，改变了传统的扶贫方式，取得了很好的示范效果，随后该模式在亚洲、非洲、拉丁美洲的诸多国家开始得到了应用和推广。

小额贷款作为一种信贷服务的创新，得到了国际社会普遍的肯定和认可，是帮助和支持中低收入群体成功获得资金支持的有益尝试，也被称为微型金融。世界银行将小额贷款界定为"为满足贫困人群生产经营、生活消费等各方面的要求而向其提供的包括贷款、储蓄等在内的各种金融服务"。我国学者杜晓山和孙若梅在《中国小额信贷的实践和政策思考》中对小额贷款也进行了定义，认为小额贷款是指专向中低收入阶层（包括低收入个体和微型企业）提供小额度的、持续的信贷服务的活动。它是微型金融的一种，在本质上是一种金融创新，小额贷款一般只包括信贷业务。

二　小额贷款机构概述

小额贷款机构对应小额贷款服务，是专门为小额资金需求者提供资金服务的专门性机构。小额贷款的提供不仅包括小额贷款机构，还可能包括其他金融组织提供的小额贷款服务，而小额贷款机构一般只能提供给客户小额信贷服务，这就是二者的关系。总之，小额贷款机构和小额贷款服务是有联系但性质不同的两个事物，小额贷款机构是用来提供小额贷款服务的组织或者机构，而小额贷款服务则不一定由民间小额贷款机构来提供，其也可以由正规的金融机构来提供。例如，我国的各类银行等正规金融机构，以及一些民间借贷机构都可以经营和办理小额贷款业务。只是有时候，由于小额贷款业务规模太小、缺乏抵押和担保，很多正规的金融机构考虑到成本和风险的问题，存在不太愿意受理的情况。而那些民间的小额贷款机构却主要经营小额贷款业务，小额贷款机构的贷款程序和手续灵活方便，善于更加细致地了解借款人的各类信息，能够更有针对性地服务借贷对象，建立一套不同于正规金融体系的审查和接待程序，在一定范围内能够比较有效地预防风险。

以前，我国小额贷款业务服务主要由国家金融机构来提供。比如国有银行以及农村信用社等。然而，随着社会主义市场化的发展，以及金融体系的不断完善和深化，现有的国家银行系统开始越来越不愿意服务小额贷款者，这直接导致了小额贷款的供给和需求发生了严重的失衡。国家出于满足农村以及其他民营小微企业和创业者个人的小额贷款的需求考虑，开始鼓励民间其他借贷机构对这部分需求进行支持，并试点成立小额贷款公司，以满足这部分群体对资金的迫切需求。小额贷款机构，是指专门针对中低收入社会群体的小额贷款业务开展相关服务的商业性组织机构以及社会民间团体。一般情况下，可以根据其业务特点将小额贷款机构分为两种类型，一种是以营利为目的的商业性机构，一种是不以营利为目的的公益性社会民间团体。目前，我国的小额贷款机构主要有三种类型。第一种是受国际组织援助的小额贷款机构或者国内公益性的小额贷款机构；第二种是我国国有正规金融机构的相关小额贷款业务部门；第三种是我国尝试建立的商业性小额贷款公司。

三　小额贷款公司概述

新中国成立初期，小额贷款的资金提供主要依靠国有的商业银行和农村信用社。但市场经济的发展以及金融体制的改革等，导致了很多正规金融机构在服务小额贷款业务方面的意愿逐渐淡化，这直接加剧了小额贷款市场的资金供求矛盾。国家为了继续满足小额贷款的广泛需求，开始逐渐放松了市场对商业性小额贷款的限制，并且积极地推行了小额贷款公司的试点工作。银监会在其发布的《关于小额贷款公司试点的指导意见》中将小额贷款公司做了含义的界定，认为小额贷款公司是由自然人、法人或者其他社会组织投资设立的，不以吸收公众的存款为目的，经营小额贷款业务的有限责任公司或者股份有限公司。设立小额贷款公司的主要目的在于，引导民间资本服务小额资金需求者，改善农村和欠发达地区的金融生态环境。小额贷款公司是独立的企业法人，享有法人财产权，并以其自有的全部财产对其债务承担民事责任。国家在推动小额贷款试点工作以后，提出各省级政府必须明确一个主管部门（金融办或相关机构）负责对小额贷款公司的监督管理，并承担小额贷款公司风险处置责任，方可在本省（区、市）的县域范围内组建小额贷款公司试点。国家对于小额贷款的资金来源、股份限制以及经营原则都有明确的要求和限制。其资金来源主要包括股东缴纳的资本金、捐赠资金以及来自不超过两个银行业金融机构的融入资金。如果有其他关联方持有股份，此股份占比不得超过小额贷款公司注册资本总额的 10% 。"只贷不存"是小额贷款公司最核心的经营原则。发放贷款时，必须遵循"小额、分散"的原则，同一借款人的贷款余额不得超过小额贷款公司资本净额的 5% 。同时，我国还建立了针对小额贷款公司的利率变化、资金流向等问题的动态监测，并将其纳入中国人民银行建立的信贷征信系统。

第二节　我国小额贷款公司的演化变迁

一　我国小额贷款的发展历程

2005 年，我国开始实施民间小额贷款公司试点安排和部署工作，要求小额贷款公司不能吸收存款、经营范围限于小额贷款业务。总体来看，小额贷款公司作为小额信贷业务金融创新形式的产物，自小额信贷延伸演变而来，是历史和实践的必然选择。它是经历了长期的正规银行系统的业务实践以及学习借鉴了国外成功经验而发展出的具有中国特色的组织形式，它的产生是一个逐步推进、不断发展和完善的过程。我国最早的小额信贷从 1981 年联合国国际农业发展基金（IFAD）在内蒙古 8 旗（县）开展的北方草原与畜牧发展项目开始。但在 1993 年之前，我国开展的关于小额信贷的项目，都只是国际援华扶贫项目或者资金使用方式的一种。以 1993 年为起点，我国小额信贷的发展经历了六个阶段。

（一）第一阶段：早期萌芽阶段（1993~1996 年）

1993 年，中国社会科学院农村发展研究所首先尝试组建了"易县信贷扶贫合作社"，探索孟加拉国格莱岷银行运营模式是否可以在我国推广，政策目标是以扶贫为结果，资金来源主要靠国际捐赠和软贷款，以小额贷款的方式向特定人群开展信贷计划。1994 年，一个名为"行动—研究计划"的小额信贷项目开始在我国三个地区试点实施，开启了我国小额信贷的发展之路。"行动—研究计划"项目以小额信贷扶贫为目的，分别在河南虞城县、南召县及河北易县三个地区建立了扶贫社，开展小额信贷活动。1995 年，联合国又拿出资金支持我国的扶贫工作，在四川仪陇县实施了小额信贷扶贫项目。该项目以扶贫为目的，将小额信贷业务作为推动扶贫的重要手段，对四川仪陇县进行了金融扶贫。随后，随着操作的成熟，此项目范围从四川扩大到了云南以及东西部其他十几个省份，对小额贷款扶贫模式做出了有益的探索。同时，也有其他国际组织加入了我国小额信贷扶贫项目，比如国际农业发展基金会、世界粮食计划署、世界银行、亚洲开发银行福特基金会、香港乐施会。加拿大、澳大利亚等国家也先后在我国开展过小额贷款项目。在国际组织小额贷款扶贫项目的帮助下，我国随后也逐渐更多地开始在这方面做了积极的探索和尝试，联合金融机构、扶贫机构在我国一些贫困地区开展了类似的小额信贷项目。总体来看，此阶段我国小额贷款的初步尝试是对孟加拉国格莱岷银行运营模式是否能够在我国实施做了一些摸索和尝试。资金来源的渠道主要是国际组织，我国政府资金较少地涉入该领域，极少的小额信贷活动以扶贫项目的方式开展和运营，组织方式也是由半官方或者民间的组织进行组织和管理，项目的运作程序和过程一般比较规范。经过民政部门注册的社会民间团体，虽然不具有金融业务的资质和相关实践经验，但事实上是以扶贫的名义从事着小额贷款的金融业务。这些社会民间组织在小额贷款的业务经营方面，表现出了扶贫资金到户率高、偿还贷款率高、项目成功率高、被扶贫对象素质提升快等优点和特征。但其缺点也比较显著，一是项目规模比较小；二是资金来源无保障；三是人力资源需求数量和质量较高；四是运营成本高，与国家金融政策多少存在一点冲突等。因此，小额贷款项目最终没有形成规模化发展的态势。

（二）第二阶段：尝试探索阶段（1996～2000年）

在第一阶段的基础上，我国的扶贫机构和金融机构也开始了这方面的尝试和探索，政府大力发展"政策性小额贷款扶贫项目"，从组织、资金、人力等方面积极参与小额贷款公司扶贫项目。这种以政府主导而实施的小额贷款扶贫项目，其资金的来源主要有两部分，一是财政拨款，二是扶贫贴息贷款。经过第一阶段的学习和摸索，该阶段国家以实现"千年扶贫计划"为核心，开展了较大范围的小额贷款扶贫项目，其组织和运作的主体主要是国家政府机构和中国农业发展银行。1999年7月，中国人民银行出台《农村信用合作社农户小额信用贷款管理暂行办法》，提出要以一些省份的农村信用社为基点，积极推行小额信用贷款业务，帮助农户脱贫致富。随后，中国农业银行也参与其中。由于中国农业银行和农村信用社具有稳定的资金来源和精湛的业务管理能力，这一阶段，由它们主导的小额信贷业务也取得了明显的成效。总体来看，这一阶段小额贷款发展的最显著的特点是国家和政府的介入和支持，有了这个基础，就有了开展小额贷款扶贫的组织、资金和人力的充分保障。另外，非政府性质的小额贷款机构也取得了一定的发展和进步，但是规模仍然不大，并且仍然存在专业技术支撑不足、项目成功率低等缺陷。

（三）第三阶段：推广壮大阶段（2000～2005年）

在此期间，国家经济工作的重点任务之一就是努力促进农民增收、支持农村经济金融发展。在国家政策的引导和号召下，我国银行等正规金融机构开始实施相应的国家和中国人民银行支农政策，开展了服务农户的小额信贷业务。其中，最具有代表性的业务便是农村信用社的农户联保、信用贷款。这也标志着我国小额信贷的服务性质已经发生了转变，从以扶贫为目的转变成为服务农户及小微企业。从 2001 年开始，中国人民银行连续出台了《农村信用社农户小额信用贷款管理指导意见》《农村信用合作社农户联保贷款管理指导意见》《农村信用合作社农户小额贷款管理暂行条例》等一系列配套政策，制定和提出了让农村信用社更好服务小额贷款的规章和具体要求。自此，小额信贷以农村信用社小额农贷的形式，面向全国开始了规模化发展。此阶段，在国家政策和中国人民银行的指导和推动下，农村信用社作为支持农村经济发展的主力，在很多的省份相继推行了小额贷款和农户联保贷款，也开启了国家正规金融机构广泛推广小额信贷的时代。

（四）第四阶段：市场商业化阶段（2005～2008 年）

2005 年 5 月，中国银行业监督管理委员会和中国人民银行同财政部、农业部、商务部、国家工商总局等正式决定在民间实行小额贷款的试点，主要试点地区是民间融资活跃的四川、贵州、内蒙古、陕西、山西；主要的民间小额贷款形式是组建小额贷款公司，尝试以市场化、商业化的模式发展民间小额信贷业务，此次试点期间共成立了 7 家民间小额贷款公司，它们分别是晋源泰、全力、大洋、信昌、汇鑫、华地等。从此，一种新生事物——民间小额贷款公司登上了历史的舞台。2006 年 12 月 20 日，银监会出台《关于调整放宽农村地区银行业金融机构准入政策，更好支持社会主义新农村建设的若干意见》（银监会〔2006〕90 号），此意见放宽和调整了广大农村地区的银行业金融机构准入门槛，指出要"鼓励境内商业银行和农村合作银行在农村地区设立专营贷款业务的全资子公司"。这与中国人民银行所推广的小额贷款公司有相似之处，由银监会批准设立小额贷款子公司，可以说是推进我国小额贷款走向正规化的创新之举。2008 年 5 月 4 日，小额贷款公司的发展迎来了历史上具有特殊意义的一天。中国人民银行和银监会联合颁布了

《关于小额贷款公司试点的指导意见》，意见明确地给予了小额贷款公司合法性，肯定了其服务经济的金融地位。紧随其后，相关省份陆续出台了关于小额贷款公司的地方性实施意见，实施和落实小额贷款公司的试点工作，小额贷款公司开始在全国范围内布局和推广。在国家政策和地方政府配套意见共同支撑的背景下，我国的小额贷款发展到了一个新的历史阶段，即商业化小额贷款的历史阶段。

（五）第五阶段：快速发展阶段（2008～2012年）

自2008年《关于小额贷款公司试点的指导意见》发布起，小额贷款公司在各方面逐渐规范，这也引起了各方力量的关注。2009年6月，银监会出台了《小额贷款公司改制设立村镇银行暂行规定》，规定中提出了未来小额贷款公司的发展方向，在肯定小额贷款公司金融机构合法性的同时，尝试允许让符合一定条件的小额贷款公司积极投入金融资本竞争市场，在条件成熟的情况下，改制成立村镇银行。这显然是为"只贷不存"的小额贷款公司开辟了一条可持续发展的道路，也是我国深化金融改革的一个重大举措。2012年6月，财政部发布了《关于开展小额贷款公司涉农贷款增量奖励试点的通知》，对于个别省份开展的小额贷款公司涉农贷款的试点提出了增量奖励的制度安排。2012年是小额贷款公司发展最迅猛的一年，小额贷款公司的年增长率接近50%。可以说，2008～2012年是小额贷款公司建设和发展最有成效的五年，这可能得益于2008年国家发布的《关于小额贷款公司试点的指导意见》。指导意见中明确提出："小额贷款公司的主要资金来源为股东缴纳的资本金、捐赠资金，以及来自不超过两个银行业金融机构的融入资金。在法律、法规规定的范围内，小额贷款公司从银行业金融机构获得融入资金的余额，不得超过资本净额的50%。"从这项规定中可以看出，我国在小额贷款公司建设和推广之初，就充分考虑到了防范风险的需要，对融资渠道有较强的限制，这对于从根本上降低小额贷款公司的金融杠杆率、防范风险都有重要作用，然而，这样的规定也在某种意义上限制了小额贷款公司的发展壮大。

（六）第六阶段：发展瓶颈阶段（2013 年初至今）

2013 年初至今是小额贷款公司发展的瓶颈阶段。从最近几年小额贷款公司的发展现状来看，不少的小额贷款公司出现了经营周转困难、债务偿还率低等问题，其发展举步维艰，有一些小额贷款公司甚至已经倒闭。某研究机构发布的《2015 中国小微金融机构竞争力发展报告》显示，由于国家经济发展进入新常态，经济的高速增长难以为继，以及各类竞争因素不断加剧等，我国很多的小微金融机构，特别是小额贷款公司，也已经告别数量和规模的高增长时期，开始在低位缓慢运行，发展后劲疲乏。面对小额贷款公司发展的现实困境，国家相关政府部门给予了关注和重视，加强了对小额贷款公司的调研，希望能通过制度改革创新激发小额贷款公司的活力。目前，小额贷款公司的行业生存环境和内部管理体制是国家政策的重要关注点，如果国家政策能在小额贷款公司的管理体制方面有所突破，小额贷款公司将会迎来新的发展机遇。2013 年 7 月，国家为了发挥好金融对经济结构调整和产业转型升级的政策作用，强化金融对经济重点领域和薄弱环节的支撑力度，出台了《关于金融支持经济结构调整和转型升级的指导意见》。意见明确提出要放宽金融管制，支持民间资本进入金融行业，这对于推动小额贷款公司的可持续发展具有积极的意义。2014 年 5 月，银监会、中国人民银行发布《小额贷款公司管理办法（征求意见稿）》，意见稿融入了许多管理模式；2015 年 8 月，国务院法制办就《非存款类放贷组织条例（征求意见稿）》公开征求意见。总之，在小额贷款公司出现发展瓶颈的时期，国家积极推动制度上的改革和创新，探索出台了推动小额贷款公司规范经营、突破市场限制的一系列指导意见和办法，为小额贷款公司的良性发展和突破创新提供了基本的法律和政策保障。

二　我国小额贷款公司产生的背景及意义

（一）我国小额贷款公司产生的背景分析

任何一种金融创新都是在一定的背景下发生的，小额贷款作为一种金融创新成果也不例外。小额贷款是指专门向社会群体提供小额度的持续的贷款服务的活动，它以特定的目标群体——金融弱势群体为服务对象。小额贷款公司应市场发展的要求而产生，针对小额信贷开创了一种重要的金融创新形式。

1. 改善农村金融市场的需要

长期以来，我国传统的农村经济的发展模式是以家庭为主的小农经济模式，其基本的特征是经济规模小和贷款资金量有限。而改革开放以后，我国农村经济体制发生了根本性的变化，经济主体日趋多元化，经营活动不断多样化，对资金的需求不断提高而且日趋多样化。我国国有的正规金融机构资金相对比较充足，业务技术管理经验也更加丰富。然而对于支持和服务"三农"却存在明显的投入不足和服务意愿不强等问题。我国银行等正规金融的发展呈现规模化的特点，支持重点主要是大城市、大项目、大企业。而农村信用社作为主要服务于农村市场的金融机构，也在很大程度上背离了其发展的初衷，没有很好地服务农村经济。农村金融市场资金供需矛盾突出，农村大量资金外逃等。农村金融机构落后的直接后果是农村金融市场效率低下，难以充分发挥金融在经济发展中的核心作用，致使农村许多贫困地区形成了金融滞后与经济落后的恶性循环。我国"三农"对资金的需求呈现小额、分散、庞大的特点，然而，从现有的财政支农手段以及国家正规金融机构的业务特点来看，有效解决"三农"的市场资金供需缺口问题短期内可能无法实现。我国最早期的小额信贷业务，是中国社会科学院发起的，以扶贫经济合作社的模式推行的小额信贷业务，业务资金的来源主要包括捐赠援助资金、委托代管资金以及少量的低息贷款资金。其业务运行的特点是资金量有限，当然其所起到的作用也相对有限。而商业性的小额贷款公司能够发挥其信息优势、业务优势以及效率优势等优点，可以更好地满足农村经济社会发展所产生的多元化的融资需求，更好地为农民、个体工商户和小微企业提供个性化的服务。显然，商业性小额贷款公司的产生和发展，为广大农村地区建立了更加有效的融资渠道，弥补了正规金融服务的缺口，增加了有效的资金供给，解决了我国农户在融资中面临的困境和难题。小额贷款公司这一金融创新成果就是在这一背景下被引入我国农村金融领域的。

2. 缓解中小微企业融资不畅的需要

随着农村经济的快速发展，我国中小规模的民营企业层出不穷。民营中小微企业已经成为经济发展中的重要一环，在我国国民经济中占据一席之地。一方面，民营中小微企业在增加 GDP、税收、就业岗位等方面贡献了重要的力量，极大地推动了经济社会的发展；另一方面，民营中小微企业在促进市场竞争、稳定社会、调整经济结构方面也发挥了重要的积极作用。然而，为经济社会做出巨大贡献的民营中小微企业，其发展存在的最大制约便是融资难的现实，这影响了它们的可持续发展。由于民营企业在资金实力和经营水平等方面无法与国有大中型企业抗衡，其从正规金融机构获取贷款相对困难。融资问题一直制约着民营企业的专业技术和经营管理的进步以及发展壮大。由于其实力薄弱，只要遇到国家宏观经济环境的不利影响，其抵御风险的能力必然减弱，进而导致民营经济发展陷入死胡同。再者，由于民营企业具有借贷规模小、担保能力弱等不利的特点，一般银行等正规金融机构不愿意贷款给它们。国家出于支持民营中小微企业发展，以及改善国家金融生态环境的考虑，实施的推行小额贷款公司的发展模式，可以说为广大的小额资金需求者打开了一扇窗，小额贷款公司发展正当时。小额贷款公司的服务领域正是正规金融机构服务的空白地带，比如城乡居民、小微企业和个体工商户等，小额贷款以"只贷不存"的原则开展着商业化的小额信贷业务的运作和经营，这可以提高借贷效率，同时也能在制度源头上化解风险。

3. 规范民间借贷的现实需要

我国民间借贷历史悠久，在全国范围内广泛存在，特别是在东南沿海的经济发达地区，民间借贷市场规模很大。我国拥有庞大的民间金融资本，长三角地区尤为旺盛。民间借贷活动具有程序简便、方式灵活、融资快捷等优点，能够比较快速地满足民营中小企业的短期资金周转难题，应付临时性资金需求，其积极作用毋庸置疑。然而，我国长期以来对民间借贷的法律法规和监管体制处于缺失和无序的状态，这导致我国民间借贷市场乱象丛生，普遍存在经营管理不规范、业务经营违法违规现象，甚至放高利贷、暴力催债的情况屡有发生，造成了非法集资和诈骗犯罪等严重的社会问题。国家对民间借贷的监管更多地停留在对事后的清理整顿和司法处置阶段。而小额贷款公司的试点推广有利于集中社会民间资本，可以在业务方面更有效地配置资金，具有一定的社会金融的职能，降低个人和民营小微企业的融资成本，有效地化解部分社会资金供需矛盾。小额贷款公司为未来的民营小银行做出了初步的路径探索。正是因为小额贷款公司坚持"只贷不存"的基本原则，故其可以将金融风险限定在有限的范围之内，同时，小额贷款公司在经历长期的探索之后，一些实力和条件较好的小额贷款公司未来可能朝着村镇银行的方向转型，成为国家正规金融体系的一部分。这样一来，小额贷款公司的发展既疏导、吸收了民间资本，规范了民间信贷，又服务了"三农"客户及为中小微企业提供了金融支撑。

（二）发展我国小额贷款公司的重要意义

中国经济发展具有不平衡性，多层次的经济发展水平和复杂的经济结构，需要多层次的金融机构为之服务。除国家正规金融机构以外，我国民间借贷的机构形式各异，其根据自身的特点和优势条件，将民间借贷市场进行了定位和细分，各自形成了自身的发展定位和目标市场。从国家金融体制的战略方向和改革目标来看，国有的正规金融机构的发展以服务国家经济战略、落实产业政策为首要任务，安全性和营利性也是其发展的必要条件和基础。而广大的农村地区，在经历了国家将县级银行信贷审批权上收之后，县级以下的银行只能经营一些政策规定的低风险信贷业务。很长时间以来，农村金融机构对开展针对农户和小微企业的小额信贷业务的意愿也很低，远不能满足市场的资金需求，而小额贷款公司正好迎合了这一专门需求，其可以服务广大农户和小微企业，开展银行等正规金融机构不愿意涉及的小额信贷业务。由于小额贷款公司在开展小额资金服务、应急周转方面有独特的信息和人力方面的优势，其借贷的额度、利率与期限以及担保条件相比银行，显得灵活简便，并且属于国家认可的合法的经营形式。长远来看，分类分层是未来金融业发展的必然趋势。国有大型银行一般为大企业和大项目提供信贷服务，中小银行主要服务中小企业，而小额贷款公司和村镇银行的服务对象应集中在小微企业和个体户。这种分层次的金融体系有利于各机构发挥比较优势，为各类借贷对象提供更加专业化的信贷服务。另外，小额贷款公司还可以发挥其刺激我国金融市场良性竞争，促进金融体制改革等积极作用，提高金融资源的配置效率，缓解我国民间资金供求矛盾。长期以来，我国银行等正规金融机构存在严重的"垒大户"的情况，这导致很多民营中小企业，以及广大农村地区融资难问题难以有效化解。而小额贷款公司金融形式，无疑能够在一定程度上化解融资难的问题，对民间资本能够起到很好的引导作用，从而可以有效地提高金融体系配置资金的效率。同时，也能够加速我国农村金融市场和服务走向专业化分工的道路，化解我国广大农村地区的资金供求矛盾。小额贷款公司的推广作为一个很好的切入点，有利于将民间资本引入金融正规军的发展轨道，为民营资本合法地进入金融市场提供便利条件，让很多的地下民间借贷走上公开化和阳光化的发展道路，填补长期以来我国正规金融机构在农村市场的服务缺口，缓解银行等正规金融机构无力服务农村市场的压力。小额贷款公司的发展和成熟，将进一步引导民间资金走向我国金融秩序的框架之中，从而降低地下钱庄等各种类型的民间借贷的风险，也促进国家对整个民间借贷资金流向有更准确的判断和把握。由于小额贷款公司的注册资本基本上是民间资本，通过与其他金融组织的合作，必然会进一步调动更多的民间资源，促进民间资本转化为我国的金融资本，在农村金融市场上占据一席之地，缓解"三农"资金供求矛盾，调节民间借贷利率，从长远上推动我国农村金融环境的持续改善。此外，小额贷款公司具有独特的优势，其延续了民间借贷所具有的"草根性"的特点，保持了借贷程序灵活简便、担保抵押形式多样、借贷期限灵活等优点，服务小额贷款的能力较强。特别是对于民营中小微企业和农户的小额贷款需求来说，其在经营成本和业务创新服务等方面表现出正规金融机构无法比拟的优势。因此，小额贷款公司作为民间金融走向合法化、正规化发展道路的一种有益的尝试和探索，无疑在推动民间借贷与正规金融之间有效对接方面发挥了重要的联通作用，在促进经济发展方面具有正规金融机构无法比拟的优势和作用。

（三）我国小额贷款公司的三大基本特征

1. "只贷不存"

"只贷不存"为小额贷款公司的主要特征之一。小额贷款公司的注册资本来自自有的原始资本的积累，国家对其做出了明确的规定，同时，也对其运营资本的扩充做了明确的规范，允许其在一定范围和限定条件下进行融资扩股。但从具体的限制条件来看，其再融资和扩股的规定有着很严格的限定，其运营资本的数额扩充远远不能满足其不断扩大的资本经营的要求，这项严格的限定可能出于国家对其风险防范的考量，但从现实来看，这的确制约着小额贷款公司的长远发展。对于小额贷款公司而言，最严格的规定在于禁止其吸收社会公众存款，只能运营自有资金和少量的金融机构提供的信贷资金。在实际运营中，小额贷款公司可以面向个人或者法人发起融资入股，但严格限制吸收存款。对于再次发起融资入股，国家的相关规定在再融资规模和程序等方面都做出了较为严格的限制。例如，规定只有那些经营良好的小额贷款公司才有资格发起融资，并且其融资的对象只能是单一债权人。

2. 非银行类金融机构

小额贷款公司是我国金融组织的创新形式，是一种有益的尝试和探索。其本质是以小额信贷为基本业务范围，进行资金融通等相关信用业务。由于其具有资金的融通及信用业务的金融功能，其被定义为一种金融机构是合理的，属于我国合法的金融机构的范畴。我国在很多政府文件中明确认可和肯定了其合法的地位，将其作为我国金融体系的补充之一。例如，中国人民银行将小额贷款公司纳入了我国金融机构编码之中。显然，小额贷款公司作为非银行类金融机构，是我国金融体系的成员之一。

3. 小额、分散的特征

小额贷款公司以小额贷款业务为核心，服务于社会广大的小额信贷资金需求者，其对象主要包括民营的小微企业，以及农村地区的小额资金需求者。相比我国国有银行等正规金融机构，小额贷款公司的最基本特征表现在：一是贷款数额相对较小；二是贷款对象广泛分散。这两大特征决定了其风险被有效地降低和分散，避免同时出现借款人大额违约的风险发生；同时，小额贷款公司的规则设置，能够更好地保障更多的个人和小微企业获得小额资金，在辐射面和覆盖率上能够起到更好地服务中低收入人群的作用，从而能够活跃小范围经济圈。

三 我国小额贷款公司的功能定位

（一）小额贷款公司与银行业金融机构

小额贷款公司主要从事贷款业务，这与经营存、贷款业务的银行业金融机构有类似之处，但与银行有着本质的区别。小额贷款公司在公司性质上，属于工商注册的公司，不在我国正规金融机构之列，但是国家认可和肯定的金融组织，因为它不同于其他一般的公司，小额贷款公司从事的是资金信贷的信用服务业务。银行业金融机构的审批监管机构为银监会、中国人民银行，而小额贷款公司的审批监管职能放在了各省（区、市）人民政府，一般由省级金融办作为主管部门。对于国家试点推行的小额贷款公司而言，它的目的和业务范围非常明确，其经营的是小额信贷的单一资金服务业务，其典型特征是"只贷不存"。其运营的资金主要是股东缴纳的自有资金，以及少量的、不超过两个银行业金融机构的融入资金。而对于商业银行来说，其经营业务广泛，也没有运营资本金的诸多限制，是代表国家的体制内的金融机构，可以吸收社会公众存款，开展的业务极其广泛，不仅包括各类贷款业务，还包括票据承兑与贴现业务、收付款项及保险业务、国际结算业务、银行卡业务等。显然，小额贷款公司与银行业金融机构具有本质的区别，同时也有相互联系和补充的内在关系。可以说，小额贷款公司在我国的金融体制里面发挥着"毛细血管"的扩散和补充作用。同时，对于引导和规范民间资本、倒逼银行等正规金融机构改革创新，小额贷款公司也发挥着虽微弱但积极的作用。

（二）小额贷款公司与民间借贷

随着我国经济市场化进程的加快，民间资本已经成为促进经济发展的一支重要力量，尤其在民营经济活跃的地区，数额庞大的民间资本如果加以引导并合理利用，必将对解决中小企业融资难问题起到积极作用。国家设立小额贷款公司试点的目的之一，就是希望以小额贷款公司为切入点，更好地引导和规范民间资本的运营，促使民间借贷市场找出一条通往阳光化和合法化的道路，促进民间借贷发挥其积极的正面作用，为我国的经济社会做出更大的贡献。小额贷款公司的试点无疑是民间借贷中的一支重要的"正规军"和市场引领者，在民间借贷市场和正规金融机构之间发挥纽带和桥梁作用，为政府引导民间借贷市场的规范化发展起到重要的引导作用。小额贷款公司通过吸引民间资本和民营企业的介入，有利于推动民间借贷市场走向规范化的道路。国家对小额贷款公司设置了三条"高压线"来约束和规范其发展。这三条高压线分别是非法集资、高利贷和暴力催债。对于触及三条高压线的做法，国家将以"零容忍"的态度进行严厉的打击和清理。由于长期以来，很多民间借贷机构形式和类型多样，存在很多民间借贷组织以小额信贷为幌子，长期从事非法集资和高利贷行为的情况，甚至使用暴力手段催债等情况也屡见不鲜，这已经影响到了国家金融秩序和社会的稳定发展，国家适时地开展小额贷款公司试点，无疑对于民间借贷的风险防范起到积极的引导和规范作用。小额贷款公司的试点推广政策的实施，是我国金融体系建设的一项金融创新和突破，国家拟以试点小额贷款公司为突破口，引导民间借贷资金服务民营中小微企业和"三农"的发展，这显然是国家政策导向。因为我国民间借贷市场具有自发性的特点，其资金以资本的逐利性和利益最大化为核心目标，更多地流向了高风险的暴利领域和行业，而对于实体经济以及广大小额贷款的支持力度很小。而小额贷款公司恰恰具有政府的政策意图和导向作用，作为一种制度性金融创新形式，其在民间资金需求旺盛的地区无疑能够发挥政策导向的积极作用。同时，小额贷款公司的诞生，对于广大农村地区的农户以及急需资金周转的民营小微企业来说，就像一场"及时雨"，是解决融资问题的最好渠道。

（三）小额贷款公司自身功能定位

从小额贷款公司自身来看，它的产生和发展是对我国传统金融体制的重要突破，也是对现有金融体系的创新和补充，正确认识和准确把握小额贷款公司的发展和功能定位，以及未来发展的问题和挑战，将有利于在政策调整方面推动小额贷款公司可持续发展。小额贷款公司的推行无疑是目前我国金融体系深化和改革的成果之一，其发展具有良好的政策前景。长期以来，我国的金融体系是以国有金融机构为主体的运营模式，合法的信贷经营是银行等正规金融机构的专利，其他资金借贷的活动和行为长期处于合法和非法的边缘地带。而小额贷款公司的推广，是我国在政策方面的有益尝试和突破，有利于解决民营中小微企业和农户的小额融资需求，其发展有着广阔的市场空间和前景。小额贷款公司作为新型的金融组织形式，还具有重要的拾遗补阙的积极意义。推行小额贷款公司试点，是国家突破体制障碍、引导和规范民间借贷市场活动的创新之举。经过近年以来的小额贷款试点的实践，小额贷款在服务地方经济社会发展的过程中，形成了特色鲜明，与正规金融业务互补的局面，其在配置金融资源、引导资金使用和流向等方面，发挥了正规金融机构无法起到的积极作用。尤其是对于广大的农村地区而言，由于我国国有的农村金融机构服务力量相对薄弱，无法满足农村经济发展日益增长的资金需求，而小额贷款公司开拓出了农村市场，依托其地缘、信息、服务等方面的优势条件，满足了很多农户和小微企业的小额资金需求，有效改善了目前我国县域正规金融资金覆盖率低、服务不到位的局面，提高了县域的金融服务水平。相比正规金融机构，小额贷款公司服务的客户面广泛，真正发挥了普惠金融的特色。

第三节　我国小额贷款公司发展的现状和风险

一　我国小额贷款公司发展的基本现状

中国人民银行发布的统计数据显示，截至 2017 年末，全国共有小额贷款公司 8551 家，贷款余额 9799.49 亿元，全年增加 504 亿元。从各省份的机构数量来看，江苏、辽宁、吉林、广东、安徽、河北、内蒙古、山东、甘肃、浙江、四川和广西等均超过 300 家。北京、天津、青海、海南和西藏小额贷款公司较少，均不足 100 家。北京和天津作为直辖市，各类金融机构资源比较丰富，其他金融资源对小额贷款公司具有一定的挤出效应。从从业人员数量来看，广东、重庆、河北、江苏、四川和辽宁位列前茅，从业人数分别为 9509 人、6319 人、5894 人、5795 人、5729 人和 5061 人。海南、青海和西藏从业人数最少，分别是 970 人、878 人和 156 人。从各省份实收资本的情况来看，江苏位列第一，实收资本为 809.26 亿元，其他依次是重庆，实收资本为 734.9 亿元，广东，实收资本为 653.54 亿元，浙江，实收资本为 574.58 亿元，四川，实收资本为 537.45 亿元，山东，实收资本为 448.62 亿元。实收资本最低的 4 个省份从大到小依次为，贵州，实收资本为 88.52 亿元；宁夏，实收资本为 62.28 亿元；海南，实收资本为 61.71 亿元；青海，实收资本为 47.99 亿元；西藏，实收资本为 14.32 亿元。从贷款余额情况来看，重庆第一，贷款余额为 1467.37 亿元；江苏第二，贷款余额为 932.72 亿元；广东第三，贷款余额为 855.60 亿元；浙江、四川、山东和广西紧随其后，贷款余额分别为 668.24 亿元、606.15 亿元、495.04 亿元和 474.33 亿元。贵州、海南、宁夏、青海、北京和西藏贷款余额最少，分别为 80.99 亿元、65.95 亿元、56.22 亿元、47.17 亿元、46.77 亿元和 13.98 亿元（参见表 7-1）。

表 7-1 2017 年我国 31 个省份小额贷款公司基本情况

地　区	机构数量（家）	从业人员数（人）	实收资本（亿元）	贷款余额（亿元）
全　国	8551	103988	8270.33	9799.49
北　京	99	1403	136.07	46.77
天　津	95	1299	119.54	129.60
河　北	437	5894	247.74	245.60
山　西	294	3233	186.15	172.60
内蒙古	361	3259	257.71	262.06
辽　宁	547	5061	362.84	310.98
吉　林	532	4892	145.03	109.88
黑龙江	254	1997	133.33	112.62
上　海	123	1575	200.00	219.01
江　苏	630	5795	809.26	932.72
浙　江	326	3418	574.58	668.24
安　徽	439	4867	363.87	447.01
福　建	118	1415	258.81	299.81
江　西	200	2531	222.56	223.45
山　东	334	4282	448.62	495.04
河　南	282	3752	221.07	238.48
湖　北	283	3615	305.63	310.71
湖　南	128	1903	104.20	105.40
广　东	461	9509	653.54	855.60
广　西	304	3909	264.83	474.33
海　南	56	970	61.71	65.95
重　庆	266	6319	734.90	1467.37
四　川	322	5729	537.45	606.15
贵　州	281	2630	88.52	80.99

续表

地　区	机构数量(家)	从业人员数(人)	实收资本(亿元)	贷款余额(亿元)
云　南	272	2944	129.13	127.88
西　藏	18	156	14.32	13.98
陕　西	270	2868	245.81	241.77
甘　肃	331	3570	151.35	128.99
青　海	77	878	47.99	47.17
宁　夏	128	1680	62.28	56.22
新　疆	283	2635	181.51	203.13

数据来源：中国人民银行网站"调查统计"栏目。

二　我国小额贷款公司发展主要问题

试点小额贷款公司在促进区域经济社会发展、支持农村经济等方面发挥了重要的作用，也进一步增强和提高了我国金融市场体系的服务能力和水平。同时，在发展过程中，其也面临很多外部和内部的制约因素，这些在一定程度上制约和阻碍了民间小额贷款公司的发展壮大。

(一)　外部制约

1. 法律地位不清晰

我国小额贷款公司发展中遇到的诸多问题的根源都是一个，即我国小额贷款公司自成立至今，仍然没有一个法律法规明确其金融机构的身份。法律上，没有一整套的法律来规范和支撑小额贷款公司的发展，导致其身份地位仍然没有取得法律上的明确和界定。目前来看，我国小额贷款公司融合了一般工商企业、银行以及民间借贷的一些特点，但仍显得有些不伦不类，这影响了其长远的发展。由于小额贷款公司开展的是资金信贷业务，但又属于工商企业，这种尴尬的境地，使小额贷款公司在融资、诉讼、税费等方面无法享受到与真正的金融机构同等的待遇。同时，小额贷款公司没有金融许可证，这又导致公司的信用记录无法被纳入中国人民银行的征信系统，客户产生违约的风险较大。通常情况下，现有的小额贷款公司要花大量的交易成本对贷款人的信息进行摸底和调研，开展的工作复杂、困难大，对人力资本也是一种较大的浪费。同时，在法律保障缺失的状态下运营风险将大幅增加。

2. 监管权责归属不明确

目前，地方金融办、中国人民银行和银监会等部门是小额贷款公司的主要监管部门。地方金融办以及地方工商部门对小额贷款公司的审批和注册负有主要责任。中国人民银行则是配合地方金融办的工作，对小额贷款公司实施非审慎性监管。而银监会主要从技术层面关注和负责对小额贷款公司以及其他民间借贷的利率变化以及资金使用流向的监测。小额贷款公司虽然开展的业务实质上属于资金信贷业务，但其还不是严格意义上的金融机构，属于一般工商企业。因此，政府也只能按照一般工商企业对其进行监管，这直接导致了监管主体和内容的相互冲突。而中国人民银行对于小额贷款公司的监管，主要是从经营业务上进行简单的备案，没有真正起到监管的作用。小额贷款公司未被纳入征信系统，也进一步造成银监会无法很好地履行针对小额贷款公司的监管职责。再加上地方性的监管机构不仅包括地方金融办、工商部门，还包括公安部门、工信部门等其他政府职能部门，这很容易导致职责上的交叉和重复，甚至监管空白。而与银行等金融机构相比，地方性的监管机构在专业性和技术能力方面明显不足，对于风险的判断也会出现很多的问题。

3. 经营资金较为紧张

"只贷不存"是小额贷款公司最重要的特点之一。正是这种"只贷不存"的运营特点，导致小额贷款公司在经营的过程当中，出现越来越严重的资金不足问题。国家小额贷款公司的资金规定设置了严格的数量限制，导致小额贷款公司后续资金问题成为制约其发展壮大的重要障碍。对于后续资金不足的现实，国家和地方政府也开始关注和重视，并且积极采取了不少的手段和改善措施，然而，从目前小额贷款公司的经营现状来看，后续资金不足仍是困扰小额贷款公司发展壮大的主要因素。事实上，小额贷款公司相当于投资公司，靠自有资本来开展小额贷款业务，必然承担较高的成本和较大的风险，目前来看，还没有探索出更加有效合理的盈利模式。小额贷款公司的未来发展面临多重挑战。"只贷不存"的业务模式，无疑是在资金的源头上对小额贷款公司的发展进行了限制，资金的循环能力不足，进而限制了小额贷款公司的可持续发展。很多小额贷款公司在自有资本金运营完成之后，陷入了长久的停滞状态。尽管小额贷款公司能够从银行业金融机构获取不超过资本金50%的融资资金，但是商业银行融资的成本比较高，由此可见，小额贷款公司的资金面对市场庞大的贷款资金需求显然是杯水车薪。

4. 税费负担过重

小额贷款公司作为一种新型的金融组织，但又仅仅属于一般的工商企业，不同于国家正规的金融机构，其身份和地位显得异常怪异。其税费也是根据一般的工商企业来缴纳，这导致公司承担了较大的税费负担。因为工商企业的公司属性，小额贷款公司不仅要缴纳营业税、企业所得税等主体税种，同时，还要缴纳税后利润分红的个人所得税。另外，由于小额贷款公司的业务经营范围特殊，其开展着小额贷款的信贷金融业务，因此，国家又规定其必须按照金融业的税目来缴纳较高的营业税。除此之外，由于实质上小额贷款公司还是被排斥在外的民间借贷组织，相比银行等正规金融机构，小额贷款公司的经营成本、交易成本以及信用风险问题都比较突出，再加上税费负担，对于小额贷款公司来说，这显然是雪上加霜。由于国家赋予了小额贷款公司引导和规范民间借贷市场的合法地位，小额贷款公司的利率一般低于其他类型的民间借贷组织，那么，在无法追求高利率的背景之下，小额贷款公司如何追求更大的公司利润也是未来比较难以解决的困难之一。

（二）内部问题

1. 公司内部经营管理不完善

大部分民间小额贷款公司经验积累不足，组织架构、治理结构尚处于探索阶段，风险控制机制不完善，缺乏一系列内部风险控制系统和业务管理系统。目前，小额贷款公司自身的内部经营管理也很不规范，很多小额贷款公司的部门设置粗放单调，风险控制部、资产保全部等基本的金融业务常规部门缺乏，缺乏现代化的经营管理手段和模式，不能满足小额信贷业务开展的必要条件。小额信贷由于具有巨大的借贷市场需求，其发展非常迅速。然而，相对于市场规模的迅速发展，大多数小额贷款公司的业务经营和内部管理仍然显得较为落后，长期处于探索阶段，这无疑会造成小额贷款公司的经营风险。小额贷款公司的内部管理制度很不完善，在开展小额贷款业务的过程中显得很无头绪。再加之，我国的小额贷款公司仍然处于起步和探索阶段，无论在国家政策层面还是在小额贷款公司自身的经营战略层面，都没有形成一定的可靠的模式和经验。很多小额贷款公司的利率还显得很随意，偿还期限和借贷数额之间也没有建立起合理的固定关联。现代金融行业是信息密集型的行业之一，其经营管理亟待形成现代化、先进性的数据信息处理系统，来支持众多的借贷信息和借贷指标体系。然而，对于小额贷款公司来说，要建立起一套专门的信息系统，无论在成本还是在能力方面都极为困难。而传统落后的经营手段显然越来越不能满足日益增长的业务信息的需求，因此，改善和提高小额贷款公司的经营管理能力和水平迫在眉睫。

2. 从业人员整体专业素养不高

小额贷款公司属于刚刚诞生的金融借贷主体，其发展还处于摸索阶段。整体来看，小额贷款公司呈现行业规模小、利润少、风险高的特点，对金融人才的吸引力很弱，因此，存在经营不规范、人才匮乏的普遍问题。小额贷款公司作为民间借贷的一种新型组织，虽然得到了国家的认可和支持，但其发展前景并不被社会公众看好。很多银行业正规金融机构的具有金融业务经验的优秀人才一般不愿意加入小额贷款公司，小额贷款公司面临人才难求的困境。目前，小额贷款公司的从业人员多是一些没有信贷经验的、业务水平很一般的大学生，或者是利用社会关系进入公司的亲属之类的不具有相关专业能力和借贷经验的从业者，这样的人员结构和配置必然制约着小额贷款公司的创新发展。另外，还有不少的小额贷款公司的制度建设混乱不堪，主要是各种有效的激励机制远没有建立起来。对于公司高管来说，小额贷款公司没有制定出合理的薪酬和股权激励办法，无法吸引金融高层次优秀人才加入。对于一般的专业人才，公司也没有设置合理的薪水保证，无法吸引和激发员工的创新动力和工作积极性，没有专业人才的保证，导致小额贷款公司服务层次低，风险把控能力不强，从而也加剧了企业经营风险。

3. 业务创新水平较低

我国小额贷款公司普遍存在的核心问题是业务创新较弱。由于国家政策的限制，我国小额贷款公司的主营业务单一，主要是小额信贷的放贷。另外，个别小额贷款公司会涉及很少量的关于理财和投资的咨询业务。现阶段，我国小额贷款公司单一的业务形式决定了其产品相对单一，而面对市场小额贷款的多样化的资金需求，小额贷款公司的产品的创新性不能满足市场的要求。很多情况下，小额贷款公司的贷款存在收回缓慢的问题，导致资金的循环出现问题，甚至导致资金链断裂。自有资金不足、外部融资受限的发展现实，也在一定程度上制约了小额贷款公司的产品创新。也有不少小额贷款公司曾经试图冲破重重障碍，取得业务上的创新和发展上的突破，但在实践中屡遭失败。另外，小额贷款公司在办理抵押物抵押登记时，需要二次公证，其手续和程序相当烦琐，从而影响小额信贷业务的顺利开展。跨区和超限业务额度的限制，也制约着小额贷款公司的发展。而小额贷款公司作为民间借贷的一种形式，其资本逐利性和盈利最大化的特点没有改变，因此，很多的小额信贷公司企图通过业务创新增强竞争力，吸引更多的客户资源，然而，自有资金和再融资困难的窘境最终影响了其创新能力和可持续发展，其只能在国家限定的条件和范围内低水平发展，甚至停滞不前。

4. 风险控制防范体系不健全

我国小额贷款公司的借贷服务对象一般是经济实力较弱的个人或者组织。主要客户包括民营的中小微企业、个体工商户、个人创业者以及农户等，其借贷活动的基本特点是贷款数额小、抵押物不足，这会造成小额贷款公司的操作成本以及各类交易成本过高。这些借贷对象一般经济实力不足，资质不全，抵押物缺乏，而有些小额贷款公司为了增加业务，往往忽略了风险。再加上小额贷款公司不是实质上的金融机构，没有被纳入中国人民银行企业征信系统，借款人的信用信息小额贷款公司一般很难全面掌握。因此，公司对于每一笔小额信贷业务都要花费更多的人力和物力进行调查摸底，产生了较大的交易成本，进而也增加了对信用风险的控制难度。如果发生违约，无疑又增加了小额贷款公司的经营成本。

三 我国小额贷款公司的风险和监管分析

（一）风险的类型

1. 政策风险

小额贷款公司的政策风险主要包括受国家、地方政府产业政策和区域政策的影响而产生的发展压力和风险。政策的实施效果一般具有很强的时滞性的特点，有时候甚至会导致以前的政策不再适合小额贷款公司目前的发展。例如，由于小额贷款公司实际上属于工商企业，以工商企业的标准缴纳税收，但其实际从事的是金融业务，而国家对金融业的税收标准与一般工商企业有很大的差别，而且国家对农村信用社之类的金融机构都给予了很多的税收优惠政策等，而这些政策小额贷款公司却无法享受，导致其经营面临很大的压力。另外，对于小额贷款公司，还没有专门的法律监管制度，目前，对小额贷款公司的监管只能按照普通的公司法来执行，这显然不能满足和适应对小额贷款公司的监管需要。

2. 市场风险

小额贷款公司市场风险主要来源于民间借贷市场的竞争。国家推行小额贷款公司试点的目的是支持"三农"发展以及扶持民营的中小微企业。而随着小额贷款公司的不断发展，其规模不断扩大，相互之间的竞争加剧。随着国家金融体制改革的深化，国家商业银行以及股份制银行也开始加强了小额贷款的业务服务，其显然具有很强的资金充足性，在专业素养和服务能力方面具有先天的优势，必然对小额贷款公司产生强大的竞争压力。另外，同其他类型的民间借贷机构相比较，小额贷款公司由于处于透明的监管之中，受到地方政府的严格管控，因此，在贷款程序的灵活性和资本的充足性等方面显得十分被动，在跟民间借贷机构的竞争中也处于相对劣势地位。因此，小额贷款公司在现实的发展空间有限发展前景很不明朗。

3. 经营风险

经营风险是指小额贷款公司在业务经营的过程中，由于公司内部管理制度的问题而产生的风险，其会导致公司的利益受到损害。目前，我国小额贷款公司基本上按照《公司法》和金融机构内控要求，建立了"三会"、贷款三查和贷审会制度，但在这些制度的执行和落实中还存在很多问题，有些制度形同虚设，具体执行过程中风险防范意识、内控制度落实情况以及贷款质量的高低受公司决策层和人为因素的影响过大。如果因为决策失误或者因为追求高收益而导致贷款出现问题时，经营风险就会发生。

4. 操作风险

操作风险指小额贷款公司因内部控制系统不完善等而造成损失的风险。目前，我国小额贷款公司的内部管理机制以及业务流程尚未建立起成熟的运营模式，加之国家的相关政策意见也存在一些漏洞。很多小额贷款公司存在的最普遍的问题就是专业人才的缺乏，相关金融专业人才的缺乏以及经验的不足，很容易造成业务操作方面的失误，进而引发操作风险。并且，很少有公司在机构设置方面建立起专门的风险防范部门以及相关的风险管理部门，对于风险的处置仅仅停留在事后处置型的规章制度层面。具体而言，小额贷款公司的信贷业务资金数额小、交易笔数多的特点，容易在操作过程中因为一点小失误造成漏洞，引发操作风险。

5. 信用风险

信用风险是指借款人由于各种原因无法及时偿还本息，造成小额贷款公司出现财务损失的情况。从客观上来说，小额贷款公司承担了银行等正规金融机构不愿承担的"次级贷款"，其在帮助银行分担风险的同时，增加了自身的信用风险。加上小额贷款公司的各类经营成本较高，小额贷款的利率一般较高。而较高的利率水平必然会导致客户资源的流失，而愿意选择较高利率水平的客户一般情况下，不是急于得到贷款，就是存在信用问题的概率较高，一旦这样的客户出现违约，小额贷款公司将面临资金周转和循环问题。

6. 流动性风险

流动性风险即资本出现断裂的风险，由于小额贷款公司一般不具有重组的自由资本，一旦出现自有资金的循环问题，小额贷款公司就会出现流动性风险，不能满足客户的贷款需求和意外损失补偿要求。当然，由于小额贷款公司"只贷不存"的经营规则，资金回收速度缓慢必然会引起公司整个资金面的紧张状况。小额贷款公司的流动性风险主要表现在三个方面：一是小额贷款公司的再融资补给能力不足，导致流动性需求无法满足流动性供给，这就会出现公司无钱可贷的困境；二是小额贷款公司在资金业务运营的过程中没有很好地配置金融资源也可能引起流动性风险；三是小额贷款公司如果没有及时偿还银行的信贷资金，也会导致公司资金面紧张的状况。贷款融入资金一旦集中到期，可能会导致小额贷款公司出现流动性风险。

7. 合规风险

合规风险主要包括非法集资风险、高利贷风险、洗钱风险等。随着小额贷款公司数量和规模不断增加和扩大，违法乱纪的行为时有发生。非法经营的小额贷款公司有时候以小额信贷业务经营为幌子，秘密开展着非法放贷行为，引发合规风险。合规风险的主要形式有三种。一是非法集资风险。我国小额贷款公司长期从事着资本的经营，但其资金来源受到国家政策的严格限制，在资本逐利性和公司利益最大化的驱动之下，小额贷款公司铤而走险，有着通过非法集资来扩大贷款规模的冲动。而非法集资属于违法犯罪行为，其一旦出现，对于我国小额贷款公司及整个行业来说，可能会是不小的冲击。二是高利贷风险。高利贷是为获取短期暴利而采取的非理性的市场行为，小额贷款公司与其他民间借贷组织一样，往往会通过高利率或者变相高利率（如额外收费、利滚利等）谋取高额利润。这种高利贷行为，不仅严重侵害借款人的合法权益，而且危害小额贷款市场的健康发展。三是洗钱风险。小额贷款公司非金融机构的身份属性，使其游离于现有的反洗钱金融监管体系之外，洗钱行为损害贷款人、股东等多方权益，对小额贷款公司危害极大。

（二）风险的监管

1. 监管主体

从当前我国对小额贷款公司的监管现状来看，我国并没有明确的监管主体。中国人民银行及其地方分支机构作为我国金融监管的核心部门，其主要职能在于为国家宏观经济制定配套性的金融发展政策以及防范系统性风险的政策意见。而对于小额贷款公司的监管，中国人民银行仅负责对该业务进行简单的备案登记，没有实质的监管作用。银监会及其各分支机构对于小额贷款公司的监管，也是间接地通过银行业提供资本金的融资支持。地方工商部门对于小额贷款公司的监督管理，也仅限于审批登记注册，而没有相应的业务监管权责。因此，小额贷款公司的监管现状是，一般由地方政府职能部门来开展具体监管工作。地方对小额贷款公司的监管，主要包含三类部门。一是地方省级金融办，负责小额贷款公司审批等工作。二是市县各部门金融部门，主要负责对小额贷款公司的日常监管和风险处置。三是其他相关参与和协调部门，包括工商、公安、司法、财税、工信等，主要是参与风险处置中涉及自身政府职能的相关职责。

2. 监管措施

2005 年，我国开始推行小额贷款公司试点，经过多年的发展，我国的小额贷款公司的监管体制机制也在探索中完善。对于小额贷款公司的监管，国家和地方政府先后采取和形成了一系列的监管手段和实施措施。主要包括：限制资本金来源以及再融资规模、保证合理的贷款利率区间、实施严格的市场准入、严厉打击和清理违法违规业务经营等。国家对于小额贷款公司资金来源进行严格限制，在资金源头上限制了风险的积累，起到了防范风险的作用，但同时在客观上也制约了小额贷款公司的发展。小额贷款公司的市场服务对象是民营的小微企业以及广大的农村地区的个人或者企业，利率需要在合理的区间浮动，因为，如果利率太高，小额信贷的借款人无力承担高的资金成本，而利率太低的话，小额贷款公司盈利困难。总体来看，比起国有正规的商业银行的利率，小额贷款公司利率相对更市场化一些。小额贷款公司的相对严格的市场准入制度，不同于其他类型的民间借贷，成为具有更高合法性的民间借贷行为的第一道风险堡垒，其无疑对整个民间借贷市场起到引导和规范的作用。国家对违法违规的小额贷款公司同样采取严厉打击和查处的监管措施，主要针对的是开展和从事非法集资活动的小额贷款公司，省级政府及各地金融办联合其他相关部门，对非法集资活动进行行政处罚和刑事处罚，以维护区域经济和社会的稳定发展。

3. **监管困境**

目前小额贷款公司尚没有形成统一、标准的监管制度体系。普遍存在监管过度与监管不足并存的困境。通常情况下，小额贷款公司的资本金绝大多数来源于民间资本，出于防范风险的考虑，国家对民间资本的进入规模进行了管控。在准入条件、股东数量、持股比例、经营范围等方面设立了严格的标准。对小额贷款公司的限制和监管政策多，鼓励和扶持政策少，小额贷款公司的收益和盈利空间受到挤压，可能导致一些小额贷款公司的利润无法平衡经营成本，从而出现业务停滞甚至公司倒闭的情况。由于政府监管部门监管的是整个金融市场，而非小额贷款公司一个行业，有限的行政资源和监管人员无法只针对小额贷款公司的业务展开全面深入的监管，很容易出现对小额贷款公司监管不到位的情况。目前，政府监管存在的一个突出问题就是监管人员专业技术能力不足。金融专业知识是地方政府相关职能部门行使监管职能的基本储备能力，小额贷款公司在业务监管中会涉及大量的金融专业知识，而目前来看，具备此专业知识和业务管理经验的人才，主要集中在我国国有正规金融系统，而地方政府监管职能部门对这类人才的吸引力不足，主要表现在薪酬、福利待遇和事业发展空间等方面，地方政府监管职能部门很难吸引到优秀的监管人才。另外，针对小额贷款公司的监管预警机制还没有建立起来。目前，地方政府监管部门针对小额贷款公司的监管手段，主要是定期现场检查，现场检查的基本内容包括业务合同档案、公司财务报表等，看其是否存在违规操作等方面的风险问题。还有一种监管措施，就是要求小额贷款公司定期书面汇报工作情况，并递交风险评估报告等材料。这些监管手段和措施显然缺乏主动性，很多监管流于形式，没有实质性作用，更缺乏对风险预警的监管手段和措施。

第四节　我国小额贷款公司可持续发展的对策建议

一　明确小额贷款公司的法律地位及监管主体

首先，明确小额贷款公司的市场定位，继续完善相关的法律法规。国家应尽快建立起针对我国小额贷款公司的专门性的法律法规，真正让小额贷款公司走上有法可依的发展道路。在法律上明确小额贷款公司的地位和身份。出台相关的专门性的法律规章制度，如小额贷款公司法、小额信贷法等。在法律条款中明确小额贷款公司的业务范围、借贷行为约束等方面的详细内容，引导其走上健康和有序发展的轨道。其次，明确小额贷款公司的政府监管主体，改变目前地方政府监管职能部门管理混乱的不利局面。由于小额贷款公司属于工商企业，属于非金融机构的性质，对小额贷款公司监管的职责和权限应该被赋予地方政府相关职能部门，目前来看，金融办是比较适合的监管主体。应该由地方金融办统筹协调、全面负责小额贷款公司的审批准入、业务监管、风险管控以及市场退出等。同时，建立地方政府金融办与中国人民银行、银监会、工商部门和公安部门等相关单位的协调配合机制，形成部门之间的联动，共同引导和规范小额贷款公司的可持续发展。

二 拓宽融资渠道并强化产品服务创新

首先，针对小额贷款公司的再融资问题，应该酌情考虑其再融资政策。建议国家完善相关政策文件，对于一些业务经营相对较好的优质的小额贷款公司，适当降低再融资的要求和门槛，并给予一定的利率优惠政策，帮助其发展壮大，化解其融资困难以及资金面趋紧的现实困境。其次，国家对小额贷款公司能够放宽相应的限制条件，为其创新发展提供良好的融资环境。比如，可以允许小额贷款公司借鉴银行等正规金融机构的经验，开展同业之间的拆借活动，通过相互之间的借款支持，创造更大的发展空间，拆借的利率可以以银行同业拆借的利率为基准，设置浮动空间。最后，建立具有小额信贷特色的信贷模式，不断创新信贷产品和改善金融服务。社会对资金需求的多样性，必然决定了资金市场的多元化。对于小额贷款公司而言，需要针对其目标客户，开展好小额信贷业务。小额贷款公司可以通过建立信用档案，对当地的民营中小微企业和农户分类建立信用等级档案，以针对不同的客户采取不同的产品和服务类别，形成小额贷款业务的系统化、多元化的产品服务。

三 严格准入条件和健全退出机制

金融组织作为一种特殊的行业，经营着资金信贷业务。如果市场准入条件太低，会产生很多虚假资金注册以及出现很多潜在的非法集资风险，会使小额贷款公司出现混乱。因此，国家只有继续提高小额贷款公司的市场准入门槛，才能在源头上有效地化解各类金融违法违约的风险。除了实行严格的市场准入条件以外，在市场退出方面，也要建立起完善的破产退出机制。因为小额贷款公司在经过快速发展之后，开始进入了沉淀和成熟阶段，其必然会经历优胜劣汰的过程。建立市场退出制度的核心在于完善破产清算制度。针对到期无法实现清偿的债务，应该严格按照破产法的相关规定，对小额贷款公司的财务进行清算。破产清算过程是关系小额贷款公司法人、股东以及借贷对象等多个利益团体的活动，必然能保证其利益得到最大的、有效的保障。

四　打造监管信息交流平台

目前，我国对小额贷款公司的监管集中在两个方面，一是事前的审批注册，二是事后的纠纷处置。而对于中间的业务监管以及风险防范，监管职能部门显得力不从心，监管工作缺乏连续性。地方政府监管部门应建立以小额贷款公司的业务经营和风险管控为核心的监管体系，针对其日常运营和风险进行动态实时监测和风险预警。可以以建设监管信息交流平台为抓手，推动地方政府针对小额贷款的监管工作。利用和发挥现代网络信息技术的优势，打造以信息共享为特征的监管信息交流共享平台。地方政府监管部门应建立针对小额贷款公司的监管信息系统，负责系统的开发、维护和管理，保证监管信息系统的安全运行。逐步建立起小额贷款的征信信息体系，创造小额贷款发展的良好信用环境。小额贷款公司也必须配合监管信息化的要求，建立信息汇报系统，对接政府的监管平台，定期或者不定期地以信息系统为平台，按要求采报相关的业务经营、风险指标以及财务等方面的信息情况，并对报告和资料的真实性、准确性、完整性负责。

参考文献

姚先斌、程恩江：《小额信贷的概念、原则及在中国的实》，《中国农村经济》1998 年第 4 期。

何广文、李莉莉：《农村小额信贷市场空间分析》，《银行家》2005 年第 11 期。

曹辛欣：《小额信贷的利率分析》，《黑龙江对外经贸》2007 年第 5 期。

苏彤、郑红生：《浅议我国农村小额信贷业可持续发展的模式选择》，《金融发展研究》2008 年第 2 期。

李修平：《"只贷不存"小额贷款公司的风险及对策》，《当代经济》2009 年第 2 期。

徐瑜青、杨露静、周吉帅：《小额贷款公司运营现状及问题》，《农村经济》2010 年第 1 期。

杜晓山、张保民、刘文璞等：《中国小额贷款十年》，社会科学文献出版社，2005。

曹子娟：《中国小额信贷发展研究》，中国时代经济出版社，2006。

焦瑾璞、杨骏：《小额贷款和农村金融》，中国金融出版社，2006。

孙鹤、朱启臻：《国外小额贷款发展的成功经验及对中国的启示》，《世界农业》2007 年第 2 期。

范香梅、彭建刚：《国际小额贷款模式运作机制比较研究》，《国际经贸探索》2007 年第 1 期。

沈杰、马九杰：《我国新型农村金融机构发展状况调查》，《经济纵横》2010 年第 6 期。

武晓东：《小额贷款公司的发展模式与创新路径研究》，《经济导刊》2011 年第 4 期。

诸颖妍：《论小额贷款公司经营现状及发展构想》，上海交通大学，2010。

黄涛：《我国商业化小额贷款模式研究》，河北大学，2008。

刘洁：《我国小额贷款公司运营模式分析及政策建议》上海师范大学，2010。

何野：《我国商业可持续的农村小额贷款模式研究》，对外经济贸易大学，2010。

赵小晶、杨海芬、土建中：《我国商业性小额贷款公司的运营探析》，《南方金融》2009 年第 4 期。

卜旻：《我国小额贷款公司发展研究——以山东省为例》，山东财经大学，2012。

陈筱丹：《我国小额贷款公司的发展困境、法律障碍与突围路径》，华中师范大学，2016。

吕婷婷：《我国小额贷款公司风险控制问题研究》，合肥工业大学，2012。

彭果果：《民间小额贷款公司发展状况研究——基于对芜湖市七家小额贷款公司的调研》，安徽师范大学，2013。

齐浩志：《我国小额贷款公司可持续发展探究》，吉林财经大学，2012。

龙丹丹：《小额贷款公司的可持续发展探讨》，西南财经大学，2010。

张岚：《小额贷款公司可持续运营研究》，扬州大学，2014。

袁金良：《中国小额贷款公司融资困境研究》，天津财经大学，2015。

孙晶：《小额信贷为农村金融"造血"》，《中国农村科技》2008 年第 11 期。

龚劲放：《村镇银行连片设立管理研究》，福建师范大学，2014。

蒋策：《我国邮政储蓄银行小额信贷业务发展研究》，天津财经大学，2010。

杨永利：《我国农村商业性小额信贷公司的发展困境与对策》，《世界经济情况》2008 年第 10 期。

饶卫、闵宗陶、魏修建：《农村小额信贷中的外部性效应分析》，《经济问题》

2011 年第 9 期。

房东升、王锐、王建军：《新型农村金融机构可持续发展路径选择》，《北方金融》2010 年第 10 期。

刘晓：《小额贷款公司发展路径分析》，《现代商贸工业》2011 年第 17 期。

柳蓝：《湖北省小额贷款公司可持续发展研究》，《经营管理者》2010 年第 12 期。

何艳：《小额贷款公司风险管理模式研究》，西南石油大学，2013。

徐成江：《中国小额贷款公司角色定位问题研究》，中央民族大学，2013。

李立新：《ZW 小额贷款公司风险管理研究》，四川师范大学，2014。

徐沁：《安徽省 A 小额贷款公司的 SWOT 分析》，贵州财经大学，2013。

龙华平：《贵州省小额贷款公司发展现状与对策研究》，《兴义民族师范学院学报》2011 年第 4 期。

许志虎：《云南 HY 小额贷款公司业务发展研究》，云南大学，2015。

赵梅：《XX 小额贷款公司业务模式及运营风险分析》，吉林大学，2012。

李东卫：《中国小额贷款公司的改革与发展研究》，《中国发展》2012 年第 2 期。

李忠民、续静：《我国小额贷款公司发展研究综述》，《西部金融》2013 年第 2 期。

周迟：《小额贷款国内外研究现状及发展动态》，《生产力研究》2012 年第 5 期。

吴星泽、刘珈：《我国小额贷款公司发展研究》，《金融与经济》2011 年第 6 期。

苗雨：《中国小额贷款公司持续发展的策略研究》，河北大学，2014。

付英、许志虎：《甘肃省中小微企业发展中存在的问题及对策研究》，《甘肃科技》2013 年第 21 期。

李阳月：《P2P 网络借贷与小额贷款公司的合作研究》，云南财经大学，2015。

胡秋灵、何显婷：《小额贷款公司的问题及出路》，《上海管理科学》2010 年第 2 期。

吴鑫：《小额贷款公司经营风险及监管对策研究》，天津商业大学，2015。

陈绎冰：《我国小额贷款公司的政府监管研究》，东北师范大学，2014。

刘洁：《我国小额贷款公司运营模式分析及政策建议》，上海师范大学，2010。

第八章　我国 P2P 网络借贷的现状及风险防范

第一节　P2P 网络借贷概述

一　P2P 网络借贷的基本概念

P2P（Peer To Peer）网络借贷的意思是指借助互联网这个平台，个人与个人之间进行的信贷，它是一种不同于传统银行中介信贷服务的信贷模式。2005 年 3 月，全球第一家 P2P 网络借贷 "Zopa" 网站在英国应运而生，标志着一种新型的信贷形式诞生。此网络平台提供了以借款需求信息汇集和信用评估为主要内容的服务项目来促进借贷双方达成交易。平台依靠收取服务费的形式作为运营的收益，一经推出，即受到市场广泛而热烈的响应和使用。2006 年 2 月，美国第一家 P2P 借贷平台 Prosper 也开始在网络上运营。2006 年 5 月，我国宜信公司成立，从小额信贷角度切入 P2P 借贷。2007 年 5 月，社交网站 Facebook 推出 Lending Club 网络借贷平台应用。2007 年 8 月，依托互联网，我国第一家 P2P 借贷平台 "拍拍贷" 诞生。紧随其后，我国 P2P 借贷平台如雨后春笋般层出不穷。

对于作为新型组织主体的 P2P 网络借贷来说，其交易主体包括三个主要的交易对象。一是网络平台，二是借款人，三是投资者。它们构成了一个相对完整的三角结构。P2P 网络借贷平台依托互联网信息服务平台，为借贷双方搭建起联系和沟通的桥梁，促进双方达成借贷交易，其作为中介机构提供相关的服务。借款人作为资金的需求方，通过 P2P 网络借贷平台，实现其对资金的需求，与投资者达成交易。投资人作为资金的提供者，同样利用 P2P 网络借贷平台，寻找资金的需求者，以实现其资金收益的最大化。P2P 网络借贷的产生和发展，是我国互联网发展到一定程度的产物，近年来，随着云计算、大数据以及物联网等信息技术的不断成熟和突破，国家也推出了"互联网 +"战略计划，P2P 网络借贷进入迅猛发展期。从目前的发展现状来看，我国 P2P 网络借贷的对象和范围不断扩展，从最初的个人对个人，已经发展成为多人对企业，或者企业对多人的丰富多样的信贷模式。在 P2P 网络借贷行业迅猛发展的同时，其行业的规范问题也被提上日程，得到国家和政府相关部门的关注和重视。因为，相比银行等正规金融机构，P2P 网络借贷行业很多不具备信用担保体系、信息记录和相应的自我监管的风险防范制度，所以，P2P 网络借贷表现出更高的违约率，其在发展的同时，风险也在不断地积累。

二　P2P 网络借贷的分类

（一）按营利性分类

P2P 网络借贷根据是否以营利为目的，可分为两类。一类是具有营利性的网络借贷平台，一类是带有公益性质的网络借贷平台。营利性的网络借贷平台主要是通过收取服务费或者直接参与借贷等方式赚取利润，以促进借贷双方实现信贷交易而获取利润。而公益性的网络借贷平台并不以营利为目的，其旨在为公益事业做无偿服务，帮助一些社会弱势群体解决小额的资金不足问题。一般情况下，公益性的网络借贷平台以项目支持为载体，主要支持的方向是扶贫或者教育等公益事业。例如，我国的齐放网就属于公益性的 P2P 网络借贷平台。当然，我国绝大部分的 P2P 网络借贷平台属于营利性质的借贷平台，有的商业性的网络借贷平台有时候也会开展一些公益性业务。

（二）按担保模式分类

P2P 网络借贷平台按照抵押担保的情况，也可以分为三类。第一种是没有抵押和担保的 P2P 网络借贷平台；第二种是没有抵押物但有担保的 P2P 网络借贷平台；第三种是有抵押物也有担保的 P2P 网络借贷平台。没有抵押物但有担保的 P2P 网络借贷平台，本质上属于负荷性质的借贷中介机构，一般情况下，这种类型的网络借贷平台对于借贷交易的实现会采取第三方的审查程序，对借贷的资金、双方的信用以及利率等都会做出客观公正的评估，评估的模式是采用线上和线下相结合的方式。有抵押有担保模式的 P2P 网络借贷平台，是基于有一定基础和经验的民间借贷机构发展起来的，其利用网络平台吸引更多目标客户，这一类公司一般对网络的依赖程度比较低，更多的业务实质上是在线下开展的，网络平台更多的只是其业务宣传和吸引更多客户关注的另外一个渠道，利用其促进宣传和吸引更多的客户来线下公司直接进行借贷交易。

（三）按与网络的结合程度分类

还有一些 P2P 网络借贷平台虽然也加入了网络借贷公司的行列，但并不完全依赖和利用网络资源。P2P 网络借贷平台按照交易与网络结合的紧密程度，可以分为线上和线下两种。主要在线下开展相关业务的网络借贷平台很多是线下的小额贷款公司。它们利用网络借息平台，在现实中为借贷双方牵线搭桥，实际的交易则在线下实现和完成。线上网络借贷公司，即 P2P 网络借贷公司，以网站作为信息和交易的平台，具有很高的公开性和透明度，借贷双方的交易行为大部分在线上完成和实现。通常情况下，平台将借款人的个人基本信息、资金需求数额与目的、交易的利率情况等信息发布在平台上，让投资人对借款者的借款相关情况有一个较为全面的了解和掌握，以促进双方交易的实现。民间借贷的线上化发展是未来信贷公司发展的趋势所在。具有典型意义的网络借贷公司有拍拍贷、红岭创投等。

三　我国 P2P 网络借贷的特点

（一）广泛的参与主体

P2P 网络借贷参与的对象极其广泛，包括社会各类人群。P2P 网络借贷的目标客户主要包括民营的中小微企业、个体工商户、城乡居民、大学生等。我国大学生以家庭为后盾，一般信用较好，成为 P2P 网络借贷行业的新宠。其他的借贷对象一般因为无法满足银行贷款严格的审批条件，也选择通过 P2P 网络借贷平台获取资金支持。还有些创业者以及个人在急需得到短期性、金额较小的资金时，也会考虑通过网络借贷平台获取资金。

（二）借贷交易条件宽松

很多 P2P 网络借贷平台设置的借贷交易门槛很低，借款或放款达成交易的标准非常低。通常情况下，只要满足信息的真实性条件，每个人都可以在平台上进行注册，通过平台认证后，可以成为投资人或者借款人。对于平台交易的金额数量，平台也没有特别的下限的硬性规定，有些平台还有几百元，甚至几十元交易金额的情况。

（三）较高的交易效率

很多 P2P 网络借贷平台没有抵押物和担保，操作极为简便，流程简单、获取资金快是其最大的优点。借贷双方只要完成了平台的审核和认证，在借贷双方满足一定的条件之后，交易就可以很快地实现，平台信贷交易的效率相当高。平台作为借贷双方相关信息的审核方，其审核依据一般为中国人民银行建立的征信系统的要求。对借款人的信用情况审核完成之后，平台会通过借款人的信息，将其资金需求公布在平台上，投资人会参考相关信用信息和借贷信息做出资金投资的决定，从而完成交易。

（四）较高的信息透明度

P2P 网络借贷平台作为一个信息平台，提供了借款人和投资人的基本信息。借贷双方可以利用借贷平台，在了解和掌握对方个人信用以及资金供需情况的前提下，根据个人意愿做出借贷决定，完成资金交易行为。平台为投资人提供借款人的个人信用情况，以及借贷资金的用途等信息，帮助投资人克服信息不对称的困难，在交易实现以后，对借款人的资金后续使用情况也开展线上和线下的动态监测。借款人的资质和资料一般由平台进行审核，平台负有连带责任。平台对借款人资金需求的审查内容主要包括借款金额规模、借款的流向和用途等，可能会根据需要进行线下的实地考核，经过考核后的借款人信息才会在其平台上发布，并帮助其实现对资金的需求。

四　我国 P2P 网络借贷风险与传统个人信贷风险的区分

P2P 网络借贷平台作为民间借贷的一种金融创新形式，比起传统的个人信贷，其本质的特点在于，P2P 网络借贷平台是借助于新的信息工具而发展起来的一种新的借贷类型，它有助于解决民间借贷过程中信息不对称的问题，也是未来微型金融发展的一种趋势。两种都是民间借贷的一种形式，都具有民间借贷风险的一般特征，同时，P2P 网络借贷风险也有其特殊性。一是债权债务关系的复杂性。P2P 网络借贷平台由于借贷双方并不一定是一对一的债权和债务关系，很多时候，借贷双方的组合形式相当复杂，可能存在一个债务人对应多个债权人的复杂局面，或者一个债权人对应多个债务人的情况。正是由于其借贷关系的复杂性，一旦出现违约，债权人可能在应对与债务人之间的问题时，还要协调好与其他债务人或者债权人之间的关系，这种错综复杂的债务债权关系，加大了解决纠纷的难度。平台作为中间人，按照承诺弥补了债权人的损失之后，仍然要应对与多个债权人或者债务人的资金纠纷，这也可能给平台带来始料未及的麻烦。二是风险表现的差异性。P2P网络借贷平台在一定程度上，对于解决借贷双方的信息不对称问题有着积极的作用。但与此同时，在不同的网络环境之下，也有增加借贷双方信息不对称的风险的可能性。例如，因为技术或者平台自身经营能力等原因，可能潜伏着较大的信用风险。技术风险对于P2P网络借贷的影响程度有大有小，具体体现为由于地区的限制而导致的信贷技术困境。另外，P2P网络借贷平台也面临着巨大的法律政策风险。因为P2P网络借贷平台正处于起步和摸索阶段，国家在对网贷平台的身份、地位以及技术判断等方面，还没有办法形成明确的专门性法律法规来引导和制约。

第二节　我国 P2P 网络借贷现状与风险分析

一　我国 P2P 网络借贷发展历程

（一）2007~2010年：行业导入期

2007年，作为我国第一家P2P网络借贷平台，拍拍贷应运而生。拍拍贷成立于金融业较为发达的上海，初始的注册资金为100万元，是我国首个P2P网络借贷平台，但其发展较为缓慢。其发展模式是属于没有抵押和担保的纯中介模式，这种无抵押无担保的模式，就是借贷双方在交易过程中，不需要抵押和担保。显然，这种模式在信用体系不健全的情况下，极易导致违约风险的爆发。2009 年，深圳红岭创投正式上线运营，初始注册资金高达 5000 万元，其运营的最核心的特点是完全保障投资人的实际收益，在借款人未还款之前，平台会先行垫付贷款的本息。总体来看，P2P 网络借贷这种新型的借贷模式，确实给借贷双方带来了极大的便利，然而，其安全性也受到社会的普遍质疑。所以，2007～2010 年，我国虽然有一些 P2P 网络借贷平台先后成立，但从实际交易情况来看，并没有吸引太多创业者投入此行业，也没有太多的客户参与借贷活动。截至 2010 年，我国只有 10 家 P2P 网络借贷公司，年成交量不足 1 亿元，其并不被社会公众看好，直到 2011 年才出现爆发式增长。

（二）2011～2013 年：快速成长期

2011 年该行业迎来快速发展期。平安集团发起成立了后来很著名的陆金所，不同于其他网络借贷平台，陆金所的起点很高，成立之初，便宣称将利用和纳入中国人民银行征信平台，让投资人对其有更高的信任。以陆金所的成立为起点，我国的 P2P 网络借贷平台迎来快速发展期。在这一阶段，社会资金利率高企，股市、楼市低迷，居民理财资金寻找出路，个人借款以及小微企业借款也出现困难。网络借贷行业因此受益。据统计，截至 2012 年，我国的 P2P 网络借贷平台数量已经超过 200 家，达成的网络借贷交易累计金额在 60 亿元左右。这些不完全精确的统计数据至少在一定程度上可以说明，我国网络借贷平台的发展速度较快，社会有目共睹。

（三）2013～2015 年：高速发展期

"网贷之家"披露的相关数据显示，2013 年，综合实力和交易额排名前 10 位的 P2P 网络借贷平台，其日贷平均金额为 6000 万 ~ 8000 万元。2014 年是国家推行互联网金融的政策利好之年，国家对 P2P 网络借贷行业也给予了认可和支持，在这样的政策背景之下，我国 P2P 网络借贷平台的数量进一步增多，社会公众对 P2P 网络借贷平台的认可和接受度也显著提高，很多投资人和借款人参与其中。伴随着 P2P 网络借贷平台规模的迅速扩大，其自身也在发展中不断规范和成熟。但与此同时，有一些搅局者也蓄意通过 P2P 网络借贷平台进行非法的金融活动，一些问题平台开始暴露，从地域分布上来看，很多问题平台出现在东南沿海地区。相关统计数据显示，2015 年，我国问题平台数量高达 1000 家，其中，东南沿海城市的问题平台占全国总数的 60% 左右，并出现了一些违约纠纷案件。高速发展的 P2P 网络借贷平台开始出现问题，说明针对 P2P 网络借贷行业的风险监管必须提上日程。

（四）2015 年至今：分化整合期

在经历了高速发展以后，我国 P2P 网络借贷的问题开始逐渐暴露，接连发生的几起恶性事件严重影响了我国金融秩序的稳定。2015 年以后，由于 P2P 网络借贷行业的风险爆发，市场开始重新审视其现状和未来发展，呼唤法律法规的建立健全。社会公众对行业的认识也开始趋于理性。P2P 网络借贷平台之间的联系也开始加强，它们自发形成了行业联盟、资信平台等自律性组织，并积极寻求中国人民银行的支持和帮助，完善信用数据。在这一阶段，我国个人及中小企业征信系统，在 P2P 网络借贷平台的发展和倒逼之下，也开始逐步地走上弥补和完善的发展轨道，P2P 网络借贷行业的整体进程已经完成，整体市场主体呈现三足鼎立的态势。一是一些国有的金融机构加入了 P2P 借贷市场；二是一批发展成熟的 P2P 网络借贷平台实力不断增强；三是出现了一些区域性的和深耕某一领域的小规模 P2P 网络借贷平台。

二　我国 P2P 网络借贷发展现状与趋势

（一）我国 P2P 网络借贷发展的现状

自 2007 年国内首家 P2P 网络借贷公司——拍拍贷成立以后，P2P 网络借贷飞速发展，P2P 网络借贷平台数量暴增。虽然交易规模的扩张速度较快，但是完成交易的手段和质量都相对较差。"网贷之家"披露的数据显示，截至 2017 年底，P2P 网络借贷平台数量累计为 5970 家，正常运营平台数量为 1931 家，问题平台数量为 4039 家，问题平台占到了平台总数的 67.65%；网贷行业的成交量为 2248.09 亿元，综合参考收益率为 9.54%，平均借款期限为 10.02 个月。

从各平台成交数据来看，2017 年 12 月，产生成交量的平台共有 498 家。按照成交量来看，排名前 10 位的平台公司分别是陆金所、红岭创投、爱钱进、微贷网、有利网、小牛在线、宜贷网、轻易贷、团贷网和你我贷。这说明，我国 P2P 网络借贷公司规模化趋势显著（见表 8 - 1）。

表 8 - 1　2017 年 12 月 P2P 网络借贷平台成交数据

平台	成交量（万元）	平均预期收益率(%)	平均借款期限（月）	待还余额（万元）
陆金所	1002116	8.36	33.99	16021566
红岭创投	970980.6	8.76	1.92	1997199
爱钱进	835645.9	10.51	28.95	3700908
微贷网	701883.9	7.43	4.17	1770622
有利网	627639.6	9.71	22.37	1670256
小牛在线	506063.9	10.05	5.45	1573726
宜贷网	487823.3	10.75	7.49	544406.1
轻易贷	474268.4	8.56	6.52	795553.5
团贷网	468468.4	9.85	12.37	1773066
你我贷	444472.9	10.53	18.88	2131775

数据来源：网贷之家。

从平台区域分布情况来看，2017 年 12 月，P2P 网络借贷平台公司全国的成交量为 2248.08 亿元；广东为 525.46 亿元，北京为 716.60 亿元，浙江为 367.55 亿元，上海为 380.66 亿元，江苏为 35.08 亿元，山东为 15.14 亿元，湖北为 17.89 亿元，四川为 67.33 亿元，其他共计 122.37 亿元。北京、广东、上海和浙江占比最高，累计占全国总份额的 88%，占比分别为 32%、23%、17% 和 16%（见图 8－1）。地区集中的态势明显。

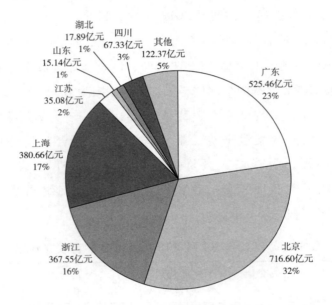

图 8－1　2017 年 12 月我国 P2P 网络借贷平台公司成交量区域分布

数据来源：网贷之家。

从平台类型来看，按照"网贷之家"的平台类型分类，平台分为民营系、银行系、上市系、国资系和风投系五类。据统计，2017 年 12 月，民营系平台成交量为 900.26 亿元；银行系平台成交量为 164.92 亿元；上市系平台成交量为 618.03 亿元；国资系平台成交量为 205.09 亿元；风投系平台成交量为 1042.03 亿元。可见，民营系和风投系成交量较高。从五大类型平台的运营平台数量来看，民营系运营平台数量为 1486 家，占到总数量的 75%。其他类平台数量较少，国资系运营平台数量为 212 家；风投系运营平台数量为 153 家；上市系运营平台数量为 115 家；银行系运营平台数量较少，仅为 15 家（见表 8 - 2）。

表 8 - 2　2017 年 12 月五大类平台成交量相关数据

单位：亿元，家

类型	成交量	运营平台数量
民营系	900. 26	1486
银行系	164. 92	15
上市系	618. 03	115
国资系	205. 09	212
风投系	1042. 03	153

数据来源：网贷之家。

综上可见，在 P2P 网络借贷平台经历了高速发展之后，其深层次问题开始暴露。P2P 网络借贷作为一种新兴的民间借贷形式，其进入市场几乎处于无市场准入门槛、无具体的行业标准、无特定的监管机构的"三无"地带，因此，这也导致了风险的积聚，以及出现了个别老板"跑路"、私自挪用资金的情况，给投资人带来了较大的财产损失。从 P2P 网络借贷平台的交易规模来看，相对于社会融资总量，P2P 网络借贷行业的交易规模其实非常有限，所以，P2P 网络借贷行业的风险引起整个国家系统性风险的概率也很小。但从长远来看，P2P 网络借贷行业的增长速度不可小觑，因此，如何引导和规范 P2P 网络借贷行业的发展、提前防范风险的发生，对于整个 P2P 网络借贷市场来说比较紧迫。

（二）我国 P2P 网络借贷主要的运营模式

1. 纯线上平台模式

纯线上平台模式指的是借贷双方的交易是在平台上进行直接对

接，在线上直接完成借贷交易的情况，平台仅作为信息的提供者，不干预交易行为。这种纯平台中介的模式，借鉴了欧美的 P2P 网络借贷的运营模式。平台提供了一般的身份和信用审核认证，展示借贷的需求信息，通过收取管理费和服务费的形式赚取收益，交易的达成仅依赖借贷双方的自主选择。我国的拍拍贷是典型的纯线上平台模式，提供的服务项目集中于对借贷双方信用的审核。拍拍贷通过与全国十几家权威数据中心的合作，利用强大的信用数据资源，对借款人的身份和信用进行审核和认证。其数据认证系统的数据合作部门包括公安部身份证信息查询中心、工商局、法院等。拍拍贷平台完成了借款人的审核认证之后，拍拍贷会搜索借款人留在网络上的相关信息，将其再进行风险的评估和判断，以更好地反映借款人的信用情况。

2. 线上线下相结合模式

采用线上线下相结合模式的 P2P 网络借贷公司，不同于线上的纯中介平台，它们坚持线上和线下操作。在线上，这一类 P2P 网络借贷公司通过网站宣传、公报借贷资金供需信息以及提供相关的业务办理和法律服务，来吸引借贷双方通过其平台达成借贷交易。在线下，它们则通过实地考核、开发投资人客户、建立风险防范机制等方式，帮助借贷双方在线上正常交易。通常情况下，借款人在线上平台注册和提交借贷申请以后，平台会通知在各地设立分支机构的工作人员及时开展线下的对借款人的实地调研，主要通过客服与借款人完成信息的采集和核实工作的方式，判断和评估其身份和信用的真实情况。这种模式显然更适合我国信用环境的现实情况，也能够在一定程度上防范和制约风险，是我国大部分 P2P 网络借贷公司所选择的经营模式。例如，翼龙贷和人人贷都是线上线下相结合的模式的典型代表。翼龙贷通过加盟的形式扩大其线下服务范围，在各地开展身份和信用核实的同时，也开拓周边市场，吸引和扩大客户群体。人人贷主要是通过和其他机构的合作扩大其在全国的门店布局，并扩张周边的借款人市场。显然线下模式的开展，除了能更准确地进行身份和信用的审核以外，也能够打开客户市场，销售更多的债权产品。

(三) 我国 P2P 网络借贷的发展趋势

总体来说，我国 P2P 网络借贷行业的发展处于起步和探索阶段，还没有成熟的发展模式和经验。在国家法律法规和各类配套政策意见没有建立和健全的背景之下，整个市场显得鱼龙混杂，潜藏着不小的风险，导致近年来出现了较多的"跑路"事件。对于社会公众来说，客观上来看，接受和参与 P2P 网络借贷的借贷者仍然只是一小部分群体。未来，随着我国金融体制改革的不断完善和深化，我国个人征信体系的大数据库也会不断健全和完善，社会公众对 P2P 网络借贷的认可程度和参与度必然会有所增强，P2P 网络借贷依托其信息优势，还会迎来较好的发展机遇。加之国有银行无法满足广大民营中小微企业和个人庞大的资金需求，在国家法律和政策健全的背景下，一些非法的民间借贷会没有生存空间，而转向 P2P 网络借贷市场来用社会公众提供的资金服务。综合来看，我国 P2P 网络借贷平台的发展趋势可能集中在以下几个方面。一是市场服务的差异化特征会逐步形成。目前，几乎全部的 P2P 网络借贷平台都在从事相同的业务，很少有平台能发挥其特点和优势，开展针对某行业或者某领域的专业化市场细分服务。例如，随着 P2P 网络借贷平台在业务方面的常年积累，其可能在某一行业或者领域积累更多的资源和项目，也会积累更好的防范和控制风险的经验，这就为其他专业化、特色化以及差异化的网络借贷提供了很好的发展基础和机会。二是市场开拓能力不断增强。对于 P2P 网络借贷平台而言，面对庞大的资本需求市场，其服务范围和对象还非常有限。随着一些 P2P 网络借贷平台的先知先觉，其中的一部分会寻找新的市场蓝海，开拓一片新天地，进入新兴借贷市场。

比如，广大的农村市场。很多的农民的借贷行为主要以现金的方式进行，银行针对其的资金服务很少。加之，目前农村的土地权属还没有正式明确，农民的征信记录缺失，传统金融机构很难为其提供服务，但其巨大的资金需求急需找到融资渠道。目前，已经有一批P2P网络借贷平台开始着眼于农村市场，开始关注和考察农民的信用状况，为未来的发展铺路，其市场前景巨大。三是深化服务是网络借贷发展的必然选择。P2P网络借贷平台的竞争越来越趋于白热化，面对日益激烈的竞争，除了市场的细分，深化服务是其发展的必然选择。这就需要网络借贷平台能够细致考察和分析借款人的资金用途和项目，帮助其获取更高的收益，提供除贷款服务以外的服务内容。例如，借款人经营网点需要资金，P2P网络借贷平台在帮助其获得贷款的前提下，可以提供额外服务，发挥其电商资源的优势，帮助其建立售卖体系，这样在壮大借款人事业的同时，提高了还款的速度，降低了平台自身的风险。四是新技术的优势会提高平台的资金借贷效率。在大数据的时代背景之下，P2P网络借贷行业将迎来发展的大机遇，在大数据分析的技术帮助之下，P2P网络借贷行业会建立起自己的征信系统。有了大数据系统的支撑，借贷双方的基本信息和信用情况能够在系统中快速查询，以便判断其信用风险情况，这将大大地提高平台的资金配置效率，并且极大地降低交易成本。

（四）我国P2P网络借贷风险的表现

1. 因违约行为造成的信用风险

信用风险也称违约风险，是指借款人未遵循合同的有关规定，不能按期还本付息，并且平台也没有进行相关赔付，造成投资人利益受损的风险。在P2P网络借贷行业面临的风险中，信用风险是其面临的最大风险。一般情况下，投资人主要通过P2P网络借贷平台提供的借款人基本信息来决定是否交易。但是，这一类信息往往非常有限，因为借款人的很多实际信息，网络借贷平台很难完全了解和掌握，在审查的过程中也无法做到精确。所以，借贷双方之间的信息不对称依然存在，这给平台和投资人的审核和交易的决策都带来一定的困难。目前来看，很多 P2P 网络借贷平台都没有完全纳入中国人民银行的征信系统，造成平台对借款人的信用很难进行准确的判断，进而可能具有很大的潜在风险。虽然很多的 P2P 网络借贷平台都承诺投资人给予部分或者全额赔付，但如果平台经营不善或者在赔付中不履行义务，投资人同样会面临信用风险，从而导致投资失败，财产损失。因此，投资人在投资 P2P 网络借贷平台时，一般会选择实力有保障的平台。

2. 因内部控制引发的操作风险

P2P 网络借贷平台的操作风险，一般是由平台公司内部的管理制度、操作流程、信息系统等方面的因素所产生和导致的问题，给借贷双方或者平台带来损失的风险。由于 P2P 网络借贷行业刚刚起步，有效的信贷审核机制正在探索和建立之中，现有的信贷审核机制仍是借用银行相关经验和操作手法，还没有形成一套适合 P2P 网络借贷行业本身的更加科学合理的信贷机制。网络借贷平台的准入门槛很低，平台公司实力不强，经营管理经验不足，人才在经营操作和风险管控方面也显得不够专业，由此可能造成操作风险的产生。P2P 网络借贷平台的典型特征是借助和依赖于互联网的技术资源，因此，网络信息技术也对其经营和操作产生很大的影响，相比国有银行等正规金融机构，P2P 网络借贷平台面临更大的信息技术风险。一旦发生计算机或者网络信息故障，将会导致严重的操作业务大面积瘫痪的情况。

3. 因市场波动带来的市场风险

P2P 网络借贷的市场风险指的是金融市场上利率、汇率等价格因素的变动而对整个 P2P 网络借贷行业产生的不利影响。P2P 网络借贷的市场风险最大的表现在于借贷利率的变化，借贷利率是导致市场风险发生的最主要的因素。P2P 网络借贷作为新兴的民间资金的融资渠道之一，开展着较小规模的资金经营活动，受利率等市场因素的变化影响会更加明显。这是因为，利率的变化在影响银行借贷基本利率的同时，会对 P2P 网络借贷市场带来更大的影响，一方面，影响其融资成本，另一方面，影响投资者的收益。可以说，其从供需两个层面都对 P2P 网络借贷行业造成不确定性的影响。

4. 因期限错配等因素导致的流动性风险

P2P 网络借贷行业的流动性是网络借贷平台运营资金的现金流情况的反映。通常情况下，平台给投资人承诺在借款人发生违约时，平台先行赔付，在这种情况之下，流动性就是对平台自身流动性风险能力的考验。如果平台发生流动性不足的情况，其平台的负债率会大幅上升，进而会造成平台盈利水平的直线下降。从具体的流动性风险形成的原因来看，可能的因素主要包括期限错配、拆标以及抵押物变现难等。这又会直接影响 P2P 网络借贷平台继续用新的投资人的资金解决流动性的问题，积累更多的流动性风险，导致更多潜在的投资和还款行为的错配和不平衡问题。而一旦此循环出现故障，P2P 网络借贷平台的流动性风险就会集中爆发。

5. 因违规操作发生的法律政策风险

目前，我国还没有建立起针对 P2P 网络借贷行业的相关的法律法规，政府相关职能部门对网络借贷行业的认识、界定以及监管也显得模棱两可，相关的风险管控手段和措施不足。这是造成目前 P2P 网络借贷行业发展鱼龙混杂的制度原因。对于未来的政策方向而言，其也存在很多的不确定性因素，这无疑影响了整个行业的可持续发展，加剧了 P2P 网络借贷将要面临的政策的不确定性。目前，P2P 网络借贷几乎依赖自我约束和管理，相关的明确规章制度迟迟没有出台，甚至有些平台利用虚假信息欺骗投资人，进行非法集资，有些平台吸收了投资的资金而卷款潜逃。还有些不法分子以网络借贷平台为幌子，开展非法洗钱活动，对社会信用体系造成严重的破坏，敲响了行业的警钟。

第三节　我国 P2P 网络借贷平台案例分析

一　拍拍贷

（一）平台简介

2007 年 6 月，拍拍贷成立。公司的全称为"上海拍拍贷金融信息服务有限公司"，注册资金为 1000 万元，它是我国首家注册登记的 P2P 网络借贷平台，也是首家具有"金融信息服务"资质的网络借贷平台，属于受到官方认可的互联网金融平台。拍拍贷网站上公布的信息显示，截至 2016 年底，拍拍贷平台的注册用户高达 3000 万，无论是在品牌影响、用户数量还是平台交易量等方面其均在行业内占据靠前位置。自成立以来，拍拍贷就将自身定位为一个独立的中介平台，通过收取服务费获得收益。

（二）运营模式

拍拍贷是我国纯线上 P2P 网络借贷平台的典型代表。其主要的服务内容在于为借贷双方提供一个实现借贷交易的独立性的第三方平台，借贷双方根据平台的信息和操作流程进行自由的借贷交易。而平台自身的运营和收益主要依靠收取手续费和服务费的方式来实现。拍拍贷平台的业务范围主要是小额无抵押贷款，服务的对象主要是民营的中小微企业和个人。拍拍贷的运营优势在于，其利用网络平台，为借贷双方提供交易信息，服务面广、信息对称性高、成本和风险较低，为更多的中小微企业和个人解决了资金困难。加之其平台的独立性的中介机构身份，对于借贷双方来说，这增加了自主选择的空间，创造了更多种类的投资产品和组合，从而在一定程度上有效地分散和降低了风险。

（三）风险管控体系

拍拍贷的风险管控核心在于建立了不同等级的会员制度。新用户注册必须提交身份证等基本的信息，并有第三方认证机构对用户的个人基本信息以及相关的信用情况进行审核和认证，并在交易中继续深化和评估其信用，从而逐步建立起系统性的对用户的信用等级的评估和识别体系。拍拍贷的信息数据分析和认证系统是行业中比较独特和具有优势的。虽然我国的社会征信体系还不成熟，中国人民银行建立的社会征信体系没有面向大众公开，但拍拍贷积极作为，与众多 P2P 网络借贷平台紧密合作，通过建立数据信息的共享机制，形成了 P2P 网络借贷平台之间的征信体系，从而迈出了降低信用风险的有力步伐。在资金流动性保证方面，拍拍贷设立风险备用金制度，以"风险备用金"的方式对投资人的损失进行赔付，风险备用金账户由拍拍贷在中国光大银行上海分行开立的账户中独立存管。另外，拍拍贷还实施自有资金和客户资金两种资金的分账管理体制，将其完全分离，这样做很大程度上隔离和化解了风险，保障了两类资金的安全。总之，拍拍贷作为我国唯一一家纯线上经营的 P2P 网络借贷平台，目前来看，其风险可控性很高，算得上是相对成功的网络借贷平台。虽然业务有限、发展缓慢，但这种纯中介的平台对于整个 P2P 网络借贷行业来说，是一种积极的引导。

二　宜信

（一）平台简介

宜信公司于 2006 年在北京成立，最开始只是一家提供小额贷款，为小微企业提供借款咨询服务与交易促成服务的 P2P 网络借贷平台，现已发展成具有 P2P 网络借贷业务等多种类型金融业务的财富管理公司，成为互联网金融领域的旗舰企业，2007 年 10 月正式上线。目前，宜信通过大数据技术已经建立了涵盖我国 182 个城市 62 个农村地区的全国协同服务系统，对于 P2P 网络借贷行业的发展有较大的促进作用。同时，宜信通过与国际顶级投资公司合作、经验共享，在一定程度上加快了发展，也在一定程度上彰显了资本市场对宜信的肯定和认可。

（二）运作模式

相比其他网贷平台的运营模式，宜信的运作模式显得极其独特。线下债权转让是其核心的运作形式。我国的法律对于个人之间的借贷行为是给予充分的保护和支持的，但是非金融机构吸收公众存款是坚决不被允许的。宜信的创始人唐宁创新性地发展了债权转让模式，来帮助借贷双方进行资金的融资活动。其基本的运作模式和流程在于，宜信在全国范围内布局了很多的实体网点，通过这些实体网点来吸引资金需求者，对于资金需求者的基本信息和信用状况，宜信主要通过线下调查审核和认证客户。经过认证的客户，唐宁会以其个人借款的方式将资金放贷给资金需求者，并签订标准化的合同，唐宁成为债权人。接着，宜信会将这些债权打包分割，形成各种不同类型的理财产品，去满足市场的投资需求，吸引更多的投资人购买，签订债权转让合同，从而实现债权的转移，投资人的资金会转入唐宁的个人账户，其盈利依靠个人债权转让的利息差来实现。可见，宜信的运作主要在线下完成，平台仅是一种网络宣传渠道。这种模式更像传统的民间借贷，相比其他 P2P 网络借贷平台，宜信的融资质量高、风险低，也避免了非法集资的可能性。但是宜信实质性的线下运营模式，分离了借贷双方的直接联系和对接，所起的作用类似于传统的金融中介，平台的透明度显得不足，对网络平台的利用不够充分，加之其盈利更多地依赖唐宁个人，属于风险收益模式，具有一定的潜在风险。

（三）风险控制

宜信的风险控制在于严格的信用审批和风险分散制度，具体来看，其资金的安全风险防范措施主要包括以下几个方面。一是线下业务模式的选择。线下模式的最大优势在于对资金需求者开展实地的调研和评估，这对于准确了解和把握资金需求者的信用情况显然更有优势，在经过了实地的贷前审核之后，违约风险将大大降低。二是建立了风险保障金制度。宜信在风险保障金账户里留存了一部分资金，作为对于投资的保障手段，以备发生违约时，对投资人进行损失的赔付，风险保障金账户由银行进行专款专用的监管，与营运资金完全隔离，从而有效地控制了操作风险。三是实施了风险分散制度。以最大限度地分散和化解风险为原则，宜信综合分析和判断投资人的风险偏好等因素，创新出了各种不同的理财产品以供选择，并支持和鼓励用户选择各类投资组合，以最大化地降低和分散风险。宜信建立的线下债权转让模式在网络借贷行业独树一帜，其对借贷双方的掌控力都很强，具有主导借贷交易的积极作用，同时，这也使得平台承担了较大的风险。对于债权转让这一模式，社会对其仍然存在争议。虽然债权转让的形式符合我国的《合同法》，因为，宜信在主导借贷交易的过程中，只要及时地让借贷双方互相了解，平台自身提供独立的中介服务，交易模式显然就是合法的，但是，宜信很多业务的操作都是在线下进行的，对于借贷双方来说，其运作过程很不透明，信息不对称问题表现得比较突出，唐宁作为关联人，导致宜信不具备中介平台的身份和地位，并且，这种拆分债权创新金融产品的行为，似乎有建立资金池，搞资产证券化的嫌疑，所以，其运营模式确实还有待商榷和继续评估。

三　人人贷

（一）平台简介

人人贷即人人贷商务顾问有限公司，成立于 2010 年，主要通过互联网建立交易平台，为有理财需求和融资需求的客户提供中介服务。2012 年友信在上海取得金融信息服务经营许可，其主要经营范围是向线下客户提供小额借贷的中介服务。2012 年 11 月，两家公司宣布共同组建集团公司人人友信，也就是现在的"人人贷集团"。2014 年 1 月，人人友信通过融资得到了执行资本 A 轮融资，数额达到了 1.3 亿美元，这是目前互联网金融行业内金额最大的一笔融资案。人人友信包含线上线下同步开展业务的模式，人人贷网络借贷平台业务集中于线上，而友信的业务集中在线下，两者互为补充。

（二）运作模式

人人贷是有抵押有担保的 P2P 网络借贷行业的典型代表。人人贷采用了线上和线下相结合的方式，在线上进行融资，而项目基本上来自线下。人人贷的金融产品主要包括"工薪贷"、"生意贷"和"网商贷"。平台对这三种产品承诺提供连带的担保责任。正是因为其承诺的本金保障以及利率保障，吸引了大量的投资人蜂拥抢购其产品，一度发生产品被"秒杀"的现象。目前，很多具有实力的 P2P 网络借贷平台都选择了这一种运营模式，但是人人贷首屈一指。其具体的运作流程是：资金的需求者通过网站进行申请注册，填写相应的个人信息，提供人人贷在线注册所需要的各种信息和资料，以供投资人参考。这与其他平台的注册要求都差不多，不同之处在于，对于借款利率，P2P 平台并没有进行限制和规范，而是由借款申请人自行制定，再通过在线竞标的方式最终确定利率，从而完成信贷交易。

总体来看，线上和线下相结合的运营模式显然更加适合我国
P2P 网络借贷行业的发展现实和未来。因为，一方面这种线上和线
下相结合的 P2P 网络借贷模式在一定程度上弥补了依靠传统银行等
正规金融机构融资难的缺陷；另一方面，也避免了那种纯线上中介
模式的 P2P 网络借贷可能引发的安全和信用风险。

（三）风险管理

1. 贷款流程管理制度

人人贷建立了不同类型的贷前管理制度。平台会依据不同的
借款资金需求者，要求其提供不同的信息和必要的材料。平台会
安排专业人员对这些信息进行审核，对资金需求者的信用、借款
资金情况进行认证和评估。其审核可能包括通过电话向银行等单
位进行核实或者进行实地的调研核实等。另外，在借贷交易完成
之后，人人贷也会进行严格的贷后管理。其还款方式主要采用的
是等额本息的形式，根据其监测系统的跟踪监测，一旦发现借款
人发生逾期的行为，人人贷的资产部门会立即启动催款程序，通
过电话、短信等方式催收贷款。历经多年的探索，人人贷已经形
成了一套独特的贷前贷后管理机制以及工作方法。因此，其独特
的经营模式和操作手法保障了其在行业中的领先地位和建立了高
水平的风险防控体系。

2. 风险备用金制度

风险备用金制度是很多 P2P 网络借贷平台采用的风险防控手
法之一。人人贷也设立了风险备用金账户来防范风险。风险备用
金账户的资金主要来自人人贷收取的服务费等，其服务费主要是
按照发生借贷交易金额的一定百分比来收取的。一旦发生违约行
为，人人贷就会启动风险备用金账户的资金，先期赔付给平台的
投资者。具体流程是：当借款人超过 30 日未履行还款义务，造成

投资人遭受本金和利息的损失时，人人贷平台将开始启动风险备用金账户的资金，按照其使用规则，赔付投资人的损失，赔付的金额等于正常还本付息的额度，以保障投资人的经济利益不受影响。

3. 风险备用金账户资金使用规则

具体来说，人人贷风险备用金账户资金的使用规则主要有以下几点。一是违约偿付规则。借款人一旦发生违约，超过 30 日，人人贷就会启动风险备用金账户，将违约所造成的损失款调拨给投资人，金额为借款人当月产生的本息总额。二是时间顺序规则。赔付的时间顺序为按照违约发生的先后顺序，人人贷利用风险备用金账户资金，给予投资人以赔付。违约发生早的早赔付，发生晚的晚赔付。三是债权比例规则。人人贷会根据投资人的逾期债权的比例进行先行赔付，用风险备用金账户资金以固定比例来进行资金调拨。如果出现风险备用金账户资金不足以支付违约金额的情况，人人贷会按照逾期债权的比例，将风险准备金的余额按照比例赔付给不同的投资人，以最大限度地减少因为违约给投资人带来的损失。四是有限偿付规则。由于风险备用金账户的资金并不一定非常充足，当发生较大规模的违约情况时，风险备用金账户的资金很可能不能完全满足赔付的要求，这时，赔付的金额以账户的资金总额为限进行有限赔偿。

四　违法案例分析

（一）淘金贷

2012 年 6 月，淘金贷平台成立，开始正式开展网络借贷交易业务服务。然而，仅仅在其上线的 5 天之后，淘金贷网贷平台开始出现不能继续登录和注册的情况，随后，平台负责人携款潜逃，事件被曝光。相关的调查统计数据显示，有近百名投资人受骗，涉案金额超过 100 万元。这一案件纠纷在 P2P 网络借贷行业一石激起千层浪,对平台和借贷双方都是一个严重的打击。淘金贷的诈骗手法,就是通过虚构营业执照和注册资本等基本信息,营造公司实力雄厚的虚假表象,吸引投资者的关注和参与。淘金贷一经上线,就推出大量"秒标"项目来快速吸引投资者,承诺其产品收益高、期限短。这样的运营模式迅速地迷惑了众多热衷投资"秒标"的投资者。其具体的运作过程是:淘金贷与第三方支付平台建立了合作关系,投资人进行投资时,其投资款先被存入第三方支付平台,淘金贷则利用其合作关系,从平台直接提现到私人账户,再从私人账户将资金转给借贷者,借贷期满,借款者还本付息的款项再次打给私人账户,再出借给借款人,到期后再由私人账户向投资人还本付息。淘金贷成立之初,其利用新入投资者的资金去偿还旧的投资者的"庞氏骗局"得以维持,以高额利息的承诺继续骗取了更多投资人的信任,吸引了更多的资金参与。然而,随着资金流的不断扩张,平台的资金积累不断增加,道德风险问题开始出现,淘金贷在巨额资金的诱惑下,平台负责人铤而走险,在第三方平台直接提现并携款潜逃。淘金贷利用网络借贷平台的信息便利,进行资金诈骗。平台成立的初衷就是进行非法集资,钻法律和制度的空子,其合作的第三方支付平台也是虚假的工具设置,不具有对资金的监管功能,第三方支付平台实际的操作者还是淘金贷的负责人,投资人由于无法对平台信息全面把握,很容易陷入骗局。

（二）快速贷

2012 年 7 月,快速贷 P2P 网络借贷平台成立并运营,其实力强大,快速引起了大量投资人的关注,不到两年时间,其资金的交易规模高达 10 亿元,在 P2P 网络借贷行业中屈指可数。然而,"网贷之家"披露,自 2014 年底开始,快速贷就出现了资金面紧张的情况，很多借款和抵押标的都逾期，平台提现困难，相关数据未公开，很多投资者已经被套牢。

从快速贷的运作模式来看，其运作模式是大多数 P2P 网络借贷平台所使用的线上和线下相结合的运作模式。对于借贷者来说，快速贷实行了较为严格的线上和线下相结合的审核模式，审核制度确定了在审核的过程中，平台相关业务人员对借款者要进行不低于四次的面谈，并通过相关数据系统和多方合作认证的方式，对借款者的基本信息和信用情况进行判断和评估，最终决定其是否能够成为快速贷的借款人。同时，针对小额借款的需求者，平台在资金运作业务方面，提供更专业的服务以促进借款人能自主选择借贷对象。

从平台的风险控制来看，快速贷制定出台了 100% 本金保障计划，以此来保障 VIP 投资者的本金不受损失。保障的方式包括平台垫付和风险准备金两种。如果发生借款人逾期行为，平台将会启动本金保障计划，平台会先行赔付逾期金额，VIP 投资人不需担心违约风险带来的损失。

快速贷正是利用这种运行模式和风险管控手段，在平台运行初期，吸引了大量借贷双方的参与，使平台上线后立即呈现了高效运转的扩张模式，但随着借贷资金交易规模的迅速膨胀，一旦发生所需保障金额超过平台自有资金的情况，且如果再出现较大规模的借款人违约行为，挤兑风险就会爆发。快速贷出现提现困难情况就是挤兑风险造成的直接结果。

（三）网赢天下

2013 年 4 月，网赢天下 P2P 网络借贷平台在深圳成立运营，在经历短暂的四个月的运营之后，平台就因涉嫌集资诈骗被禁止继续开展业务。相关统计数据显示，网赢天下涉案人数有千人之多，涉案金额高达 1.6 亿元。

网赢天下的成立和运营存在明显的蓄意诈骗的本质特征，其完全抛弃了 P2P 网络借贷行业应该坚守的道德底线。在成立之初，其通过虚假信息注册，并通过伪造公司背景等手段，进行虚假宣传。在平台运营的过程中，其假意承诺给投资人高收益及其他奖励，吸引了大量的借贷双方入驻平台。平台没有设置独立的第三方资金监管账户，而是要求投资者将资金以转账形式打到网赢天下指定的账户。为消除投资人的担忧，其假意向投资人承诺担保和本金保障。另外，平台内部还通过其信息技术优势，在平台上伪造和虚构了大量的虚假借款信息，使投资人的资金通过这些虚假借贷人流入了其自己的关联公司的账号。通过这种方式骗取的资金，一部分用于偿还旧贷款，一部分用于平台公司的运营。可以看出，网赢天下实际上就是将信息网络作为诈骗工具，开展非法集资的典型案例。

第四节　推动我国 P2P 网络借贷行业健康发展的对策建议

一　加强自身业务管理和风险控制能力

追求高收益是所有经济组织的核心目标，P2P 网络借贷平台也不例外。目前，我国 P2P 网络借贷行业整体还没有探索出一套稳定的、可持续性的盈利模式。影响其收益的主要原因在于收入来源单一、市场利率波动对其影响大。因此，对于 P2P 网络借贷行业来说，积极推行新业务、创新盈利模式是其发展的必然选择。对于一些发展实力较好的平台公司而言，它们发挥在规模和影响力等方面的优势条件，努力开拓新的业务功能。比如，可以尝试设立大额贷款业务、创新理财产品、设立创业基金、投资高增长的行业和领域等。在风险防范和管控方面，P2P 网络借贷平台应从多层面和环节开展自我风险管理，继续加强对借款人的准入管理。通过与多方进行信息核实的合作，严格审查借款人的个人基本信息，基本信息的内容主要包括身份证信息、教育程度以及工作情况等方面的个人信息。通过与银行建立合作关系，准确判断其财务信用信息。这些信息的主要内容包括工资信息、存款信息、信用卡信息、信用卡使用和还款情况信息等，建立对借款人的信用评级制度。严格审查资金的流向和使用途径。对借款人的借款实施动态监管，严格审查其借款的条件、金额、期限以及流向和用途，最大限度地降低违约风险。对于平台来说，应利用好期限错配的手段，努力提高平台资金的利用效率，保证资金的流动控制在合理的水平。同时，平台公司要逐步提高内部管理制度对内部风险控制的能力，减少内部风险的发生。

二　完善 P2P 网络借贷行业的监管体系

首先，完善 P2P 网络借贷行业的政府监管必须明确 P2P 网络借贷平台的合法地位。P2P 网络借贷平台作为已有信贷模式的一种补充及发展，极大程度上便利了整个金融市场的资金流通。政府应积极研究和制定针对 P2P 网络借贷行业的专门性的法律法规，对借贷平台的身份进行界定和认可。在专门性的规章制度里，应进一步明确 P2P 网络借贷的经营模式、业务范围、风险管控要求等方面的具体规定。在认可 P2P 网络借贷平台合法性身份和地位的基础上，明确政府监管部门对 P2P 网络借贷行业的监管职责。

其次，P2P 网络借贷行业的监管主体和监管职责是政府监管首先要解决和明确的核心问题。经过法律界定后的 P2P 网络借贷行业，首先面临的是技术监管主体的确认。政府应进一步明确监管主体，有效防范监管过度和不足的尴尬局面。通过建立起一套体系化的监管体系，对 P2P 网络借贷行业进行全面的监管，各级监管部门必须做到分工明确、职责清晰。在分工的基础上，各个监管部门需要建立起信息沟通和协调机制，推动监管联动，起到协调统一的监管作用。监管的内容应该包括行业的准入门槛和条件、行业工作人员的从业标准、经营业务的范围以及风险自我防控的基本要求等，从而实现我国 P2P 网络借贷行业能够在有效的监管体系之下可持续发展。

最后，加强地方横向部门的协调和合作机制，尝试建立起全国性的统一管理标准，引导和规范 P2P 网络借贷行业的公司内部管理流程和风险控制体系。可以由工信部门和工商部门联合负责注册网络经营备案相关事宜，公司内部必须设置必要的信息网络技术专业人才，专门负责网络借贷平台的网络安全管理工作。地方政府金融办应全面负责 P2P 网络借贷行业具体业务监管，通过制定相关的监管制度规章办法，引导 P2P 网络借贷行业走向规范化发展的道路。中国人民银行和银监会作为我国金融行业的核心管理部门，应为 P2P 网络借贷行业提供一定的征信管理服务和监管，同时，可以发挥其金融资源调动的优势，对相关监管部门进行全面协调，定期或者不定期对 P2P 网络借贷平台出现的业务问题和风险情况进行评估和预警。

三 构建 P2P 行业间有效的信息披露及评价机制

要实现 P2P 网络借贷行业的可持续发展，法律和政府层面的规范和监管只是其中的一个方面，而行业间的信息披露及评价机制也是推动行业健康发展的重要内容。行业间的信息披露及评价机制具体包括三方面的内容：一是平台间信息披露；二是社会征信系统的建立；三是资金的三方监管。以这三个方面为着力点，对平台进行多维度的监管是有效防范风险的重要内容和手段，有利于保障投资者的资金安全和维持 P2P 网络借贷行业的良好市场声誉。

平台间信息披露机制的建立应该在政府监管部门的指导下开展。统一要求 P2P 网络借贷平台对其经营财务状况、风险情况以及内部管理制度建立情况向借贷双方在平台网站上进行公开和及时披露。风险的披露应该不只在行业间，其他平台也必须对借贷双方进行一定的披露。披露的信息和风险情况的内容至少应该包括：平台经营业务范围、组织构成、机构设置等；公司内部管理制度和风险管理的基本情况；平台交易的规模和范围、借贷逾期的规模、借贷余额、借贷人员参与数量等风险情况；公司的财务年报、审计报告等财务信息情况；相关监管部门监管以及发布的相关信息；平台的风险管控手段以及风险管控的现状信息；资金的第三方管理平台的情况；平台的信息安全状况等。

社会征信体系的建立和完善可以在一定程度上降低 P2P 网络借贷行业的审核成本，对 P2P 网络借贷行业的长远发展具有积极的影响。我国应积极推动合理和完善的社会征信体制的建立。我国社会征信体系应该以各类金融机构为核心，对社会个人的借款信用信息进行综合分析和评估，展现个人信用状况。我国征信体制的发展方向应为以借款人为核心，以其日常信用行为为监管对象，对个人信用进行实时动态的监测，对于违约等信用问题，建立失信责任制度以及黑名单制度，以完善的信用制度维护整个金融市场的信用秩序。将 P2P 网络借贷中的筹资者信用也纳入整个社会征信体系，作为现代征信体制的重要监管内容。

严格的 P2P 网络借贷平台的第三方资金监管是有效防范和控制风险的重要措施和手段。P2P 网络借贷平台资金管理一般采用的是独立性中介资金管理，这样一来，投资人参与和投资的资金会在平台的第三方资金账户里产生资金的积累和滞留的情况。随着平台的发展扩大，投入的资金不断积聚，极易在平台上形成大量的资金沉淀。如果不对其资金进行第三方监控，很容易发生平台负责人卷款潜逃的风险。因此，有必要实行资金的第三方监控制度，第三方资金监管就是将交易资金托管给银行等正规金融机构代为行使管理权，平台只靠收取一定数额的服务费来实现盈利。这种 P2P 网络借贷平台与第三方资金管理形成了分离的管控制度，对平台的信用风险来说是一种相对有效的控制模式。

四 培育 P2P 网络借贷行业的自律机构

P2P 网络借贷行业自律是对政府监督的重要补充手段，行业自律有助于促进行业内部的规范化发展。由于 P2P 网络借贷行业的发展借助于互联网信息工具，这种广泛的网络特点决定了其借贷双方的范围极其广泛，因此，其行业自律组织的建立必须以整个国家为范围进行业务规范。首先，应该建立全国性的 P2P 网络借贷行业组织协会，整合和联系地方性和区域性的 P2P 网络借贷小联盟。通过建立全国性的统一的行业自律组织的规章制度，吸收更多的具有一定实力和规模的 P2P 网络借贷平台加入，以点带面扩大行业协会组织，增强全国范围的影响力，从而带动整个 P2P 网络借贷行业发展水平和能力的稳步提高。再以省级 P2P 行业自律组织为基本单位，发挥省级政府的组织引导作用，调动行业组织发挥作用。

P2P 行业协会应建立一套行业标准体系，可以通过具体的信息披露制度引导监管平台的内部经营管理，并在一定职责范围内实施对行业风险的数据监测，弥补政府在监管职能方面的空白。在行业引导和自我监督方面，为 P2P 网络借贷行业公司的资金经营行为创造好的市场环境和秩序。由于 P2P 网络借贷行业公司属于新兴的行业，信息网络技术更新非常快，即使有相关法律和制度的规范和指导，其也需要进行不断的调整和修订。目前，我国还没有建立起针对 P2P 网络借贷行业的系统性监管体制机制，国家可以尝试以行业自律为切入点，强化对 P2P 网络借贷的自我管理和监督，可以采取信息登记报送制度来掌握其市场规模和风险状况，为我国政府监管部门提供一定的政策参考信息。

参考文献

钱金叶、杨飞：《中国 P2P 网络借贷的发展现状及前景》，《金融论坛》2012 年第 1 期。

刘文雅、晏钢：《我国发展 P2P 网络借贷问题探究》，《北方经济》2011 第 14 期。

董瑞丽：《网络借贷：银行小企业业务发展新平台》，《浙江金融》2010 年第 4 期。

倪烨敏：《我国民间融资对银行信贷业务的影响分析》，《现代金融》2012 年第 8 期。

陈初：《对中国"P2P"网络融资的思考》，《人民论坛》2010 年第 26 期。

张娜：《P2P 网络借贷行为研究》，西南财经大学，2011。

陈静俊：《P2P 网络借贷：金融创新中的问题和对策研究》，《科技信息》2011 年第 13 期。

吴晓光：《浅谈商业银行网络融资业务的风险控制》，《新金融》2011 年第 7 期。

雒春雨：《P2P 网络借贷中的投资决策模型研究》，大连理工大学，2011。

杨薇薇：《P2P 网络借贷行为及风险评估研究》，中国海洋大学，2014。

王毅敏、王锦：《网络借贷的发展及中国实践展望研究》，《华北金融》2011 年第 2 期。

马文涛：《中美 P2P 对比》，《首席财务官》2016 年第 2 期。

芦彩梅、高小俊：《P2P 在线借贷平台定价研究》，《陕西科技大学学报》2016 年第 2 期。

王紫薇、袁中华、钟鑫：《中国 P2P 网络小额信贷运营模式研究——基于"拍拍贷"、"宜农贷"的案例分析》，《新金融》2012 年第 2 期。

陈初：《对中国"P2P"网络融资的思考》，《人民论坛》2010 年第 26 期。

代其云：《论 P2P 网络借贷平台的法律规制——以"红岭创投"为例》，《现代商业》2014 年第 15 期。

刘志明：《P2P 网络借贷模式出借行为分析——基于说服的双过程模型》，《金融论坛》2014 年第 3 期。

沈嘉明、胡冠午：《我国 P2P 网络借贷风险控制探讨》，《金融经济》2015 年第 10 期。

张墨：《我国 P2P 网络借贷中个人信用评级研究》，《经济视角》2015 年第 3 期。

唐艺军、葛世星：《我国网络借贷风险控制实证分析》，《商业研究》2015 年第 10 期。

于晓红、楼文高：《基于随机森林的 P2P 网贷信用风险评价、预警与实证研究》，《问题探讨》2016 年第 2 期。

谢人强：《P2P 网贷行业信用风险控制研究》，《科技和产业》2016 年第 2 期。

魏李良：《P2P 网络借贷影响因素分析》，内蒙古农业大学，2014。

高健：《P2P 网络借贷信用风险管控研究》，华东师范大学，2015。

夏詹:《P2P 网络借贷风险控制研究》,西南财经大学,2016。

王雪玉:《P2P 未来将回归纯线上模式》,《金融科技时代》2014 年第 6 期

汤芬:《中国 P2P 网络借贷的风险与监管》,《时代金融》2016 年第 9 期。

刘峙廷:《我国 P2P 网络借贷风险评估研究》,广西大学,2013。

王英姿:《我国 P2P 网络借贷平台发展现状及风险防范分析研究》,《江苏商论》2016 年第 28 期。

袁苑:《P2P 网络小额信贷运营模式研究》,《消费导刊》2014 年第 6 期。

宁雅珊:《我国 P2P 网络借贷模式及其异化研究》,安徽财经大学,2015。

刘佩瑶:《我国 P2P 网络借贷风险评价研究》,哈尔滨商业大学,2016。

周勇:《P2P 网络借贷借款人信用评级研究》,华中科技大学,2016。

王重润、孔兵:《我国 P2P 网络借贷风险与监管研究》,《河北金融》2015 年第 9 期。

李欣洁:《P2P 网络小额信贷发展问题浅析》,《时代金融》2015 年第 14 期。

范娜:《当前我国 P2P 行业现状及其对商业银行的启示》,《新金融》2016 年第 1 期。

高峰:《P2P 网络贷款监管法律问题初探》,《哈尔滨学院学报》2016 年第 2 期。

刘静静:《我国 P2P 的现状与未来》,《中外企业家》2014 年第 12 期。

段丁强、胡云霄:《科技型小微企业的融资模式创新与风险控制——以 P2P 借贷平台为例》,《武汉纺织大学学报》2015 年第 2 期。

蒋铭:《我国主要省份 P2P 网络借贷行业综合竞争力研究》,云南大学,2015。

杨薇薇:《P2P 网络借贷行为及风险评估研究——以拍拍贷为例》,中国海洋大学,2014。

钟范田丁:《互联网金融风险控制策略研究——基于余额宝的实践》,西南科技大学,2014。

余晓波:《我国 P2P 网络借贷风险及其管理研究》,中南民族大学,2015。

徐文波:《P2P 网络借贷平台风险及其评估研究》,山东财经大学,2016。

陈嫣玮:《我国 P2P 网络借贷监管研究》,上海交通大学,2015。

王金荣、邢彤:《鼓励与引导民间资本健康发展的法律与政策问题研究》,《经济视角》(下旬刊)2013 年第 6 期。

刘旭辉:《互联网金融风险防范和监管问题研究》,中共中央党校,2015。

刘文雅、晏钢:《我国发展 P2P 网络借贷问题探究》,《北方经济》2011 年第 14 期。

陈正祥:《美国互联网金融的监管经验及借鉴》,《现代经济信息》2014 年第 8 期页。

陈林:《互联网金融发展与监管研究》,《南方金融》2013 年第 11 期。

郭忠金、林海霞:《P2P 网上借贷信用机制研究——以拍拍贷为例》,《现代管理科学》2013 年第 5 期。

蒋莎莎：《网络贷款"宜信模式"的风险特点及监管回应》，《武汉金融》2014 年第 5 期。

莫易娴：《P2P 网络借贷国内外理论与实践研究文献综述》，《金融理论与实践》2011 年第 12 期。

缪莲英、陈金龙：《P2P 网络借贷中社会资本对借款者违约风险的影响——以 Prosper 为例》，《金融论坛》2014 年第 3 期。

钮明：《"草根"金融 P2P 信贷模式探究》，《金融理论与实践》2012 年第 2 期。

牛锋、杨育婷、徐培文：《当前我国网络借贷发展中存在的问题与对策》，《西南金融》2013 年第 9 期。

钱金叶、杨飞：《中国 P2P 网络借贷的发展现状及前景》，《金融论坛》2012 年第 1 期。

孙之涵：《P2P 网络小额信贷探析》，《征信》2010 年第 3 期。

宋鹏程、吴志国、赵京、Melissa Guzy：《我国 P2P 借贷行业监管模式研究》，《南方金融》2014 年第 1 期。

王紫薇、袁中华、钟鑫：《中国 P2P 网络小额信贷运营模式研究——基于"拍拍贷"、"宜农贷"的案例分析》，《新金融》2012 年第 2 期。

吴晓光、曹一：《论加强 P2P 网络借贷平台的监管》，《南方金融》2011 年第 4 期。

辛宪：《P2P 运营模式探微》，《商业现代化》2009 年第 21 期。

杨宇焰、陈倩、田忠成：《P2P 网络借贷平台的主要模式、风险及政策建议》，《西南金融》2014 年第 21 期。

张正平、胡夏露：《P2P 网络借贷：国际发展与中国实践》，《北京工商大学学报》2013 年第 2 期。

第九章　我国农村地区民间借贷的
现状及风险防范

第一节　我国农村地区民间借贷的历史渊源

一　传统农业社会时期的民间借贷

我国农村民间借贷如我国的历史一样悠久，有历史文献记载的古代借贷行为最早发生在西周时期。最初的借贷基本上以实物借贷为主，例如，"粟贷"。古代实物借贷的行为较多，借贷物主要限于粮食等，很多实物借贷的标的在数量和质量上也难以量化。西周时期的借贷可以分为施、借、举物生利三种形式，有纯粹的施舍型的、无利息的借贷形式，也有有利息的借贷形式。春秋战国时期，由于商品经济取得了较大的发展，社会财富不断积聚，开始出现了高利贷的借贷活动。高利贷经营者的借贷对象下到平民布衣上到王侯乃至天子。随后的历朝历代，高利贷已形成一个较为完备的颇有影响力的市场。通常情况下，高利贷经营者一般为称霸一方的诸侯或者大夫，还有一些商贾，他们往往具有相当雄厚的经济实力，具备进行大规模借贷的实力。南北朝时期，典当业初起，至唐朝时，以地域为核心的经济互助社合会开始发展，或侧重于储蓄，或为相互援助。国家开始对民间借贷在法律方面有了明确规定。到宋朝，甚至一些政府官员也在从事高利贷活动。明朝严禁官吏私自放贷和从事典当业，这在一定程度上有利于国家的金融稳定和经济发展。清朝时期，典当业得到更大的发展，民当、官当、皇当三种业态的典当行并行不悖，都占据了重要的一席之地。三种业态甚至互相交叉，商官勾结的多种经营模式广泛存在。虽然清政府对包括旗地在内的官地典当行实行了严格的禁止政策，目的在于保护贵族的特权和清王朝统治地位，但事实上，典当与买卖私下很盛行，甚至已成为公开的交易。另外，"摇会"作为一种民间金融互助组织在福建兴起，其采取"投标"方式，带有明显的高利贷性质。

总体来看，历史上的每一个王朝对民间借贷行为持有一种默认和允许发展的态度，承认其合法的借贷地位。同时，对于高利贷，统治者都会以各种方式予以制约，甚至限制官员介入，其利益巨大，但作用有限。另外，在传统的古代农村地区，民间借贷的主要形式包括互助式借贷、有息借贷、典当行等多种，这几种形式互生互存、相互补充，共同支撑民间经济的发展。可以说，我国古代是对农村民间借贷活动包容、支持的特殊历史阶段，农村民间借贷是民间社会的理性选择，也是国家理性允许以及各阶层借贷活动互动的必然选择和结果。

二　民国时期的农村民间借贷

民国时期虽然在形式上提倡"平均地权"的土地政策，然而，因为国家长期陷于对内对外战争中，各地军阀实际操作权限很大，各自为政的局面没有改观，实际的"平均地权"的土地政策并没有得到很好的执行和落实，这加剧了农村土地分配的严重不均，加上多年的战事、连年的自然灾害以及城市和现代工业对农村地区的经济盘剥，进一步导致了农村地区大面积的贫困局面。广大的贫农缺乏土地，无力生存，使得农村借贷现象非常普遍，高利贷盛行。农村借贷的主要用途集中在非生产方面，相关统计显示，用于生活的借贷比例高达90%以上，可见，农村地区广大农民生活窘迫。同时，高利借贷是较普遍的一种借贷方式。高利贷在民间形式多样，在各地形态和名称不尽相同。放贷者主要包括地主、富农、富商以及一些银行金融机构，古代传统意义上的典当和私人钱庄的放贷规模则较小。另外，受到当时国家政治局势的不利影响，大量的典当行纷纷停业倒闭，直到抗战胜利后，国民政府出台扶持典当业的相关政策，典当行才得以逐渐恢复。民国时期，从中央到地方都曾出台过严禁高利贷的政策和条例。地方性和全国性典当法规相继颁布实施，对典当业的发展起到了一定的推动作用。但在实际执行当中，这些法规往往得不到应有的贯彻，现实状况与此有很大的出入。与此同时，由中国共产党领导的中国工农红军，在其所在的政权范围内，实施了针对农村借贷行为的一系列的经济改革措施。特别是在抗日战争进入相持时期之后，中国共产党在各解放区都开展了大规模的"减租减息"运动，甚至在很多地方发展成为拒绝交租交息、废除旧债务等革命运动，得到了广大农村地区贫农的大力拥护。抗战胜利后，中共中央公开发表了《五四指示》，颁布了《中国土地法大纲》，提出实现"耕者有其田"，同时宣布："废除一切乡村中在土地制度改革以前的债务。"这从制度层面对我国延续了几千年的农村民间借贷关系进行了革新，对新中国成立以后的农村借贷行为的政策措施做了方向性的铺垫。

可以看出，民国时期是我国历史上一个较为短暂的过渡性时期。其时代的典型特征表现为国家政权的不统一、对外对内战争频繁、经济社会不稳定等。这段极其特殊的历史时代导致广大农村地区民生疾苦，乡村高利贷非常盛行，这种畸形的农村借贷关系和经济社会的极其不匹配的现实，加剧了农村的凋敝，加快了民国政府解体倒台的速度。与此同时，中国共产党领导的苏区和解放区的政权区域，则表现出政治能力和经济改革能力的进步性，相比国民政府，中国共产党在农村民间借贷问题上，坚持了以超强的政治和军事需求为核心的政策导向，这为新中国成立后的经济政策以及农村借贷政策的出台积累了早期的相关经验和成功实践，并体现在随后的社会主义改造事业政策当中。

三　新中国时期的农村民间借贷

（一）1949～1978 年：全面抑制阶段

新中国成立后，中国社会发生了翻天覆地的变化。1949～1978年这三十年，新中国经历了社会主义改造、合作社发展、"大跃进"以及"文化大革命"等重大的历史性事件。国家对农村民间借贷的政策也在随之发生变化，农村民间借贷大致经历了一个宽容、限制、改造以及禁止的动态变化过程。1949～1953 年，在新中国刚成立、国家金融体系还没有形成之前，国家对农村民间借贷行为的存在采取了一种默许和宽容的态度。这一时期的农村借贷行为主要表现为满足农民基本生计的借贷需要，大多数是为了应付饥荒或者生活方面的零星支出，个人之间的借贷只能局限于互助性质。1954 年，国家提出发展农村信用合作社，以此来支持国家的农业贷款工作，这意味着国家开始对广大农村地区的借贷活动进行调整，拟通过农村信用社的方式代替私人之间的借贷关系，农村信用社肩负了极其重大的政治和经济使命，这对于农村民间借贷来说，具有一定的抑制作用。在随后的"大跃进"和"文化大革命"运动中，农村民间借贷地区的借贷活动变得更加敏感，几乎走到了一个完全不被认可的禁止时期。

（二）1978～1985 年：兴起形成阶段

伴随着改革开放的脚步，特别是家庭联产承包责任制的实行和推广，农村微观经济体制发生了重大的制度变迁。制度的变迁直接调动了农民的劳动积极性，继而极大地提升了长期被湮没的劳动生产率。同时，被制约在农业上的大量剩余劳动力解放出来，促进了其他手工业、农村乡镇企业等劳动密集型私营企业的发展壮大，农村经济取得了很大的发展，其对资金的需求也与日俱增。然而，受制于国家金融体制的政策制约，农村经济主体只能依靠内源融资或求助于民间借贷。很快，民间私人之间的自由借贷、乡镇企业之间的内部集资以及一些地方性的合会组织开始发展壮大，支撑了农村经济的蓬勃发展。国家对这些农村民间借贷活动采取了默许的态度，农村地区的民间借贷开始发生松动。1984 年，中央"一号文件"《关于 1984 年农村工作的通知》中指出"允许农民和集体的资金自由地或有组织地流动，不受地域限制"。1984 年 5 月中国农业银行总行在《关于农村自由借贷情况的通报》中指出"农村民间自由借贷的存在和发展是不可避免的。因此，对农村民间在发展商品生产、商品流通中调剂资金余缺、互助性质的借贷，不管是无息还是稍高于银行、信用社利息的，都可以视作银行、信用社信用的补充，允许存在和发展。对于高利借贷应做具体分析，主要要看资金和使用效益。但用高利息筹资，从事非法经营，要予以取缔"。在这样宽松的宏观环境下，我国农村民间借贷活动逐步增多，东南沿海商品经济发达地区的民间金融发展更快，并向内地延伸，农村民间金融市场逐渐形成。此阶段民间活动呈现的主要特点是规模相对较小、借贷的地域范围相对集中，更多的借贷仅限于乡邻之间的互助性借贷，以及个别的乡镇企业的内部集资等借贷行为，发挥的作用依然相对有限。

（三）1985～1992 年：壮大兴盛阶段

20 世纪 80 年代中期至 90 年代初期，得益于中央对民间金融更为宽松的政策，农村民间金融市场快速发展起来。1985 年 6 月，我国最早的农村合作基金会诞生，成立的地点是江苏大丰市万盈乡。自此，我国的农村合作基金会开始层出不穷，并成为当时农村民间借贷的典型代表。相关数据显示，截至 1991 年底，我国成立的农村合作基金会有 13 万多个，几乎全国 1/3 的乡镇都具有这个基金会组织，带动的农村民间借贷资金高达 100 亿元左右。可以说，当时的农村合作基金会在推动农村经济发展的过程中起到了重要的积极作用。这一阶段，农村民间借贷在广度和深度上都有了显著的提高。一方面，各种不同类型的民间借贷组织和机构越来越丰富、资金交易的规模越来越大，各类信贷产品和信用工具也层出不穷，对农村经济发展，特别是乡镇民营企业的支撑作用也越来越大。另一方面，范围越来越广，从经济发达地区逐步延伸至欠发达地区。特别是农户重新成为农村经济的主体，农村金融市场一下子出现了 2 亿多个信贷交易对象。另外，农村大量剩余劳动力的释放，促进了农村经济结构的调整，进而产生了大量的乡镇民营企业，以及服务性的第三产业，这些都构成了农村经济的新的增长点。显然，附着在广大农村地区的非农产业创造了更大的资金需求量，这就进一步激发了民间借贷市场的活力。可以说，这一阶段的农村民间借贷行为跟我国农村非农产业的大力发展有直接的关系。

（四）1993～2003 年：调整规范阶段

随着农村地区民间借贷组织的逐步扩大，民间信用的问题逐渐暴露出来，突出表现为农村合作基金会的违规经营和各种"倒会"风波的频繁发生，"平阳水头会案"、苍南"矾山连环案"及"福安标会倒会"风波就是典型例证。因此，国家开始加强了对这一领域的监管，对民间金融的管理趋于严格，清理了很多非法运营的民间借贷组织。农村合作基金会是这一阶段政府对民间借贷活动进行规范清理的主要对象。1996 年，《国务院关于农村金融体制改革的决定》中指出，农村合作基金会对促进农村经济发展发挥了巨大的作用，同时，其也暴露了很多的问题，并提出了三项关于农村合作基金会调整规范的政策措施：一是不再允许农村合作基金会吸收居民存款；二是对于开展存贷款业务的农村合作基金会，进行全面资产清理核实，发展实力较好的可并入现有的农村信用社，或者新设为农村信用社；三是没有存贷款业务，并且不具备转为农村信用社条件的，要发展成为真正的农村合作基金会。1999 年 1 月，国务院正式宣布取消农村合作基金会组织。2002 年，中国人民银行发布《中国人民银行关于取缔地下钱庄及打击高利贷行为的通知》，再次强调禁止任何人开办私人钱庄，一经发现，立即予以取缔并依法追究刑事责任。

在此阶段，我国的民间借贷在全国范围内受到了清理和打击，很多民间活动被禁止。但与此同时，我国的国有银行却开始从农村地区大规模退出，导致农村地区从正规金融机构获取资金更加困难，国有银行等正规金融对"三农"的支持力度呈现持续下降的态势，面对庞大的农村地区的资金需求，民间借贷又开始蠢蠢欲动，迎来更加广阔的现实发展空间。虽然屡遭打击，农村民间借贷市场仍然没有停止发展，仍然是农村经济的重要资金支撑力量。

（五）2004 年至今：再度复苏阶段

20 世纪 90 年代末期以后，民间借贷活动在经过调整以后又开始在各地发展起来，近年来又出现不断膨胀的趋势。其发展扩大的外部因素主要在于两个方面。一是农村地区的正规金融的资金供给不断弱化。国家对国有银行实行了信贷审批权限上收的政策，农村地区的信贷只保留了推荐权和调查权，并设置了更为严格的责任追究制度，导致农村地区的正规信贷的信贷规模出现大幅缩水。与此同时，很多农村地区还出现了严重的资金外流现象，的国有银行等正规金融机构的信贷机制造成了农村地区资金需求"脱媒"的现状，进而导致农村地区的资金需求者只能求助于民间借贷市场。二是我国直接融资市场不发达。股票和基金市场专业性强，投资风险大，而我国国债发行量也较小，因此，我国大量的民间资本可供选择的投资渠道非常受限。改革开放以来我国经济快速发展，民间财富不断积聚，为我国农村民间借贷市场注入了庞大的资金。民间资本在股市低迷、存款零利率不足以抵消通货膨胀的背景下，很多流向了回报率更高的民间借贷市场。2004 年，中央"一号文件"提出"鼓励有条件的地方，在严格监管、有效防范金融风险的前提下，通过吸引社会资本和外资，积极兴办直接为'三农'服务的多种所有制的金融组织"；2005 年，中央"一号文件"又要求有关部门抓紧制定农村兴办多种所有制金融机构的准入条件和监管办法，启动小额信贷组织的试点工作；2006 年，中央"一号文件"《中共中央国务院关于推进社会主义新农村建设的若干意见》提出"引导农户发展资金互助组织，规范民间借贷"。2004 ~ 2006 年，中央连续三个"一号文件"都提出农村民间借贷市场的发展问题，表明了国家对农村民间借贷市场的认可和肯定，可以说这为农村民间金融的发展提供了政策依据。在新的机遇下，农村民间借贷市场会迎来新的稳定发展。

第二节　我国农村地区民间借贷发展概述

一　农村民间借贷的概念

农村民间借贷是民间金融的一种，指的是分布和服务于广大农村地区，由个人、民间组织等借贷主体而非国家机关设立的金融机构从事和经营的资金运营活动。简单地说，农村民间借贷包含了非正规金融机构所组织的所有农村地区的民间借贷活动。农村民间借贷活动和行为的产生，是由于农村经济个体很难通过银行等正规金融机构融到资金，而转向融资较为便捷的民间借贷市场，农村民间借贷市场长期处于政府金融监管之外。农村民间借贷的概念是相对于国家正规金融机构而言的。在我国农村，正规的金融机构主要包括中国农业银行、中国农业发展银行、农村信用合作社和其他形式的商业银行等。农村民间借贷因长期很难获得正规金融机构的信贷支持而转向正规金融机构以外的民间渠道，以非标准化金融工具为载体，未纳入金融监管部门监管的资金借贷和融通活动范围。

二 农村民间借贷的主要形式

我国农村地区的民间借贷活动历史悠久，自古小农经济与民间借贷相依相存。新中国成立之初，农村民间借贷一度受到了打压和禁止。但随着改革开放的持续推进，我国农村经济取得了很大的成就，农村民间借贷市场也开始发展和壮大。无论在经济发达的农村地区，还是在经济条件比较落后的农村地区，农村金融市场都发挥了对农村经济的重要支撑作用，甚至远超过了农村地区的正规金融机构。目前来看，其主要形式有以下几种。

（一） 自由借贷

自由借贷是指农户与农户、乡镇企业及城镇居民之间的借贷活动，是一种直接的借贷活动，可以是有息的，也可以是无息的，在农村民间借贷中，这种方式非常普遍。不管是经济发达还是经济落后的农村地区，民间自由借贷现象普遍存在，只是借款人的资金使用流向有所区别。经济发达的农村地区的民间自由借贷的资金主要是用于生产性的经营行为，发展经济的用途更多一些；而落后的农村地区，其民间自由借贷资金的流向主要包括自建房、婚丧嫁娶、家庭医疗以及子女教育等日常生活方面。从借款利率的水平来看，农村地区民间自由贷款可以分为无息贷款、低息贷款及高息贷款三种类型。农户对个人的私人借贷行为，主要发生在相互比较熟悉的人之间，其资金主要是自有资金，借贷期限较短，金额也不大，一般为无息或者低息。而农村地区的民营乡镇企业和个体工商户等经济主体的借贷，由于其资金多用于生产经营，或者应付临时性的资金周转，因此，利率也会出现浮动的情况，一般会高于银行贷款利率。民间自由借贷的主要交易形式有三种。一是口头约定型。口头约定型的民间借贷交易的借贷对象主要限于亲朋好友、邻里乡党，他们的交易建立在较为熟悉和稳定的社会关系网络之上，具有较好的信用基础，因此，很多情况下，没有正规的合同要件，甚至没有很简易的借条，一般借贷的金额较小。二是简单履约型。简单履约型交易的最大特点是，其交易依托于中间人或者简易的借条来实现。通常数额不会太大，借款期限与利率自主确定，利率高低受借贷双方的信用关系的影响。三是高利贷型。高利贷型的民间自由借贷的交易主要是一些具有资金实力的个人或者组织，以营利为目的，将资金放贷给那些迫切需要资金周转的个人或者民营企业，从而获得高额的收益。

（二）民间集资

所谓集资，就是农户个人、个体户、农村中小企业、乡村政府组织发起的筹集资金的活动。在乡镇企业发达的地区，集资行为非常常见。20世纪80年代，民间集资盛行一时，在经济较为发达的农村地区，很多的民营乡镇企业、个体工商户和创业者对资金都有很大的需求，这成为民间集资出现的现实条件。民间集资按照资金用途来分，可以分为生产性集资、公益性集资和互助合作福利集资。我国对于民间集资有明确的规定，按照相关的金融管理法规，较大资金规模的集资行为必须要经过中国人民银行的批准，否则就被认为是扰乱国家金融秩序的违法行为。由于民间集资很容易陷入非法集资的骗局，引发经济社会的动荡，国家对于民间集资的态度是比较谨慎的，其一般会受到不同程度的限制。1997年，亚洲金融危机爆发之后，国家进一步加强了对非法集资的打击力度。1998年4月，国务院颁布了《非法金融机构和非法金融业务活动取缔办法》，明确提出了"变相吸收公众存款"的概念，同时设置了"未经依法批准，以任何名义向社会不特定对象进行的非法集资"的兜底条款，相关政策的出台扩大了我国金融监管部门的权限，以及执法的空间，并将一些民间集资的创新形式纳入了监管的范围。

（三）民间合会

民间合会又称钱会、轮会、摇会、标会、抬会等，在我国有悠久的历史，是一种基于血缘、地缘关系的带有互动、合作性质的自发性农村群众的融资组织。合会的形式众多，一般各种形式的合会由会头发起，吸引亲朋好友等作为会脚，共同组成合会。他们会定期或者不定期地进行会晤，各自拿出一定的资金响应合会的号召，并按照特定的方式使用合会资金，合会的每位成员都会轮流使用会员汇集的资金，帮助合会成员解决资金短缺的问题。合会这种民间借贷方式使用的范围比较小，资金一般在一个小的熟人圈子里流动。合会形成的社会信用网络是个比较稳定的社会关系网络，一般情况下，违约率很低，即使发生违约，合会对成员的制裁也不会付诸法律，而是形成非正式的社会排斥。除非发生大规模"倒会"现象，会员才会寻求法律途径解决。合会的借贷形式多分布在经济发达的东南沿海地区，温州合会是比较成熟的民间借贷形式。

（四）地下钱庄

地下钱庄是指那些没有经过政府授权且不受相关管制约束的经营存贷款以及其他业务的银行。其最早出现在明清时代，新中国成立初期，逐渐衰落和绝迹，改革开放后，民营经济的发展产生了巨大的资金需求，在民营经济发达的江浙地区，各类地下钱庄层出不穷。由于我国银行管理规定不允许个人经营金融业务，因此，我国的私人钱庄都在地下进行借贷活动，所以也称为"地下钱庄"。地下钱庄从事着隐蔽的资金借贷活动，甚至违法犯罪行为，其行为主要有两种，一种是开展外汇买卖业务，另一种是从事"非法集资"或"发放高利贷"的借贷行为。由于地下钱庄多涉及非法集资或发放高利贷，易引发社会动乱，1998 年 7 月 13 日，国家出台了《非法金融机构和非法金融业务活动取缔办法》，2002 年 1 月 31 日，中国人民银行发布了《中国人民银行关于取缔地下钱庄及打击高利贷行为的通知》，它们都对地下钱庄和高利贷行为进行了严厉的打击和禁止。

（五）农村合作基金会

农村合作基金最早是一种新型社会保障组织，后演变为农村合作基金会。其又被称为"农村合作经济服务公司""合作基金会""农村合作经济金融服务社""股份基金社"等。农村合作基金会建立的基本原则是：入股自愿，退股自由，保本付息，按股分红。按照基金会建立的性质来分类，可以分为以集体经济组织各项资金为基金的合作基金会、群众性的经济互助储金会和群众自办、自治、自享的救灾扶贫基金会三种类型。其资金主要流向乡镇民营企业、农村基本建设、农民养殖以及农民生活救济等方面。可以说，农村合作基金会在一段时间内，弥补了我国正规金融机构信贷供给的不足，对农村经济的发展发挥了重要的积极作用。但是，随着农村合作基金会规模的不断扩张，后期的很多农村合作基金会的运作都脱离了合作基金会的互助宗旨，而演变成吸收存款的类似农村信用社的金融机构，并且其内部的管理制度不健全，出现了混乱的局面，一度出现过大规模的兑付风险。直到 1999 年，国家才开始出台相关政策文件，宣布在全国范围内清理和取缔农村合作基金会。目前，仍然有少量的农村合作基金会存在，由于受到国家禁止，其经营方式变得很隐蔽，有点类似地下钱庄了。

（六）农村小额信贷

为解决我国落后地区人口的贫困问题和弥补扶贫政策的缺陷，我国自 20 世纪 90 年代初开始引进并推行农村小额信贷扶贫模式。我国的农村小额信贷是在借鉴孟加拉国乡村银行模式的基础上发展和创新出来的一种金融组织形式，其最大的特点是政府直接参与。相比我国农村地区的正规金融机构，农村小额信贷的主要特点有整贷零还、小额连续放款和提供技术服务等。其实行"有偿使用、小额短期、整贷零还、小组联保、滚动发展"的原则，并指导帮助贫困农户发展生产，增加收入，摆脱贫困，实现经济可持续发展。与此同时，农村小额信贷存在不少的问题和局限。一是其小额信贷的覆盖面仍然较小，一般情况下，小额信贷仅服务一些具有一定实力的贫困农户，而对于很多没有创收能力的贫困农户则无法覆盖。二是小额信贷机构的技术服务和培训能力不足。三是小额贷款公司由于受到资金等方面的制约，难以发挥规模效应。

三　农村民间借贷的作用

我国的经济体制改革首先是从农村开始的，农村家庭联产承包经营体制的推行，乡镇企业的异军突起，个体经济、私营经济、外资经济的发展，逐步形成了以社会主义公有制为主体，多种经济成分并存、共同发展的所有制格局。所有制形式的多元化孕育出一批新的资金需求主体，这些新的资金需求主体在它们的自有资金无法满足其扩大经营的需要时，成为农村资金市场的需求者。然而，长期以来，农村信用社在农村正规金融市场的垄断地位导致农村信贷市场竞争不足。农村金融服务品种单一，信贷供给不足。因此，农村金融市场还需多元化的金融服务主体。农村民间借贷的存在，部分地缓解了农户和农村中小企业的资金紧缺问题。以"小额贷款""联保贷款"为主体业务的农村信用社远远不能满足农户生活借贷、发展高效农业和非农产业对借贷资金的需求。以农村信用社为代表的官方金融机构往往由于与农户和农村中小企业之间的信息不对称，认为小额信贷利润微薄等而产生"惜贷"心理，导致在我国广大农村地区，尤其是经济欠发达的农村地区形成大量"信贷真空"地带，农村信贷主体极难通过官方金融渠道获得贷款。而民间借贷因其借贷程序简便、形式灵活等特点和优势，迅速填补了正规金融机构的"信贷盲区"，成为广大农户以及农村民营中小微企业的主要融资渠道。随着民间借贷的迅速发展，在一些农村地区，民间借贷市场成为农村金融市场的主体力量，发挥了极其重要的积极作用，事实表明，民间借贷的确在很大程度上满足了农户和农村中小企业在生产经营上所需的资金需求，弥补了正规金融资金"供血"不足的缺陷，有力地促进了农村非公有制经济部门的发展，为农村经济体制改革的进一步深化夯实了基础。

第三节　我国农村地区民间借贷的现状及风险

一　农村民间借贷的现状特征

改革开放以来，我国的农村民间金融活动十分活跃，民间金融规模逐渐扩大。由于我国农村民间金融的发展多处于地下、半地下状态，因此很难得到有关农村民间金融规模的准确的统计数据。根据相关统计数据推算，我国农村地区的民间借贷规模可能在万亿元以上，可见农村民间借贷规模相当大。另有关数据显示，农村资金借贷市场上有六成以上的资金来源于民间借贷市场。显然，在农村借贷市场上，民间借贷占据了绝对优势地位。民间借贷已经成为农村经济主体融资的主要渠道。其现状特征主要表现在以下几个方面。

（一）资金来源与参与主体广泛

我国农村地区民间借贷资金获取来源较为广泛。民间借贷的资金来源主要包括富裕的农户、乡镇企业、乡镇干部、银行以及农村信用社工作人员等。农村民间借贷市场的资金主要是供给主体的自有资金，通过其他途径借入的资金则较少。1998年以来，我国银行利率水平连续降低，证券市场专业性强、风险大，改革开放以来，民间聚集了大量的资本，但是受投资渠道狭窄、回报率低等因素的制约，大量的民间资本流向了回报率更高的民间借贷市场。农村民间借贷的需求主体主要为个体工商户和私营企业，还包括农民、城镇居民甚至企事业单位的工作人员。长期以来，国有商业银行对个体工商户和小微企业的贷款审批程序复杂，对其资质要求高，而农村信用社的业务范围主要是农户小额信用贷款，这就造成农村的个体工商户和乡镇小微企业成为正规金融机构信贷支持的盲区，这些农村经济的重要主体在这种正规金融机构融资难的困境下，不得已选择农村民间借贷来获取其发展所需的资金。

（二）资金用途多元化

农村民间借贷所得的资金被用于方方面面，资金用途呈多样化的特征。按照资金使用的性质来分类，可以分为用于生产和生活两个方面。用于生产的农村民间借贷不仅包括农业生产经营，还包括一些非农业生产经营项目。农村民间借贷用于生产性的资金主要包括种植业和养殖业的农业发展资金，以及发展农村手工业、农村运输业、农村加工业等的非农产业资金。农村民间借贷用于生活的资金更加广泛，通常都流向农村消费信贷领域，主要用途包括农民自建房、婚丧嫁娶、子女教育、医疗医药等。此类农村消费型的信贷需求，正规的金融机构很难满足，很多农民为了日常开支的平衡，不得已转而寻求民间借贷的帮助。另外，从地域分布来看，农村民间借贷在东南经济发达的地区主要用于发展生产经营，而西部等欠发达地区的农村民间借贷资金则主要用于日常的生活性开支。

（三）借贷方式灵活简便

农村地区的民间借贷是基于一定的地缘、血缘、业缘关系而成立的，依附的是一种彼此依存并相互信赖的熟人、半熟人人际关系网络，人际网络中形成的道德伦理规范，对农村经济活动和行为的影响根深蒂固。农村民间借贷的借款手续简单、方式灵活多样，很多的借贷交易仅以口头或者简单的书面记录来实现，资金借贷双方一般通过直接面谈的形式进行交易，有抵押担保和正规合同的借贷交易较少，更多的是基于一定时间和空间范围内的、建立在社会信用网络基础之上的信用借贷行为。虽然近年以来，农村民间借贷市场开始走向规范化的发展路径，形成了较为完善和规范的民间借贷程序，但是比起正规金融机构的资金借贷，其仍然显得极为随意。随着民间借贷金额、范围的进一步扩大，在资本不断寻求更高利益的逐利性的带动下，很多农村地区的富裕农户、乡镇企业以及个体工商户等个人和组织的资金流向了农村民间借贷市场，以期获得更高的资本回报率。而那些急需资金周转的农户、乡镇企业和个体工商户则不惜代价，向民间借贷市场融资。农村民间借贷市场的利率一般远高于同期银行利率，随着农村民间借贷市场的规模化发展，以前在一定范围和区域内的社会信用关系网络的道德约束逐渐弱化，导致农村民间借贷市场潜藏了巨大的交易风险。

（四）借贷利率呈现差异化特征

我国农村地区民间借贷活动的利率水平呈现差异化的趋势。随着农村民间借贷市场的不断发展和壮大，资金的参与规模不断扩大，参与的主体也逐渐丰富和多元，各类不同的民间借贷主体也产生了更多差异性的利率水平。通常情况下，亲朋好友之间进行的借贷交易是无息或者是低息的，其他绝大多数的借贷交易的利率则是随行就市，或者有待双方来商定。还有一些较高的利率普遍存在于农村民间借贷市场之中，其利率远远超出了银行贷款利率，甚至已经发展成为高利贷。相关调研数据显示，有息的比重不断增大，占到了80%以上。这说明，随着我国社会主义市场经济的发展，社会公众利用资金生产市场价值的意识更加强烈。对于农村民间借贷中的

"高利率"交易行为，其是对于资金价格的一种定价，如果"高利率"未涉及黑恶势力，在国家法律的利率范围之内，并且没有对社会安定造成影响，也应当受到法律的保护。

二 农村民间借贷风险分析

（一）信用风险

我国农村民间借贷活动始终处在一种自发的状态，诚信缺失问题突出。在农村民间借贷中，有的借款人为了应付日常的生活困难，或者为了生产经营的临时性资金周转，在不确定自己是否具有偿还能力的情况下，不得不通过民间借贷的形式进行贷款。有的借贷双方虽已签订了借贷合同，但由于各种原因没有得到资金，给借款人带来了损失。有的借款人未按照合同的资金用途使用借款，欺骗放贷人或者放贷机构。有的借款人编造各种理由，没有按期还款，甚至卷款潜逃，导致农村民间借贷市场的信用问题比较突出。例如，温州、鄂尔多斯由于经济的迅速发展积累了大量的民间资本，成为我国农村民间借贷最活跃的区域，而在农村民间借贷疯狂生长的同时，也出现了很多的诚信问题，危害了当地经济和社会的发展和稳定。

（二）制度风险

长期以来，我国农村民间借贷等非正规金融始终处于不被承认也不能被规制的灰色地带，其实这是金融制度落后的表现，长此以往必将阻碍经济的发展，而经济发展水平的落后又将限制资金的积累，制约金融的发展，从而相互抑制，最终对经济发展产生负面影响。关于农村民间借贷的法律法规，我国仍没有建立专门的具体的规章制度，相关的规定分散在其他一些金融方面的法律法规和司法解释之中，例如，《最高人民法院关于人民法院审理借贷案件的若干意见》规定，民间借贷的利率可以适当高于银行的利率，各地人民法院可根据本地区的实际情况具体掌握，但超出部分的利息不予保护。缺乏法律规章，必然会影响和制约农村地区民间借贷的发展，不利于民间借贷继续发挥积极作用。

（三）自然风险

自然风险是农村民间借贷中出现的最不稳定却不可忽视的一类风险。农村民间借贷的对象是农民，农民的收入来源不外乎农业生产和在外务工。对于农业生产而言，其生产过程不同于工业生产，农业生产受自然条件和气候的影响很大，加之我国的农业现代化推进步伐缓慢，农业机械化和自动化程度较低，农业生产的自然风险可想而知。科技的进步会在一定程度上化解一部分农业自然风险，但是，我国农村地区还是存在大量农业生产的季节性、周期性和不稳定性的现象。一旦发生由于自然因素造成的农业生产损害，农户出现违约行为的概率就很大。

（四）道德风险

农村民间金融制度安排依靠农村社会关系网络，这种网络具有区域性，当借贷参与者超过一定区域时，信息不对称问题就不可避免了，拥有信息多的一方可能损害拥有信息少的一方。就算借贷双方的信息不对称问题不太突出，其仍然存在一定的潜在风险。通常情况下，局限在一定范围内的社会信用关系网络具有稳定的约束成本。然而，资金的投资回报率却在不断地发生变化。当借贷的资金规模不大时，借贷交易的违约发生概率较小；而当借贷交易的金额规模不断扩大时，借款人发生违约的收益将会远远大于社会信用网络的约束成本。在农村民间借贷市场没有建立起有效的内生制约约束道德的情况之下，借款人很可能会铤而走险，为了得到更多的资金利益，发生道德违约风险。

三 农村民间借贷存在的问题

(一) 冲击我国金融秩序

在我国正规金融体系在农村尚未充分发展和健全的情况下，民间借贷作为一种民间自发的金融行为，具有正规金融机构所不具备的制度、信息以及成本优势。但是由于它不受任何管理部门的监督和约束，其经营活动相当随意，难以实现全面的规范化发展，这很容易造成我国农村地区金融秩序的混乱。在农村民间借贷市场上，为了追求更高的资金回报率，很多农村具有一定资金实力的农户可能不愿意将资金存入银行，而是想利用资金进行更高回报的民间借贷交易，将资金投向民间借贷市场。其活动的蔓延不可避免地侵蚀农村中小金融机构的信贷及资金市场，这对金融业的发展是一个不小的冲击，造成大量资金体外循环，干扰金融机构业务的正常运转，给国家的货币政策造成冲击；另外，很容易发生借款人资不抵债的情况。一旦有一个环节的资金偿还出现问题，整个农村民间借贷资金链条就会发生断裂，这又将进一步冲击我国农村金融秩序，影响农村经济的健康可持续发展。

(二) 增加国家宏观调控的难度

正规金融机构的资金价格由国家确定，而民间借贷的利率是双方自发商定的，两种定价方法存在天然矛盾。农村民间借贷的资金需求者一般是在无法获取银行等正规金融机构的贷款的情况下，不得已而选择民间借贷进行融资。农村民间借贷市场成为一个卖方市场，其利率水平自然偏高，在市场上流通的资本规模也很难准确地预测，这对国家利率政策的贯彻和实施造成了一定影响。民间借贷利率高，但其比银行等正规金融机构更加有效，甚至有暴力手段催收本息的情况，所以，很多借款人，对于银行等金融机构的信贷存在一种消极拖欠的思想，而一般会设法偿还民间贷款的本息，这就会对银行的信贷资产质量造成危害，并降低银行等正规金融机构筹集资金的能力，对国家整个金融体系造成危害。同时，自发性和不可控性是农村民间借贷的典型特点，这些导致国家对其的监管难度增加，其业务往往存在很多不规范和违规违法操作的情况。例如，高息揽存、盲目贷款等。很多不符合国家经济结构调整的投资项目得不到银行等正规金融机构的信贷支持，转而通过民间借贷市场进行融资，这使得国家的调控手段大打折扣，削弱了国家宏观调控的效果，不利于信贷结构和产业结构的调整。

（三）缺乏法律保护和政府监管

我国农村民间借贷既满足了农民生产生活的需要，也拓宽了投资渠道，弥补了新农村建设资金供求的缺口，加速了资金的流动和使用，在一定程度上起到了正面积极的作用。农村民间借贷市场促进了我国广大农村经济的快速发展，但与此同时，政府针对农村民间借贷监管缺位的问题也愈发凸显。由于缺乏相关法律法规的引导和规范，长期以来，我国的农村民间借贷活动仍然处于隐蔽的地下状态。具体来看，我国到目前为止，仍然没有形成一套针对农村民间借贷市场的法律和政策体系，对于农村民间借贷的性质以及合法性都没有明确的界定。在这样的背景之下，农村民间资本的产权保护问题得不到法律上的保障，很多时候只能依赖私人的社会能量来实现。比如，社会上的很多黑恶势力成为债权人的保护伞，发生了很多暴力催债事件，这无疑对社会的安全稳定带来危害。缺乏政府监管，农村民间借贷无序交易纠纷频发。一些地区已经出现了非法集资放贷的私人钱庄等民间金融组织。一些农村民间借贷组织甚至个人，以办企业、办煤矿、办教育为幌子，承诺给偏远地域的城乡居民远高于银行存款的利率，进行非法集资活动。而这些非法集资的典型特点都是高利率、集资额大、操作隐蔽等，当发现时已经到了非法集资大面积爆发的最后阶段，这严重影响了社会稳定和国家金融秩序。

第四节　防范我国农村地区民间借贷风险的对策建议

一　培育多元竞争的农村金融服务体系

（一）增强正规金融机构对"三农"的支持

农村金融机构要解决"三农"问题，积极开发农村经济发展需要的金融工具和金融产品，在有效防范风险的前提下，改进信贷审批权限和审批程序，改进和简化放贷手续，适度向农村降低信贷门槛和中间费用，努力搭建适合农村融资需求的平台。运用货币政策工具，增加对农村信用社的再贷款支持。对于国家商业银行和邮政储蓄吸收的农村地区存款，坚持"取之于民，用之于民"的原则，国家应建立规则，要求其将一定比例的存款资金转存于中国农业发展银行，这部分资金专用于对"三农"的投入和支持。对农村信用社的贷款进行严格的控制和管理，限制农村信用社对非农领域的贷款额度。国家金融管理部门应出台税收优惠等政策，引导和鼓励国家银行等正规金融机构对农村经济发展的贷款支持，激发其发放农业贷款的积极性。通过组建政策性保险机构，为农业发展提供保险，提高农户和农业经营组织抵抗自然风险的能力。例如，积极推行"科技兴农"战略，利用科技优势，推广农业的科技创新，振兴农业以及农村经济的发展。调整农村经济结构，加大农村基础设施建设，努力提升农业的经济效益，改善农村的生产和生活条件。

（二）鼓励农村金融组织良性竞争

逐步开放农村金融市场，建立高效、有序、竞争、良性发展的农村金融是我国农村金融体制改革的目标。对农村民间借贷市场上存在的各类民间借贷机构的类型给予一定的认可和肯定，修订相关的针对农村民间借贷机构的政策，促进不同类型的农村民间借贷组织进行良性竞争，使其走上合法化、有序化的发展道路，发挥其对农村经济更加有效的支持作用。政府监管部门加强对农村民间借贷市场的全方位的监管和规范，增强市场的合法合规运作。利用电视、报纸、网络等媒体平台，实时动态发布农村民间借贷市场上的合法合规的组织机构的相关借贷信息，为借贷双方的借贷选择搭建平台，减少其借贷交易的成本。继续推广农民小额信用贷款。小额信用贷款在解决农民资金困难方面发挥了非常积极的正面作用，通常情况下，农民的还贷率较高，小额信用贷款的违约风险很小。因此，应继续鼓励农村信用社开展小额信用贷款，扩大小额信用贷款试点的区域范围，在农村地区探索出一条推广小额信用贷款的可持续发展之路。

（三）深化农村信用社改革创新

农村信用社要坚持深化改革和为"三农"服务的宗旨，加强农村信用社的改革力度，探索新的改革模式，革除信用社在内部管理和经营发展方面存在的弊端，恢复农村信用社真正的合作内涵，推进利率市场化进程，适当给予金融机构利率的自主定价空间，允许利率的浮动区间合理增大，以此增强信贷违约风险的补偿能力。扩大农村信用社利率市场化改革试点范围。允许一些地方对农村合作信用社进行股份化的改造，发展增量构建全新民间合作金融机构，鼓励民间资本所有者成为农村信用社的合法股东，有条件的地方还可以成立农村合作银行或农村商业银行。通过对农村信用社进行股份制、股份合作制改造，促进合作金融组织的发展。

二 健全农村民间借贷法律法规

（一）尽快制定民间借贷专门性法律法规

建议抓紧研究和制定相关法律法规，如民间借贷法、农村民间借贷管理条例等，通过法律手段明确规定民间借贷的资质、范围、方式和原则，做到有章可循，使民间借贷走向规范化和契约化的轨道。逐步推动农村民间借贷走向合法化和阳光化的道路，将其纳入国家信用可以控制的范围。针对农村民间借贷市场不同类型的组织机构，形成分门别类的技术监督和指导，明确界定其合法经营的范围和空间，促进其走向规范化发展道路。对于违法违规的民间借贷组织和机构必须进行严厉的打击和清理取缔，以此来保障正规合理的农村民间借贷活动，清理和打击非法的农村民间借贷活动，优化农村民间金融市场的生态环境。对现有的各种法律法规进行修改和调整，特别是对于非法的民间借贷活动，应该制定出明确的惩罚标准和办法。适当地允许农村个人和乡镇企业进行直接借贷行为，但务必对借款的规模、参与人数以及区域范围做出明确的要求和限制。

（二）明确市场准入和市场退出政策

在市场准入方面，根据当前新农村建设的实际，对已经存在的农村民间借贷组织进行审核，它们过去是否守法经营、有无损害存款人利益的行为，都是可否进入金融业的重要考量因素。对符合准入要求的民间借贷组织，应适度放宽农村金融市场的准入条件，允许其进入金融市场经营金融业务，受国家法律的保护和相关部门的监督；而对于不符合准入条件的农村民间借贷组织，应进行及时清理和整顿，禁止其继续开展借贷业务，直到符合市场准入条件为止。对于没有在相关的政府监管职能部门进行登记备案的民间组织行为，一律视为非法借贷行为，无法享受到法律的保护。适当允许民间资本发起设立农村民间借贷组织或机构，只要注册资本、股东、经营业务范围符合法律法规以及政策的要求和标准，就应支持其完成注册登记。对于民间借贷的市场退出，适当地允许不同类型的民间借贷组织或者机构进行兼并和重组。金融监管部门依法对风险达到一定程度或者有重大违法违规行为的机构进行清理、关闭、兼并和重组。总之，应当进一步放宽农村各类民间金融组织的市场准入政策，使那些具备一定规模、运作比较规范的农村民间金融组织有序地注册登记，并接受监管。按照市场原则和法律程序，推动农村民间借贷组织和机构的破产退出，以化解其隐藏的借贷风险和社会危害。总之，必须依法明确农村民间借贷组织的市场准入和退出机制，让农村民间借贷组织能够在法律法规的约束之下，合法合规经营，真正服务好"三农"。

（三）建立农村民间金融组织的产权制度

要真正实现非正规金融活动的规范化，最根本的是要进行产权改革，明确建立农村民间金融组织的产权制度。产权制度的合理化将会自然地解决非正规金融规范化问题。从法律层面上，进一步明确对农村民间借贷组织和机构的资金所有权的保障制度，保护投资人的财产不受损失，并进一步明确政府相关职能部门的监管职权。继续完善农村民间借贷组织和机构的公司管理制度，加快激励和约束机制的建立，实行"谁投资，谁管理，出了风险谁承担责任"的基本原则。引导和推动农村民间金融组织按照利润最大化、风险最小化的基本原则，进一步完善和规范公司内部控制制度、财务管理制度和风险防范制度等。

三　完善农村民间借贷监管体系

（一）明确农村民间借贷监管部门主体

明确政府监管主体是完善农村民间借贷体系的基础。组建针对农村民间借贷活动的专门性的监管机构，负责对农村民间借贷活动进行监督和管理。引导和规范民间借贷机构在签订合同时，保证其内容完整、合规合法，在源头上化解法律风险。建立农村民间借贷合同等信息的登记备案制度，将达到登记备案制度要求的合同以及其他相关信息在相关部门进行登记和公开，提高农村民间借贷市场活动和行为的透明度，以便相应的监管部门能够及时、准确地掌握农村民间借贷市场的接待规模、利率水平以及风险状况，为国家金融政策当局提供政策制定的依据。农村民间借贷的监管主体应包含两个方面。一是宏观主体，中国人民银行和银监会。二是微观主体，包括地方政府金融办、公安部门、工商部门等。两个监管主体应联合形成专门的监管机构，监管机构的部门设置和职责范围应该包括：准入监管部门，其主要职责和权限在于帮助和支持具备成为民间借贷合法组织的机构进行登记和注册，促使其走上合法化的道路；业务经营监管部门，其监管的内容主要包括对农村民间借贷的资金经营业务进行监管，对其资金的流动性、资本充足率以及风险情况等进行全方位的监管；市场退出监管部门，其主要针对农村民间借贷组织和机构的违法违规行为进行清理整顿和处罚。当农村民间借贷组织出现违规借贷行为时，市场退出监管部门将履行其职责，对违法违规行为进行处置，必要时对相应的民间借贷组织进行清理和取缔，责令其退出民间借贷市场，减少此类民间借贷对农村经济发展的不利影响以及对社会的危害。

（二）实施分类监管

为了达到有效监管的目的，必须对民间借贷实行分类监管。针对不同形式的农村民间金融组织进行不同的监管。实施分类监管，建立分门别类的监管手段和措施，区别对待不同类型的农村民间借贷组织和机构。对于那些经营业绩良好、业务操作规范、风险控制有效的农村民间借贷组织，监管部门应肯定和支持其发展，给予政策鼓励和正面宣传。对于那些危害农村经济社会的民间借贷活动，比如以高利率为诱饵的非法集资活动、进行洗钱活动的地下钱庄等，监管部门必须毫不手软，坚决地清理和取缔。对于那些农村地区的互助的、无息或低息的个人及亲朋好友之间的自由借贷，监管部门应坚持不过多干预的原则，仅在宣传和引导上鼓励其建立书面契约，引导其向规范化的方向发展。对于涉及高利贷的农村民间借贷活动，允许其在一定的时间和范围内少量存在，限制高利贷民间借贷的蔓延，保证其不会对农村经济社会造成不良影响。法律只保障合法利息，对于不合法的利息不予保护。对于农村乡镇民营企业等企业主体进行的集资活动，强化对其的事前审核和管理，在源头上杜绝风险的发生。对于农村民间借贷组织发起的一定区域和范围的融资活动，监管部门必须加大打击力度，可以采取举报制度，及时发现问题，对其融资规模、参与人群、融资地点等方面的信息进行全面把握，控制风险的集中爆发。

（三）加强风险监测预警

建立农村民间借贷登记备案制度，监管部门对农村地区民间借贷的借款人尤其是借贷金额较大的借款人进行备案登记，登记内容主要包括借款人的个人信息、借款金额、利率、期限、借款用途及投资风险项目评估等，对投资规模较大的项目进行跟踪调查，掌握实际情况以便及时控制风险。建立从上而下的、有层次的风险监测体系。设立和完善地方政府各层级的农村民间借贷监测机构,以监测机构为主导,建立针对农村地区的民间借贷风险监测预警系统,设置一套风险防范指标体系,定期或不定期地采集和监测相关的资金规模、资金用途、利率波动等方面的数据信息,引导农村民间借贷市场有效地防范风险。一般由基层的风险监测机构负责采集当地的农村民间借贷相关信息和数据,通过层级关系,形成定期上报的常态化机制,最终的风险监测分析由各省份风险监测机构进行整体判断和识别,为国家金融政策提供现实素材和依据,同时,为社会公众提供民间借贷的风险投资参考。

四 营造农村良好的信用环境

(一) 加强农村民间借贷信用宣传教育

支持农村民间借贷的发展,首先努力创造良好的信用环境。继续强化针对农村地区民间借贷相关信息的宣传和普及,在法律和政策层面,扩大广大城乡居民对民间借贷的基本知识和风险的关注和了解。引导他们按国家政策法规办事,诚信借贷,防范风险,从而使群众自发地规范自身借贷行为。借助电视、广播以及网络等媒体渠道,宣传和普及国家金融政策、民间借贷基本特点、风险识别的办法等内容,相关的监管部门应定期加强民间借贷的宣传教育工作,深入社区,促进人民群众对金融知识的了解以及提高风险意识。可以尝试建立信用村、信用镇,表彰在信用建设方面有贡献的个人和集体,并给予一定的奖励。让"守信光荣、处处受益,失信可耻、处处受制"的社会信用风气深入人心,激发农民朴素的信用观念,在社会主义市场经济中发挥其积极影响和作用。

（二）建立农村民间信用评价体系

发挥政府在信用机制建立与管理上的宏观指导、调控与监督作用。以政府职能部门为主导，设立针对农村民间借贷的信用评级机构，由独立的、第三方的信用评级机构对农村地区的各类经济主体以及农户设立经济信用档案，进行常态化的信用评级，为农村民间借贷市场活动建立信用依据。推动市场上成立社会信用中介组织，比如，征信公司、贷款信用担保公司等。这些中介机构应保持公正客观的中立立场，为农村民间借贷市场提供征信、担保等方面的中介服务，不干预借贷活动。建立和健全农村民间借贷的担保机制。发挥地方政府职能部门的政策优势，制定一套适合当地农村民间借贷市场需求的完整的、规范的、有可操作的关于农村民间借贷担保的制度规章文件。对于农村民间信用担保机构的市场准入，必须进行严格的把关，让真正具备风险承担能力的担保机构进入农村民间信用担保市场，服务农村民间借贷市场的借贷双方。

（三）构建农村征信系统

加快农村征信体系的建设步伐，完善法律法规的相关配套服务，加强农村诚信环境建设，使农村市场经济秩序得到有效规范，经济金融环境得到改善。农村民间借贷活动以及监管涉及众多的职能部门，国家应统筹协调好各有关单位，组织建立针对农村民间借贷市场的统一性的数据开放共享平台，通过各部门之间的协调共建，以更短的时间、更低的成本实现农村地区信用管理体系的建设工作。要特别发挥农村信用社的作用，以农村信用社为主导，利用农户之间信息的对称性，以及其长期形成的信用约束关系，大力开展农户联保贷款业务。农户联保贷款业务是基于一定区域范围的有效的隐形监督和风险控制的创新之举。尝试建立不同类型的农业信用担保基金，以财政贴息或税收优惠的方式，为农村地区的借贷主体提供融资担保服务。同时，积极鼓励农村信用社加入由政府职能部门主导的农村征信系统建设。并积极引导农民自愿参与征信体系，政府加大宣传和引导，使农民积极主动参与到征信体系中。

参考文献

杜伟：《中国农村民间金融发展研究》，西北农林科技大学，2008。

陈柳钦：《我国农村民间金融发展问题探讨》，《西华大学学报》（哲学社会科学版）2006 年第 2 期。

陈柳钦：《我国农村民间金融的运行形式、存在的问题及其规范发展》，《经济研究参考》2006 年第 72 期。

丰亚雷：《我国民间金融问题浅析》，《商》2012 年第 23 期。

陈柳钦：《中国农村民间金融规范发展的路径选择》，《农村金融研究》2009 年第 9 期。

李娜：《我国民间金融合法化研究》，山西财经大学，2010。

张晓艳：《中国农村民间金融市场运行机制研究》，西北农林科技大学，2008。

徐德敏、倪楠：《我国农村金融问题及法律对策》，《上海政法学院学报》（法治论丛）2006 年第 4 期。

李晓丰：《我国农村民间金融发展中存在的问题及对策》，《行政与法》2008 年第 12 期。

熊伟：《农村非正规金融产生原因探究及发展路径研究》，西南财经大学，2007。

陈清：《新时期中国农村合作金融转型与创新研究》，福建师范大学，2008。

徐冬竹：《我国农村非正规金融发展问题研究》，吉林大学，2008。

杨润秋：《我国民间金融对民营中小企业金融支持的研究》，中南大学，2007。

姜雅莉：《农村民间借贷研究》，西北农林科技大学，2006。

任传东：《中国农村民间借贷的历史演进研究》，西南财经大学，2010。

王家传、梁希震、张乐柱等：《我国农村金融组织体系重构问题研究》，《山东农业大学学报》（社会科学版）2003 年第 1 期。

钱水土、俞建荣：《我国农村非正规金融制度：演进路径与政策规范》，《商业经济与管理》2007 年第 2 期。

曾淼：《规范农村民间借贷服务农村经济》，贵州大学，2008。

魏晓丽：《我国农村民间金融问题研究》，首都经济贸易大学，2006。

丁红：《长春市农村民间金融的引导与规范研究》，东北师范大学，2010。

苑德军：《民间金融的外延、特征与优势》，《经济与管理研究》2007 年第 1 期。

姚丽莎：《在新农村建设中发挥民间金融的作用》，《经济与管理评论》2007 年第
3 期。

李亚彪：《民族地区农村民间融资需求研究》，吉首大学，2014。

王洪涛、曲韵：《农村民间信贷问题探讨》，《华北水利水电大学学报》（社会科学
版）2007 年第 4 期。

杨志强：《民间融资规范发展路径选择研究——以福建省泉州市为例》，《中共福
建省委党校学报》2013 年第 7 期。

吴兰：《推进我国农村民间金融规范发展的策略选择》，《青海师范大学学报》（哲
学社会科学版）2013 年第 2 期。

王洪涛、曲韵：《农村民间信贷问题探讨》，《华北水利水电大学学报》（社会科学
版）2007 年第 4 期。

李娟：《农村民间金融及其规范化研究——以山东为例》，山东农业大学，2008。

陈柳钦：《中国农村民间金融规范发展的路径选择》，《农村金融研究》2009 年第
9 期。

柯慧、何雄钦、熊红帆：《我国农村地区民间借贷的风险与防范》，《法制与社会》
2013 年第 31 期。

张晓艳：《农村民间借贷高利率形成原因及规范对策》，《西北工业大学学报》（社
会科学版）2007 年第 1 期。

闫萍：《我国民间金融发展现状及趋势研究》，首都经济贸易大学，2007。

张晓艳：《农村民间借贷高利率形成原因及规范对策》，《西北工业大学学报》（社
会科学版）2007 年第 1 期。

陈柳钦：《我国农村民间金融发展中的问题》，《休闲农业与美丽乡村》2006 年第
3 期。

夏蕾、官桂生：《探索农村民间金融新模式——安徽明光市兴旺农民资金互助合作
社个案研究》，《滁州职业技术学院学报》2009 年第 4 期。

赵建敏、刘静：《论我国农村民间借贷的法律规范》，《现代企业教育》2011 年第 8
期。

张大龙：《我国民间借贷：现状、成因、影响及对策》，《金融会计》2004 年第 10
期。

刘宝磊：《株洲市场经济发育中民间金融体制机制缺陷及对策》，《中国集体经济》
2011 年第 4 期。

王哲哲：《我国农村借贷问题及对策》，《财经界》（学术版）2013 年第 6 期。

纪华玉：《农村民间借贷规范发展的思考——漳州市农村民间借贷发展状况分析》，

《市场周刊：理论研究》2006 年第 10 期。

胡立龙：《浅析农村民间借贷存在的问题及建议》，《黑龙江金融》2012 年第 4 期。

杜兴涛：《我国农村民间借贷的规范》，《合作经济与科技》2011 年第 13 期。

刘翠平：《农村民间借贷的相关思考》，《农村经济与科技》2012 年第 5 期。

栾香录、刘钟钦：《浅析我国农村民间借贷问题》，《农业经济》2004 年第 6 期。

张辉：《我国民间金融资本的法制化思考》，《会计师》2013 年第 18 期。

姜长云：《农业结构调整的金融支持研究——以制度分析为重点的考察》，《经济研究参考》2004 年第 3 期。

李鹏：《规范民间金融发展缓解中小企业融资难题》，《科技信息》2011 年第 8 期。

李瑞红：《关于民间资金参与地方金融机构改革的几点思考——基于我国台湾银行业的经验与教训》，《国际金融》2012 年第 7 期。

宗朋、尚绪芝：《从"温州金融改革"透视我国农村民间借贷》，《河北职业教育》2014 年第 1 期。

曾冬白：《浅谈当前民间借贷存在的问题及对策》，《中国乡镇企业会计》2011 年第 1 期。

王培勤、潘美玲：《山西经济结构的比较》，《山西财经大学学报》2003 年第 3 期。

罗倩：《湖南省农村民间借贷规范发展研究》，湖南农业大学，2013。

李艳杰：《黑龙江省农村民间金融发展对策研究》，东北农业大学，2012。

邹俊、杜杏华：《民间借贷问题研究》，《老区建设》2012 年第 10 期。

彭志强：《论民间借贷的规范与引导》，《金融经济》2009 年第 2 期。

阮亚男、周小平：《当前农村民间借贷新特征及相关建议》，《金融与经济》2008 年第 1 期。

陈海秋、孟凡胜：《规范监管我国民间金融行为的政策建议》，《山西财政税务专科学校学报》2008 年第 3 期。

孟凡胜：《我国民间金融发展现状与规范监管对策》，《管理现代化》2008 年第 3 期。

中国农业银行武汉培训学院课题组：《金融支持强农惠农富农的政策主张》，《中国农业银行武汉培训学院学报》2012 年第 5 期。

卜靖：《我国农村金融供求失衡深层机理研究》，《中共中央党校》2010。

杨惠菊：《浅析民间借贷法制化》，《法制与社会》2009 年第 16 期。

李玉梅：《关于非正规金融与我国农村经济发展问题的研究》，《科技创业月刊》2012 年第 5 期。

陈海秋、孟凡胜：《规范监管我国民间金融发展的政策建议》，《北京财贸职业学院学报》2008 年第 2 期。

李娟、金麟根、李童蕊：《发展我国农村非正规金融的政策建议》，《郑州航空工业管理学院学报》2006 年第 5 期。

毋俊芝：《试论农村金融市场的制度创新》，《生产力研究》2009 年第 22 期。

陈志刚、桂立：《将"灰色金融"阳光化——对恩施州 258 户农民家庭民间借贷的调查与思考》，《中南民族大学学报》（人文社会科学版）2009 年第 4 期。

胡立龙：《浅析农村民间借贷存在的问题及建议》，《黑龙江金融》2012 年第 4 期。

郭玉峰：《民间借贷相关法律适用问题研究》，《中国检察官》2012 年第 17 期。

曾冬白：《浅谈当前民间借贷存在的问题及对策》，《中国乡镇企业会计》2011 年第 1 期。

图书在版编目（CIP）数据

中国民间借贷及其风险防范研究／王晓娟著 . －－北
京：社会科学文献出版社，2019.7
ISBN 978 - 7 - 5201 - 5222 - 8

Ⅰ.①中…　Ⅱ.①王…　Ⅲ.①民间借贷－金融风险防
范－研究－中国　Ⅳ.①F832.479

中国版本图书馆 CIP 数据核字（2019）第 143898 号

中国民间借贷及其风险防范研究

著　　者／王晓娟

出 版 人／谢寿光
责任编辑／高振华
文稿编辑／张　娇

出　　版／社会科学文献出版社·城市和绿色发展分社（010）59367143
　　　　　　地址：北京市北三环中路甲 29 号院华龙大厦　邮编：100029
　　　　　　网址：www. ssap. com. cn
发　　行／市场营销中心（010）59367081　59367083
印　　装／三河市尚艺印装有限公司

规　　格／开　本：787mm × 1092mm　1/16
　　　　　　印　张：16.75　字　数：222 千字
版　　次／2019 年 7 月第 1 版　2019 年 7 月第 1 次印刷
书　　号／ISBN 978 - 7 - 5201 - 5222 - 8
定　　价／75.00 元

本书如有印装质量问题，请与读者服务中心（010 - 59367028）联系